Lexecut

A. La Renaudie pendu, ayant esté tué par l
auec vn escriteau disant: la Renaudie di
les. Et depuis son corps fut mis en quatr
bout d'vne lance dessus le pont d'Ambo
B. Le Baron de Castelnau & ses compaig
C. Villemongis ayant trempé ses mains au

●1560年3月15日，アンボワーズ陰謀事件直後に於ける新教徒らの處刑．アンボワーズ城（G印）外．（本書“略年表”を参照）

●中央絞首台のA印の人物は，ジュネーヴのジャン・カルヴァンから派遣された新教徒の闘士ラ・ルノーディ La Renaudie. 左上城壁（H印）から王室関係の人々が眺めている．

泰平の日記

渡辺一夫

白水社

泰平の日記

端書

先に上梓されました『乱世の日記』（一九五八年講談社刊）の姉妹篇のつもりで、本書は編まれました。『乱世の日記』は、十五世紀の前半期のフランス、有名な百年戦争渦中のフランス、対外戦争と内乱（フランス王室と地方豪族との権力争奪戦）とによって四分五裂していたフランスの姿を、ある一つの「古い日記」**A**（後述）によって、記述したものでした。フランスは、十五世紀後半に這入りますと、徐々に統一されてきまして、王権を中心として近代国家の先駆としての絶対王政国家の眼鼻立ちを示すようになってきます。本書は、その後、十六世紀の前半期、ヴァロワ王朝の中興の祖とも呼ばれ得るフランソワ一世の治世のおよそ大半以上の時期におけるフランスの姿を、前著の場合とは別な或る一つの「古い日記」**B**（後述）にもとづいて描いたものです。本書には、この外、補遺として、十六世紀の末期、宗教戦争の大詰の時期に綴られた第三の或る「古い日記」**C**（後述）によった短文も収めることにしました。本文中で詳述いたします通り、宗教戦争の母胎は、既に十六世紀前半にあったと考えられますから、この短文も、補遺として必ずしも不用ではなく、十六世紀全体のフランスの動向を察知するためには、不完全ながら、小さな資料の役目ぐらいは果せるだろうと思っています。（「略年表」参照）

前著『乱世の日記』と本書との材料となった三種類の「古い日記」**A**・**B**・**C**については、本文中で解説いたしますが、いずれも貴重な資料でありながら、その原文を披見することははなはだ困難でしたが、先輩（佐藤輝夫早大教授、ミカエル・スクリーチ Michael Screech・バーミンガム大学教授）友人（二宮敬中央大学助教授）の御厚志で、写真版を撮ることを許されたり、写真版や翻刻版を寄贈されたりしましたので、これを披見することができたことを記して、右三氏に改めて御礼申上げねばならぬと思います。

本書は、前著『乱世の日記』の姉妹篇として、『泰平の日記』と題しました。その故は、本書の内容が、既に記しました通り、ヴァロワ王朝の中興の祖、「文芸の父」Père des lettres と呼ばれたフランソワ一世の治世の、優に大半を占める時期の史実を背景としているからですが、フランソワ一世の治世は、少くとも表面から見た場合、近代国家の成立期において、絶対王政へ突進するフランスの「華々しい」姿を示してくれますし、旧著『乱世の日記』の背景となった百年戦争渦中の十五世紀のフランスと比べてみた場合も、正に一見「泰平」だったと言えるだろうと思ったからです。

試みに、最近刊の『プチ・ラルゥース』辞典を開いてみますと、フランソワ一世に関する項に、次のような記述が見られます。

——彼（＝フランソワ一世）は、「勅命徴募軍団」Compagnie d'ordonnance（＝シャルル七世時代からの制度）を用いて、恒久的な国防軍の創立の緒を作った。彼は、学問・芸術を奨励し、フランス・ルネサンス運動を強力に援助し、宮廷には、詩人や芸術家たちを招き寄せたり、「フランス学院《コレージュ・ド・フランス》」Collège de France（＝当時は「王立教授団」Lecteurs royaux と呼ばれた。）や国立印刷所を創設したり、また、きらびやかな、そして、既に飼いならされていた宮廷の人人に、イール・ド・フランス Ile-de-France 地方（＝パリを中心とする地区。）やロワール河 La Loire の谷間のいくつもの王城めぐりをさせたりしていた。輝かしい長所と、屢々魅力のある欠点とを賦与されていた彼は、騎士的でもあり、勇敢でもあり、色好みで、寛大であり、歓楽と饗宴とを愛していたが、このルネサンス期の王は、「恣意《ボン・プレジール》」の王であり、旧体制《アンシャン・レジーム》の絶対王政の最初の基石を置いたのであった。

この記述から偲ばれるフランソワ一世は、正に、ヴァロワ王朝のみならず、フランス王国の中興の祖としての雄姿を、われわれに示してくれるように思われますし、この王の治世は、正に「泰平」の世と考えてもよいでしょう。

しかし、「泰平」も「平和」も、二つの乱世の時期に挾まれた一時期とするならば、「泰平」「平和」の時代は、そこに生きる人々の自覚や意慾如何にしたがって、次の戦乱期を産み出す萌芽を多く或は少く用意することになるように思います。こういうことは、われわれ人間の一人一人が自分の幸福と安全とを守るためには、他人や社会や国家や世界の利害を十分に考えねばならぬということが、われわれ一人一人の当然な常識となり切れぬうちは、何度も何度も、繰り返されるような気がいたします。

フランソワ一世治下の「泰平」の世も、次の「乱世」の萌芽を数々持っていたように思います。本書は、こうした意味の「泰平」の世のなかの姿を捕えてみようとして、編まれたのです。ポール・ヴァレリー Paul Valéry というフランスの物故した詩人哲学者は、「平和とは、戦乱の因となる諸々の邪《よこしま》なものを、われわれが懸命になって抑圧し続けておられる時期」のことだと申しましたが、十六世紀前半期のフランソワ一世治下の「泰平」の世を眺め、その感を深くしました。すなわち、この「泰平」の御代《みよ》には、十六世紀後半の「戦乱」の因となるものが数々、立派に揃っていたように思われるからです。そして、このことは、恐らく、あらゆる時代の「平和」「泰平」についても言えるのではないかと考えます。第二次大戦で日本が降伏した時、原子核軍備競争が必然になったことが判明した時、ジャン・ポール・サルトル Jean Paul Sartre というフランスの哲学者は、「人間が今後生存し続けるとすれば、それは、人間が生存し続けようと意慾する場合だけに限られる」と発言しましたが、現在の「平和」時に生きるあらゆる人々に、特に、権力者たちに、深い反省を求めている言葉として、何度でも繰り返されねばならぬと思っております。

私は、フランス文学語学を齧っているにすぎず、自らの調査探索を補助する目的から、様々な資料を突ついておりますうちに、本書が生れてしまいました。「史眼」というような立派なものは全くない私は、ただルネサンス期のフランス文学の背景となっている時代・社会の眼鼻立ちを、自己流に、勝手に描いてみたにすぎませんから、清雅博識の方に、特に歴史専門の方々からは、色々な御教示御叱正を受けねばならないと思っています。

本書の内容となる文章は、全くの雑文でありますが、これを一九五七年十二月以来三年間以上も、連載することをお許し下さった雑誌『心』の同人たる諸先生方の御厚志に深く感謝いたさねばなりませんし、毎月毎月原稿を受け取りにこられたり、校正を届けて下さったりした『心』編集部員の笹山清氏の御心労に対しては、御礼申上げる言葉もないということを、ここに明記いたします。なお、本書が成るに際しては、白水社の草野貞之氏を初めとして多くの方々の御好志を受けました。ありがたく思っています。

(juin 1960)

目次

図版

アンリ・ド・ロレーヌ（ギュイーズ）
(1550—1588)

アンリ三世王
(1551—1589)

アンリ四世王（1610年頃）
(1553—1610)

ブロワ城夜景（“フランソワ一世の棟”の正面）

アンボワーズ城夜景

即位当時（1515年頃）のフランソワ一世

略年表

大型活字の部分（一五一五年―一五三六年・一五八五年―一五八九年）が、本書の内容に該当する。年号の左側には、本書の内容と関係のある文化史上の重要人物の生歿を、右側には、社会事象を示した。

M. Luther 生 —— 一四八三 **Louis XI 死、Charles VIII 即位。**

L. de Berquin 生 —— 一四九〇

I. de Loyola 生 —— 一四九一

Marguerite de Navarre 生 —— 一四九二—Ch. Columbus アメリカ大陸を発見。

F. Rabelais 生、François I 生 —— 一四九四—Charles VIII イタリヤへ侵入。**（イタリヤ戦争開始）**

Cl. Marot 生 —— 一四九六

一四九八 **Charles VIII 死、Louis XII 即位。**

一四九九—Louis XII Milano 公国を占拠。（→1500）

一五〇一—Louis XII Napoli 王国を占拠。（→1502）

一五〇三

Colombus 死 —— 一五〇六—教皇 Julius II 免罪符を売出す。

J. Calvin 生 —— 一五〇九

Erasmus : *Encomium Moriae* }
M. Servet 生 } —— 一五一一

一五一三—仏軍各地で連敗、教皇 Leo X 免罪符を売出す。

自第一章—至第四章

	一五一五 **Louis XII 死**、**François I 即位**。—François I 軍 **Marignano** で大勝。
Th. More : *Utopia* ——	一五一六
	一五一七—François I, G. Budé ら **Erasmus** に来仏を求む、**Luther**, Wittenberg で 九五箇条の提題を発表。
Catherine de Médicis 生 ——	一五一九—François I, Karl V と神聖ローマ皇帝位を争い敗る、Magellan 世界一周の途にのぼる、**Luther**, **Erasmus** の支持を求む。
	一五二〇—**Luther** 破門さる、イタリヤを旋り英独仏の折衝。
	一五二一—仏国内異端糺問強化。
	一五二二—Magellan (†1520) の探険隊世界一周を完了、**Erasmus** 招聘運動再燃。
P. de Ronsard 生 ——	一五二四—Karl V 軍 Provence へ侵入、François I, Milano 公国奪還のため出征。
	一五二五—**Lefèvre d'Etaples** らの "**Meaux** の集団" 解散せしめらる、François I, **Pavia** にて大敗、捕えられて Madrid に軟禁、仏国内の異端詮議強化。
	一五二六—François I, 帰国、思想弾圧やや緩和さる。
	一五二七—Paris 大学神学部 **Erasmus** を非難、Karl V 軍、Roma を攻撃 (→"Sac de Rome")
L. de Berquin 火刑死 ——	一五二九—Cambrai の和議 (独・仏間)
	一五三〇—"Lecteurs royaulx" 結成さる。
Calvin : *De Clementia* —— Rabelais : *Pantagruel* ——	一五三二—

M. de Montaigne 生 ——— 一五三三—王太子 Henri（後の Henri II）**Catherine de Médicis** と結婚、N. Cop 事件、**Calvin** 連座し逃亡、François I，異端糺問を命ずる。

Rabelais : *Gargantua*. ——— 一五三四—**Loyola** 同志とともに誓願を樹て“**Jésus**”会の中核体を結成、“**Placards**”事件起り、異端糺弾激化。

Th. More 刑死 ——— 一五三五

Calvin : *Institutio religionis christianae* ; Calvin, Genève へ赴く、Erasmus 死、Lefèvre d'Etaples 死 } 一五三六—François I 軍イタリヤへ侵入、Karl V 軍 Provence へ侵入。

一五三八—Nice の和議（独・仏間）

一五三九—Villers-Cotterêts 布告。（今後公文書はフランス語で綴られることに決定）

一五四〇—教皇 Paulus III **“Jésus”** 会を公認、Vaudois 信徒虐殺。

Calvin 独裁権を握る ——— 一五四一—**“Jésus”** 会士 Xavier 東洋伝道に出発。

一五四二—仏国内の異端糺問激化。

Marot 客死 ——— 一五四四—仏軍イタリヤで連勝、Crespy の和議。

一五四五—Trente 公会議開かる。（→1563）

Rabelais : ***III Livre*** ; Luther 死 ——— 一五四六

一五四七

François I 死、**Henri II** 即位。

Marguerite de Navarre 死 ——— 一五四九—Chateaubriant 勅令。（異端糾問のため）

Rabelais : *IV Livre* ; A. d'Aubigné 生 ——— 一五五一

Rabelais 死、Henri IV 生、Servet 火刑死 ——— 一五五三—**Castellion, Calvin を難詰する。**

Loyola 死 ——— 一五五六—Karl V 退位。

一五五九—Cateau-Cambrésis 条約。**（イタリヤ戦争終）**

Henri II 死、**François II** 即位。

一五六〇—Amboise 陰謀事件、Romorantin 勅令。

François II 死、**Charles IX** 即位—Catherine de Médicis 摂政、**Michel de l'Hôpital** 宰相となる。

一五六一—Orléans, Pontoise の三部会、Poissy 会談（新旧両教会間）失敗。

一五六二—一月勅令、Vassy にて新教徒虐殺。**（宗教戦争開始）**

一五六三

Calvin 死 —— 一五六四

一五六六—**M. de l'Hôpital** 新旧両教会の宥和に努力、Jeanne d'Albret (Henri IV の母) Béarn 地方で旧教を禁ずる。

一五六七—St. Denis の戦（新教徒敗）

一五六八—Longjumeau の和議（新旧両教軍間）、M. de l'Hôpital 失脚、九月勅令（新教徒取締）

一五六九—Jarnac, Moncontour の戦（新教徒軍敗）

一五七〇—St. Germain の和議（新旧両教軍間）

一五七二—La St. Barthélemy の大虐殺、新教徒反撃に出る。

一五七三—La Rochelle の和議。

一五七四

Charles IX 死、**Henri III** 即位。

一五七五—王弟 François, duc d'Anjou, "Politiques" 党を組織し、新教徒に接近。

一五七六—Henri de Navarre（後の Henri IV) Louvre 宮を脱出、新教軍を指揮する、Beaulieu の勅令、Henri de Guise, "Ligue"（"Sainte Ligue"）を結成、Blois の三部会。

一五七七

Montaigne : *Essais*（I, II）—— 一五八〇—La Fère の戦（新教徒軍敗）

一五八一

Montaigne, Henri de Navarre と知合う —— 一五八四—François d'Anjou 死、Henri de Navarre 王位継承権を得る、Joinville 条約（"Ligue" とイスパニヤ王との同盟）

第 五 章

- Ronsard 死 ——— **一五八五**—**Henri III** と **Henri** de Navarre と **Henri** de Guise とが鼎立する。（→**Guerre de trois Henri**）
- **一五八七**—Coutras の戦（新教徒軍勝）、Auneaux の戦（Guise 公軍新教徒軍を破る）
- Montaigne : *Essais* (I, II, III) ——— **一五八八**—"Barricades" 事件（Guise 公の煽動により Paris 市民、Henri III を排撃）、Blois の三部会、Henri III, Henri de Guise を暗殺。
- Catherine de Médicis 死 ——— **一五八九**—"Ligue" (Les Seize) の独裁、Plessis-lès-Tours で Henri III と Henri de Navarre 和解、J. Clément, **Henri III** を暗殺、**Charles X** (Cardinal de Bourbon †1590) 即位（"Ligue" 派のみの王）、Arques, Dieppe の戦（Henri de Navarre 軍勝）
- **一五九〇**—Ivry, Evreux の戦（Henri de Navarre 軍勝）
- **一五九一**—Chartres, Rouen の戦（Henri de Navarre 軍勝）、"Les Seize" の分裂。
- Montaigne 死 ——— **一五九二**
- **一五九三**—Henri de Navarre 旧教に回宗。
- **一五九四**
- *Satire Ménippée* ——— **Henri de Navarre, Henri IV として即位**—**"Jésus"** 会士追放（**宗教戦争終**）
- **一五九五**—Henri IV, 対イスパニヤ戦を起す。
- **一五九六**
- **一五九八**—**Nantes** の勅令（新教認められる）、Vervins の和議（仏・西間）
- **一六〇〇**
- **一六〇三**—Henri IV, **"Jésus"** 会士を赦す。

一六〇五

一六一〇 **Henri IV, Ravaillac に暗殺される。Louis XIII 即位、**

一六一六

一六三〇 ——— d'Aubigné 死

第一章

父祖の遺産としての「イタリヤ戦争」。若い国王とマリニャーノの勝利。政教条約《コンコルダ》。宗教改革思潮の発生。

中世からルネサンス期にかけてのフランス文学や語学を齧っておりますうちに、研究資料として、筆者不詳の『パリ一市民の日記』という貴重な文献がたびたび指摘され、また引用されていることに気付くようになりましたが、次に、この同じ題名の『日記』が、少くとも二種類あるということも判ってきました。一つは、百年戦争渦中のフランスと、ジャンヌ・ダルクの出現によって徐々に統一されるフランスとの生生しい姿の一面を窺わせてくれる『シャルル六世・シャルル七世治下のパリ一市民の日記』Journal d'un Bourgeois de Paris sous le règne de Charles VI et Charles VII（**A**）です。もう一つは、十六世紀ルネサンス前期のフランスに君臨したフランソワ一世の治世下における有名無名の人物の動向や、対外戦争や、宗教改革運動を中心にした当時の思想問題社会問題に絡まる幾多の事件を、ある角度から——すなわち、パリの市民として——眺めた記録と言える『フランソワ一世治下のパリの一市民の日記』Journal d'un Bourgeois de Paris sous le règne de François Ier（**B**）なのです。

なお、その後、必ずしも筆者不詳とは言えない『一五八八年十二月二十三日より一五八九年四月三十日までのパリ市民フランソワの日記』Journal de François, bourgeois de Paris, 23 décembre 1588—30 avril 1589.（**C**）という資料があることも判りました。この三つの『日記』**A**・**B**・**C**のうち、**B**と**C**とが、本書の素材となるのです。

Aの記述は、一四〇五年九月から始まり、一四四九年十月十九日（日曜）

で終っていますし、**B**は、一五一五年一月から一五三六年八月までの歴史的事実を背景にしていますし、**C**は、その題名の示す通り、一五八八年十二月二十三日から一五八九年四月三十日までの事件を記述しています。

Aは、シャルル六世とシャルル七世との時代に、仏英抗争としての百年戦争と国内紛争としての「ブゥルギーニョンとアルマニャック Bourguignons et Armagnacs の抗争（二つのフランス豪族の対立抗争）という二重の災厄の下で、フランスが、文字通りのた打ちまわる姿を、見事に描出しています。シャルル六世王は半狂人で、東北フランスの豪族ブゥルゴーニュ公に擁せられ、次いでイギリス軍に守られる身となり、これに対して、王太子（後のシャルル七世）は、南フランスの雄アルマニャック伯軍に祭り上げられることとなり、この王父子は、己の味方をしてくれる相対峙する勢力（ブゥルゴーニュ公・イギリス軍対アルマニャック伯軍）の抗争のままに、お互いにいがみ合うことになるのでした。そして、アザンクゥールの敗戦（一四一五年十月二十五日）の後、ブゥルゴーニュ公側の「錦の御旗」になっていたシャルル六世が、仏英合併という「進歩的」すぎる政策によって、トロワ条約を結び、イギリス王ヘンリー五世を、フランス王の後継者と定め、アルマニャック派に擁されてロワール河畔に浪々の生活を送っていた王太子（後のシャルル七世）を、謂わば廃嫡に等しい処分にしてしまったのです。その後、シャルル六世が他界し、フランス王を兼ねることになったイギリス王ヘンリ五世も程なく亡くなり、幼いイギリス王ヘンリー六世が、イギリス人とフランス人（特にブゥルゴーニュ派の人々）とに囲まれて、英仏両国の王となった時、逃避中の王太子シャルルは、忽然と出現したジャンヌ・ダルクに助けられて、イギリス軍およびブゥルゴーニュ公軍を撃破し、フランス王シャルル七世となることができました。これは、大体中学校高等学校の歴史の教える通りです。

『シャルル六世・シャルル七世治下のパリ一市民の日記』は、こうした謂わば「公定」事実を、当時のパリの一市民が如何ように眺めていたかを物語ってくれます。この『日記』の筆者は、その姓名も素性もあまり明らかでなく、定説はありませんが、ブゥルゴーニュ公側の「ファン」であったらしく、王太子シャルル（後のシャルル七世）を擁するアルマニャック派を、終始憎み通しているらしいことが叙述の端端に窺えますし、引いては、いずれシャルル七世となる王太子に対しても、好意を寄せておりません。したがって、「救国の女性」と言われるジャンヌ・ダルクを眺める眼も、温かでないどころか、はなはだ冷かであり、ある時には、憎悪に近いものを浮かべているようです。当時のフランス人が全部、こうした態度を取っていたかどうか判りませんが、シャルル王太子およびアルマニャック派を敵と考えていたブゥルゴーニュ派に属するフランス人の数は、決して少くなかったと信じますから、「公定」の「救国の女性、ジャンヌ・ダルク」に対する讃仰の念は、少くとも、当時の全フランス国民に共通した感情ではなく、後世のフランス人が「創造」した「史実」のようにも考えられてくるほどです。こうした「史実」の裏側の一端を、この『日記』は、われわれに洩らしてくれるように思われます。

　その上、いかにブゥルゴーニュ公の「ファン」であり、ブゥルゴーニュ公軍に守られたシャルル六世に対して「勤王」の志が厚く、ブゥルゴーニュ公・シャルル六世と合力するにいたったイギリス勢力に叩頭する『日記』の筆者たるパリ一市民にしても、アザンクゥールで、国王シャルル六世軍を撃破し、フランスの大半を占領するにいたったイギリス軍が、（アザンクゥールの戦の時には、シャルル六世と王太子シャルルとは、まだ離反せず、ともに、アルマニャック軍に擁されており、ブゥルゴーニュ公は親英政策を取り、高みの見物をしていたようです。）撃破されたアルマニャック軍（当時のフランス軍の主力）の敗残兵に劣らぬ乱暴を働いたことに対しては、怨恨を抱いていましたから、後年、ジャンヌ・ダルクが、このイギリス軍を破ってゆくのを、はなはだ奇妙な割り切れぬ気持で、眺めていたらしく思われます。小気味よいような、困ったような気持でしたろう。嫌いではあるにしても、同胞であるアルマニャック軍が、ジャンヌ・ダルクに指揮されて、「占領軍」たるイギリス兵を追い散らすのは、小気味がよいわけでしょうが、アルマニャック軍が勝ち、ブゥルゴーニュ公の勢力が受太刀となり、小馬鹿にしていた王太子シャルルがフランス王になるということも、このパリ市民としては、何か困るのです。『日記』の筆者たるパリ一市民の、こうした気持は、当時のフランス人の「愛国心」の姿を色々考えさせるものを持っています。

さらに、この『日記』Aには、打ち続く戦乱のために塗炭の苦しみに陥った一般市民人民の悲惨な姿、さらに物質生活においてのみならず精神生活においても示される悲惨な姿が、実に淡々と、しかも克明に記録されています。生きるためならば何でもするし、どんな主人の犬にでもなるというような悲惨な心情も、数々記されています。第一に『日記』Aの筆者たる御当人の「感情」が、こうした心情の実例の一つとなるのです。動乱や戦争がいかに人間を残忍野蛮にするかは、誰しもの感ずることでしょうから、「雄壮・壮烈」という形容詞は、動乱や戦争のいかなる場面にも当てはめられてはならぬことが、一人でも多くの人に判ってほしいのです。しかし、動乱や戦争が、人間を追いつめて、人間らしい向上心や倫理観念や志操を守り続けられないようにしてしまうということを、多くの人々は考えないかもしれません。私は、この『日記』Aを読みつつ、「金持喧嘩せず」という成句を思い出し、「皆が金持ちになって喧嘩しない」のが一番よいことだと沁々思いました。衣食が足らねば礼節を忘れるのが、悲しいことに、われわれ人間の常だからです。皆が自重し助け合って、皆が「金持」になるようにせねばならぬのです。

○

さて、本書で、この『シャルル六世・シャルル七世治下のパリ一市民の日記』を解説紹介するのではありません。以上、多少長々と述べましたのは、こうした文献があるということを紹介し、二種類の『パリ一市民の日記』という貴重な資料の特徴を示そうと思ったからです。この『シャルル六世・シャルル七世治下のパリ一市民の日記』に多少なりと興味を持たれた方は、旧著『乱世の日記』（一九五八年講談社刊）について御高覧給りたく存じます。

本書で取扱いますのは、第二番目の『パリ一市民の日記』**B**、すなわち『フランソワ一世治下のパリ一市民の日記』であります。第一番目の『日記』**A**は、既述の如く、シャルル六世・シャルル七世治下の「史実」を背景としたものですが、シャルル七世とフランソワ一世との間には三人のフランス王が国を治めています。ルゥイ十一世とシャルル八世とルゥイ十二世とです。皆いずれも、ヴァロワ **Valois** 王家の人々です。ヴァロワ王家と申しますのは、カペ **Capet** 王家の後を受けて約二百六十年間、すなわち一三二八年から一五八九年まで、フランスを統治した王家です。ブゥルボン王家は、このヴァロワ王家が、アンリ三世の死によって直系男子を失い、ブゥルボン家のアンリ四世が即位した時から、フランス王国を支配することになるのです。

煩雑かもしれませんが、ヴァロワ王家の諸王の略系譜を、その在位年代とともに、次に記してみましょう。

Philippe VI
(1328—1350)
Jean II
(1350—1364)
Charles V
(1364—1380)
Charles VI
(1380—1422)
Charles VII
(1422—1461)
Louis XI
(1461—1483)
Charles VIII
(1483—1498)
Louis XII
(1498—1515)
François Ier
(1515—1547)
Henri II
(1547—1559)
François II
(1559—1560)
Charles IX
(1560—1574)
Henri III
(1574—1589)

○

『フランソワ一世治下のパリ一市民の日記』**B**（以下単に『日記』と略称）の筆者も不明でありますが、『シャルル六世・シャルル七世治下のパリ一市民の日記』**A**の筆者と同じく、パリに住んでいた知識階級の人と考えられます。しかし、この『日記』**B**の筆者は、**A**の筆者に比べて、自分の意見なり批判なりを、『日記』中に書き残している点がきわめて少く、仮にそれらしいものがありましても、所謂当局発表の公定的な見方に終始し、時代の新しい動きについては無知に近い人物のように思われます。この『日記』**B**をパリ国立図書館蔵の草稿（N°743, Fonds Dupuy, および N°23288.）にしたがって翻刻版を上梓したV・L・ブゥリーイー V.-L. Bourrilly によりますと、筆者は、必ずしも一人でなかったかもしれぬということです。（*cf.* Introduction du Journal d'un Bourgeois de Paris sous le règne de François Ier, 〔1515—1536〕. Nouvelle édition publiée avec une introduction et des notes par V.-L. Bourrilly, Paris, Alphonse Picard et fils, 1910.）（なお、右欧文中の年代は、フランソワ一世の在位期間を示すのではなく、この『日記』の内容となっている時期を——すなわち、『日記』の記述が、一五一五年から始まり、一五三六年に終るということを示します。）

フランソワ一世の治世中には、重大な事件が数々起っておりまして、それらを、当時の文学や思想は、色々な形で反映しています。私は、この『日記』を、第一頁から最終頁に当る第四百三十六頁まで、全部詳しく紹介する必要を認めません。あまり特殊なまた瑣細な事柄に関する記述が多すぎるからです。私としては、十六世紀（ルネサンス）のフランス歴史・文学・文化の潮流のなかで、見逃すことのできない重要な渦巻をいくつか年代順に拾いあげて、この渦巻が、『日記』の筆者の眼に、如何ように映じたかを述べるに止めたいと思います。かくすることによって、当時の時代相とこの『日記』の筆者の姿とを、少しでも示すことができたら幸いです。

なお、先にも触れた筆者の問題、すなわち、ブゥリーイーの考えによると、筆者は一人でないのではないかという問題に関しては、フランス文学の専門研究を目的としたものではない本書で、これを論ずることは、不要と考えますので、一切触れないことにいたします。詳しいことは、ブゥリーイー版の序文第六頁以下に記載されています。

○

『日記』**C**は、既述の如く、本書第五章の素材となるものですが、氏素性の明らかでない「フランソワ」と呼ばれるパリ一市民が、一五八八年末から一五八九年の四月三十日までの間に、パリで起った事件を記述したものです。結局、『日記』**B**の記述が終った年一五三六年から、約五十二年経過し、フランソワ一世の子アンリ二世の治世、その子フランソワ二世、シャルル九世の治世を飛び越し、シャルル九世の弟アンリ三世の御代《みよ》にいたり、このアンリ三世の最後の約一年間のフランスの社会の動静を記録したものと申せます。アンリ三世は、一五八九年に暗殺され、ヴァロワ王家は、男子相継人がないために、断絶し、それまで新教徒軍の総帥であったアンリ・ド・ナヴァール（ブゥルボン）が、旧教へ改宗して、フランス王位に登り、その後二百年以上もフランスに君臨するブゥルボン王朝の始祖となるのです。したがって、この『日記』**C**は、十六世紀の結末、「宗教戦争」の大詰の場を物語っていることになります。フランソワ一世からアンリ三世にいたるまでの間に、三人の王の治世があったわけですが、この三つの治世こそ、狂信と、権謀術数と野望とが交錯した血生臭い「宗教戦争」の時期であり、華かなルネサンスの裏面あるいは実体を窺わせてくれる時期なのです。この時期のことは、本書において、ほとんど触れられませんでしたから、興味のある方は、「略年表」について、大凡の概念を抱いていただけたら幸いです。

なお、私が披見いたしました『日記』**C**の原典（翻刻版）は、本書冒頭に記した通り、Journal de François, bourgeois de Paris, 23 décembre 1588—30 avril 1589, par Eugène Saulnier, Paris, Ernest Leroux, 1913. であります。

○

ヴァロワ王朝中興の祖とも言えフランソワ一世（フランソワ・ダングゥレーム François d'Angoulême）は、一四九四年九月十二日に生れていますから、一五一五年一月一日に、従兄ルゥイ十二世他界の後を受けてフランス王位に就いた時には、二十一歳の白面の青年でした。フランスの習慣として、「王は身まかりぬ！　王万歳！」**Le roi est mort! Vive le roi!** と叫んで、王の逝去を悼み、しかも、直ちに、王位は新しい王に譲られたということを祝ったようです。したがって、「王は身まかりぬ」の王は、逝去した王を指し、「王万歳」の王は、新王を現すことになるわけです。日本で先年公開されたフランス映画で、「聖バルトロメオの虐殺」を取り扱ったものがありましたが、シャルル九世王の臨終の折、次の王アンリ三世のいる前で、「王は身まかりぬ！　王万歳！」と、皆が叫んだのを、見且つ聞きました。覚えておられる方々もあるかと存じます。この「王は身まかりぬ。王万歳」という叫び声に迎えられて、青年王フランソワ一世は、右の如く一五一五年一月元旦から、フランス国王の位に就きましたが、ルゥイ十二世には、嫡男がなく、従弟のフランソワ一世が、かねてから王位継承者と目されていたからなのでした。

フランソワ一世の即位した一五一五年の三月には、「フランスのエラスムス」とまで言われたギヨーム・ビュデ Guillaume Budé（1468—1540）の『古代貨幣考』De Asse が上梓されています。この著書は、古代（ギリシヤ・ラテン）文献の丹念な研究調査によって、それまで等閑にされ或いは不問に附せられていた古代世界の貨幣の価格や度量衡の実体を明らかにしようとしたもので、こうした論考によって、古代文化の姿を、それまでよりも一段と生々と、また如実に捕え、古代学芸の理解を今までよりも正確にする手段が与えられたことになりました。当時、ルネサンスの文化の花が咲こうとしていた時、すなわち、古代学芸の復興の機運が熟し切っていた時、ビュデのこうした研究が世に現れたことは、当然でもありましたろうが、また同じ道を進む学者たちにとって大きな刺激ともなったようです。そして、何よりも、この種の研究は、ユマニスム運動の根本精神とその一面とを示す所産として注目されてよいかと思います。歪められたもの・不明なものの原初の姿を探ねて、歪められない明確なものを求めようとするところに、ユマニスムの根本精神の一端があると信ずるからです。この時代に、エラスムス Desiderius Erasmus (1466—1536) やルフェーヴル・デタープル Lefèvre d'Etaples (1450?—1536) が、従来用いられていたラテン語訳の聖書の誤謬を、ギリシヤ語やヘブライ語の原典と照合することによって訂正しようとした大きな努力は、正に、十六世紀ユマニスムのもっとも華かな実例となるでしょうが、同じ精神が、ギヨーム・ビュデの『古代貨幣考』をも貫いていたのでした。

フランソワ一世が、一五一五年一月元旦に、フランス王位に就いたということ自体は、縁起をかつげば、何か、はっきり、すっきりしているようで、幸《さい》先きよい感じを与えますが、その年の三月に、ビュデの右のような研究が発表されたということのほうが、さらに幸先きよいことかもしれません。すなわち、フランス・ルネサンス期のもっとも豊かな収穫は、正に、このフランソワ一世王治下に見られたと言ってもよいからです。

しかしまた、ルネサンスという文化変動期に必然的に伴う激しい苦悶も、このフランソワ一世王の治下に見られたわけで、その様々な具体的な記録が、本書の資料となる『フランソワ一世治下のパリ一市民の日記』 Journal d'un bourgeois de Paris sous le règne de François 1er 中にも見出されます。私は、主として、こうした方面だけに記述の対象を絞ることにし、「ルネサンス」という言葉も「ユマニスム」という言葉も未だに持たず、その各々に対する明らかな意識をも持たずに流れて行った当時の人々の動向、文化、社会の有様を、右『日記』のなかから、謂わば発掘してみたいと思っています。「ルネサンス」という語も、「ユマニスム」という語も、いずれも後世の人々が、この時代の文芸文化思潮を再検討した時に与えたものであることは、周知の通りでしょう。しかし、「さらに人間らしい（人間のものである）学芸」Litterae (Disciplinae) humaniores ということは、当時でも言われましたが、「ルネサンス」も「ユマニスム」も、現象としては、この短い「さらに人間らしい学芸」という言葉のなかに秘められていたことは勿論でありますす。そして、このユマニスム思潮は、宗教思想の面では、聖書原典の再検討、教会制度の批判へと発展し、「宗教改革思潮」となり「宗教戦争」の種をも蒔くことになりますが、この現象は、様々な形で、われわれの『日記』中にも現れています。

○

フランソワ一世は、こうした新しい気運をはらんだ時代の若い王として、門出《かどで》したわけですが、先々代の王シャルル八世が背負いこみ、先王ルゥイ十二世が、これを受け継いだはなはだ厄介な「遺産」が一つ残されていたのです。それは、史上「イタリヤ戦争」Guerres d'Italie と呼ばれるものでした。

シャルル八世は、ブルターニュ公国を王領に合併することに成功したのに味をしめたものか、イタリヤのナポリ王国の領有権をも主張して、軍を進めたのが、「イタリヤ戦争」の口火を切ることになったのでした。ルゥイ十二世時代になりますと、オーストリヤ家（西・独）、イギリス王家、ローマ教皇の勢力や野心が、この「イタリヤ戦争」を複雑化し且つ悪化させるようになりました。フランソワ一世が、即位した時は、事態は、一時小康を保ってはいましたけれども、先王ルゥイ十二世の晩年、一五一三年六月六日にには、イタリヤ遠征の仏軍は、ピエモンテのノヴァリヤ Novaria (Novare) で大敗北を喫していますし、翌一五一四年八月十六日には、フランスのイタリヤに対する野望を挫こうとして同盟したドイツ・神聖ローマ皇帝マクシミリヤン一世と英王ヘンリー八世との連合軍のために、仏軍は、ギヌガート Guinegatte（＝Enguinegatte）で、またもや大敗北の苦汁を嘗めていたのです。ギヌガートという村は、東北フランスのカレー近くにありますが、この時の仏軍の大潰走振りは、物語にも残されているほどで、諷刺好きなフランス人は自ら、この大敗北の日を「拍車の日」Journée des éperons と呼んでおります。

「拍車の日」というのは、フランスの騎士たちは、独英連合軍に対して、戦うための剣よりも、逃げまわるための「拍車」を頻繁に使ったという諷刺であります。なお、史上、「拍車の日」と呼ばれる仏軍潰走記録は、このギヌガートの敗戦の外に、もう一つあります。それは、ベルギーのクゥルトレー Courtray の町で、一三〇二年に、フランスの騎士たちが、この城砦の攻略に失敗し、戦場に、黄金作りの拍車を四千個以上も残して潰滅敗走した戦のことです。

「イタリヤ戦争」が始まった年に、この世に生れ、一五一四年の「拍車の日」の翌年、フランス王となったフランソワ一世は、先王ルゥイ十二世時代に蒔かれた種を是が非でも刈り取らねばならぬ運命にあったわけです。その上、フランソワ一世は、ある意味で英明な君主ではあったのでしょうけれど、領地拡張によって王権や王国の威勢を盛んにするという考えを、極く普通の平凡な王と同様に持っていたのでした。当時、エラスムスやラブレーを初めとして、「良い王」というユトーピヤ的概念を説いた人々が出たことも、理由のないことではありません。なぜならば、この「良い王」とは、王権や国土の拡張よりも、人民の安康幸福を希うユトーピヤ的な王だったからです。こうして先王から残された厄介な「遺産」は、フランソワ一世によって、当然の「遺産」として継承されてしまったわけなのです。

しかし、一五〇〇年二月二十四日には、オーストリヤ家の王子カロロ（カルル、カルロス、シャルル）が生れていますし、フランソワ一世が即位した年の翌年、このカロロは、イスパニヤ王となり、カロロ一世と名乗り、次いで、一五一九年には、カロロ一世は、その祖父マクシミリヤン一世の後を受けて、ドイツ皇帝（神聖ローマ皇帝）カルル五世になってしまうのです。そして、フランソワ一世は、その在位中、「イタリヤ戦争」を発展転開させた形で、このカルル五世と対立抗争し続け、様々なにがい目にも会うことになるのです。

ルネサンス文化の誕生に伴う陣痛の具体例を、『フランソワ一世治下のパリ一市民の日記』から、主として抽き出すと同時に、フランソワ一世が、「遺産」として継承した「イタリヤ戦争」という重荷のために、歓喜と苦痛とを味う姿の断片をも、同じく、この『日記』から拾い出してみたいと思います。

以上述べた二つのテーマ（ユマニスム運動・宗教改革思潮・「宗教戦争」と「イタリヤ戦争」）以外にも、当時の社会相を知るのに有益な資料が沢山に、『日記』中に秘められていますけれども、そのすべての部分に、本書で触れられないことは残念です。

○

『フランソワ一世治下のパリ一市民の日記』の冒頭は、次のような文章です。

——現ニ王位ニアルフランソワ一世ハ、ルゥイ十二世王ノ死後、王位継承法ニヨリ継承者トナリタルガ、ルゥイ王ニ男性ノ子ナカリシ為、ソノ最モ近キ血縁者トシテノ資格ニヨレルモノナリキ。蓋シ、ルゥイ王ハ、死スルニ当リ、タダ二人ノ女《ムスメ》ヲ残シタルノミニテ、男子ハナカリシナリ。姉ハ、マダム・クロード Madame Claude ニシテ、他ノ一人ハマダム・ルネ Madame Renée ナリ。マダム・クロードハ、ルゥイ王ガ、故ブルターニュ公夫人王妃マダム・アンヌ feue la royne, Madame Anne, duchesse de Bretagne ニ産マシメシ女《ヒト》ナルガ、件《クダン》ノフランソワ王ハ、ルゥイ王在世中ニブルターニュ公夫人トシテ、コレヲ娶リタルナリ。(cf. "Journal", p. 1.)（括弧中の指定は、「『日記』B第一頁を参照」の義。以下準之。）

この書き出しの文章には、別に珍奇なことは、何も書いてありませんが、若干解説を要する点があります。フランソワ一世が、従兄に当る先王ルゥイ十二世の第一王女を妃としていたということだけが、文章の内容の一番肝心なところと思われますが、先ず第一に、二人の王女を、マダムと呼んでいることは、一寸奇異に感ぜられるかもしれません。先ず、この『日記』が書かれた年代が問題になりますが、フランソワ一世の登極直後から綴られ始めたとしますと、既に、フランソワ一世妃になっていたクロードを「マダム」と呼ぶのは、変でないかもしれません。（妃《レーヌ》と呼べばなお正しいわけですが。）しかし、次女ルネ王女は、後年一五二八年になって、フェルララ公エルコーレ・デステ Ercole d'Este, duc de Ferrare と結婚するのですから、「マダム」呼ばわりは変だと思う方もおられるでしょう。しかし、これは、ジャンヌ・ダルクのことを、「マダム・ジャンヌ」と呼んだように、身分の高い或は尊敬に価する女性を、既婚未婚を問わずに、「マダム」と呼んだところからきているのだろうと思います。これに対し、身分の低い婦人は、結婚していても、マドモワゼルと呼ばれていたようです。『日記』の執筆開始年代は、一五二八年以後とは考えられませんから、王女は「マダム」と呼ばれても習慣上変でないという解釈を持ち出すのが一番よいように思われます。

次に説明を要しますのは、「故ブルターニュ公夫人、王妃マダム・アンヌ」という称号です。これは、ブルターニュ公フランソワ二世の娘で、フランソワ公の死後、ブルターニュ公国の継承権を持っていた意味での「公夫人《デュシェス》」なのです。通例アンヌ・ド・ブルターニュ Anne de Bretagne (1476—1514) と呼ばれ、先ず、シャルル八世の王妃となり、ブルターニュ公国のフランス王領への合併の機縁を作りましたが、次いで、シャルル八世の歿後、一四九九年に、ルゥイ十二世の王妃となり、上記の文にあるように、クロードとルネとを産んだわけなのです。その間、ブルターニュ公国を王領に併合するための政略結婚の匂いもいたします。そして、フランソワ一世妃となった姉娘のクロード王女に、「ブルターニュ公夫人」Duchesse de Bretagne という称号と特権とが与えられましたので、「ブルターニュ公夫人トシテ」というような妙な表現があるのです。

なお、クロード王女は、普通クロード・ド・フランス Claude de France (1499—1524) と呼ばれ、フランソワ一世とは、ルゥイ十二世在世中の一五〇六年五月二十一日に、既に婚約していたのですが、アンヌ王妃の反対があり、正式の結婚は、アンヌ王妃の死（一五一四年一月九日）後、一五一四年五月十八日、ルゥイ十二世王他界より約半年前に行われたのでした。この結婚にも、政略臭が感ぜられます。クロード王妃は、一五二四年に歿していますから、フランソワ一世の生涯に見られた数々の事件を見届けられなかったわけですが、才気があり、温情豊かな女性で、「良い女王様《ボンヌ・レーヌ》」と呼ばれて親しまれていました。

この女王は、梅の実を好んだのか、その調理法に通じていたのか、現在でも、ある種の梅の実あるいは梅の実の或る種の調理法に、「クロード王妃」Reine Claude という名称がつけられています。記録によると、クロード王妃は、決して美人ではなく、むしろ不美人だったとのことです。

次女ルネ・ド・フランス Renée de France (1510—1575) については、先にも一寸触れましたが、いずれ、フェルララ公夫人となるのですが、フランス文学史上では、このルネ・ド・フランスは、かなり有名で、その点では、姉のクロードを凌いでいると思います。晩年、新教徒（カルヴィニスト）になったくらい、精神的には、時代の激しい影響を受けていた女性ですし、フェルララ公爵邸は、フランスから思想問題の故に亡命してきた人々の隠所になっていたとも言えるくらいでした。十六世紀前半の名ある文学者思想家の伝記中には、このルネ・ド・フランスの名がきわめてしばしば出てきます。

○

『日記』は、上掲のような文章で始まり、一月二十五日に、型の如くランス Rheims の大聖堂で、フランソワ一世の戴冠式が行われ、二月十五日に、王がパリへ帰還したことを記述した後に、この青年王が、行政上の新しい機構を作って、人心を一新しようと努力していることが記録されています。また、この年、西部および中部フランスで小麦が不作だったことも、簡単に記されています。また、同じく一五一五年の四旬節の折に、「ノルマンディ地方総奉行 Le Grand Sénéchal de Normandie が、サン・ヴァリエ Sainct Vallier 殿ノ娘ト結婚シ、」この披露宴に、フランソワ一世王および王妃も列席したという記述も見られます。これは、何でもない平凡な事件のようですが、十六世紀のフランス王朝の秘史とは、若干関係があるのです。

サン・ヴァリエ殿というのは、ジャン・ド・ポワチエ Jean de Poitiers のことで、その娘とは、ディヤーヌ・ド・ポワチエ Diane de Poitiers (1499—1566) なのです。つまり、後年、フランソワ一世の王子オルレヤン公アンリ (後のアンリ二世) の寵姫となり、父王フランソワ一世の寵姫デタンプ公夫人 Duchesse d'Etampes や、次いでアンリ二世王妃カトリーヌ・ド・メディチ Catherine de Medicis と、宮廷内で勢力争いをし、落陽のように華やかな末期ヴァロワ王朝の秘史を豊かにする有名な美人ヴァランチノワ公夫人 Duchesse de Valentinois ディヤーヌ・ド・ポワチエなのでした。

当時、ディヤーヌは、わずか十三歳で、ノルマンディ地方総奉行の要職にあったモールヴリエ伯ルゥイ・ド・ブレゼ Louis de Brézé, Comte de Maulevrier の妻となったのでした。ド・ブレゼは、一五三一年七月二十三日に他界し、その後程なくして、ディヤーヌは、王子アンリ・ドルレヤン (後のアンリ二世) の寵姫となるのです。後年、デタンプ公夫人を相手に、王廷の人々を二つの陣営に分けて勢力争いをする運命の女性の結婚披露宴に、いずれこのデタンプ公夫人と契る (一五二六年頃) フランソワ一世が出席し、新婚を祝福したわけなのでした。

○

フランソワ一世は、王位に即いた一五一五年四月二十四日に、パリを出発し、アンボワーズの王城に懐妊中の王妃クロード（既出）を残し、軍を率いて、七月十二日木曜日には、リヨンへ入市しました。なお、『フランソワ一世治下のパリ一市民の日記』には、リヨン入市は七月十一日（木曜日）とありますが、翻刻版の校訂者V・Lブゥリーイーの考証によりますと、上記の如く、王のリヨン入市は、七月十二日になるようです。(Journal d'un Bourgeois de Paris sous le règne de François Ier,〔以下単に Journal あるいは『日記』と略称。〕p. 16, n. 4.)

フランソワ一世のこうした動静は、申すまでもなく、イタリヤへ軍を進めるためのものでした。王は、母后ルゥイズ・ド・サヴォワ Louise de Savoie (1476-1531) に摂政の地位へ就いてもらい、パリ司教エチエンヌ・ド・ポンシェ Estienne de Poncher (1446-1525) その他の重臣を、その補佐役として残し、国内政務を一切、これらの人々に托すという「非常時体制」を固めて出陣したようです。なお、フランソワ一世は、一五一五年一月七日から宰相 Chancelier の地位にあったアントワヌ・デュプラ Antoine Du-Prat (1464—1535) を伴って征途を登ったのですが、このデュプラという人物は、フランソワ一世の少年時代の教育掛を勤めたこともあり、王の在位時代を通じて、「忠臣」として仕え通した人のようです。しかし、このデュプラは、フランソワ一世に対する愛情なり、王家の威勢を高めたいとひたすら希う心から、王室費・軍事費のために、国民に対する課税を重くしたり、フランス王権の確立のために反対を推し切って政教条約 Concordat を結ぶように努力したり、抬頭する宗教改革運動に対しては、弾圧策を取ったりしましたために、とかくの非難を受けていたようです。さらにまた、その間私腹をも肥しましたため、死後フランソワ一世によって全財産を没収されてしまいました。(後出) この人物は、これから先も、たびたび出没いたすことになるかと思います。

さて、既述の如く、フランソワ一世は、軍を率いて、リヨンへ入市いたしましたが、その条の『日記』を拙訳してみましょう。

——王ハ、コレ（＝ムゥラン Moulins）ヨリリヨンヘ赴キ、七月十一日（＝十二日）木曜日ニ、同ジク晴レノ入市式ヲ行ヒタルガ、リヨンノ市民ニヨッテモ、リヨン在住ノイタリヤ人ニヨッテモ極メテ手篤ク款待サレタリ。マタ、コノ地ニハ王ノ要請ニヨリ、ゲルドル公 duc de Gueldres (Charles d'Egmont, duc de Gueldre [s] 1467—1538) ガ既ニ待機シキタルガ、山嶺（＝アルプス山脈）ノ彼方ノ地（＝イタリヤ）ニ於ケル戦闘ニ於イテ、王ニ助力ヲ与フルガ為ナリキ。特記スベキハ、歩兵騎兵ナドノフランス全軍及ビ全砲兵隊ハ、一ケ月前ニ、既ニリヨネ地方ヲ通過シ、山嶺ノ彼方ヘ赴キタルコトナリ。コレハ、歩兵騎兵ノ大軍ニシテ、歩兵ノ数ハ四万以上、騎兵ハ二千五百ト算セラレタリ。カクシテ、ヴェネツィヤ人及ビイタリヤ人ラハ、王（＝フランソワ一世）ト、フランス全軍トノ到来ヲ待チ佗ビ、コレラニ合力シテ、イスパニヤ王、ローマ人ノ王（＝神聖ローマ皇帝）ト、スイス人トニ対抗セントセルナリ。コレラノ人々ハ、ミラノ市及ビソノ全公国ヲ、理不尽ニモ何ノ権利モナキニモ拘ラズ、簒奪シ占拠セル「故モール人」ロドヴィコノ息マッシミリヤーノヲ援助シ、ソノ後楯トナリキタルナリ。(cf. "Journal", p. 16—17.)（注意：訳文中括弧内は訳者註。以下準之。）

右の記述によりますと、フランソワ一世のイタリヤ侵入は、イタリヤ人にも歓迎され、正に不義を倒す聖戦の如くにも思われますけれども、問題のミラノ公国は、初めフランス王家（ヴァロワ王家）とつながりのあるヴィスコンチ Visconti 家の所領であったとしても、十五世紀中葉から、上記引用文の終りに出てくるロドヴィコやマッシミリヤーノの属するスフォルツァ Sforza 家の領有地として正式に認められるようになっていたのですから、フランス側の態度には、若干「言いがかりをつける」点もないとは申せますまい。ナポリ王国の占拠を「奪還」と呼ぶことにして、先々代のシャルル八世王によって開始された「イタリヤ戦争」に、次の王ルゥイ十二世が、ミラノ公国の「奪還」という目的をさらに附け加えたのでした。しかも、ルゥイ十二世の晩年においてはフランスの勢力が、イタリヤでは若干衰退の徴を示していたのですから、若いフランソワ一世王としては、フランス王家の名誉のために、またその治世の初頭を飾る事業として、「王様らしく」この「イタリヤ戦争」で一花咲かせる必要があったわけだと思います。われわれ普通の人間同士の間でも、行動的な強い人間は、言いがかりや口実を見事に製造してしまうものですが、昔の国王たちの場合は、なおさらわけもなく「大義名分」を、各々の側で捏造できたに違いありません。

○

上掲文中に若干固有名詞が出てきましたから、それを簡単に解説いたしましょう。

フランス軍の到来を「ヴェネツィヤ人とイタリヤ人」とが待っているという文章は、一寸奇妙に思われます。ヴェネツィヤの人々もイタリヤ人に違いないのですが、当時ナポリ王国だとかミラノ公国だとかフィレンツェ公国だとかいう風に、都市国家がイタリヤで成立発達していたことと、そのなかでもヴェネツィヤ共和国が屈指の強大さを示していたこととが、『日記』の筆者に、あのような文章を綴らせたのだろうと思います。その上、ヴェネツィヤ共和国は、その声望の減殺をねらっているイタリヤの各都市勢力や外国の諸勢力（主としてドイツ、フランス、イスパニヤ）を巧みに操って、わが身の安康を計ろうとしていましたから、西の方で境を接すると言ってもよいミラノ公国が、ドイツ、イスパニヤ、スイスの勢力に支持されて強大となるという心配の種が、かねがねミラノ公国に野望を抱いていたフランス軍の介入によって減殺される可能性もありましたから、ヴェネツィヤ共和国としては、所謂一種の合従連衡の策を取ったものとも考えられます。「ヴェネツィヤ人とイタリヤ人」という区別は、特に重大な意味を持たぬように思われます。ですから、今度のフランス軍の遠征に一番関心を寄せているヴェネツィヤ共和国の人人と、その他のイタリヤ人たちというぐらいの意味に解してもよいだろうと思っています。

　その次に出てくる「イスパニヤ王」というのは、エル・カトリコ el Católico（カトリック王）と呼ばれたヘルナンド五世 Fernando V（1452—1516）のことですし、「ローマ人の王」roy des Romains というのは、神聖ローマ・ドイツ皇帝マッシミリヤーノ一世 Massimiliano (Maximilien) Ier（1459—1519）のことであり、いずれも、イタリヤの沃地に野心があったのです。したがって、これらの国王たちは、イタリヤ進出を志すフランス王家とは、事毎に衝突していたわけで、「イタリヤ戦争」の性格が複雑になるのも当然でした。いずれフランソワ一世の仇敵として、「イタリヤ戦争」をさらに拡大するカルル五世 Karl V（1500—1558）は、ヘルナンド（フェルディナン）五世を母方の祖父とし、その歿後（一五一六年）カルロス一世としてイスパニヤ王になっていますし、また、マッシミリヤーノ一世をも父方の祖父としていましたから、いずれ神聖ローマ皇帝位をフランソワ一世と争って、これに勝ち、正式にカルル五世皇帝を名乗り、二人の祖父の仇敵フランス王家と中原の鹿を争うことになるのです。

　同じく『日記』中で、ミラノを不法占拠していることになっている「故モール人ロドヴィコの息マッシミリヤーノ」というのは、前にも記した通り、十五世紀中葉にミラノ公国の領有権をヴィスコンチ家から得ていた（結婚によって）スフォルツァ家の人物で、「モール人」ロドヴィコ Lodovico [Ludovic] Il Moro（1451—1508）と、その子のマッシミリヤーノ Massimiliano（1491—1530）とであります。ロドヴィコは肌の色が黒かったので、「モール人」という渾名がついていましたが、フランス王ルゥイ十二世と戦って敗北し、フランスで歿しています。したがって、フランソワ一世の公式の敵は、このロドヴィコ公の息子マッシミリヤーノになっているわけでした。

　仮にフランスがミラノ地方に勢力を完全に伸ばした場合、それが、ヴェネツィヤ共和国にとって果して有利なことになるかどうか判りませんが、目下のところ、ドイツ、イスパニヤ、スイスの三国の支持を受けているミラノ公国が戦火の巷となり、色々な勢力がそこでお互に消耗するようになれば、それは、ヴェネツィヤにとって、少くとも一時的には都合が良いことになるわけでしたろう。「フランス軍の進出を迎えるヴェネツィヤ人たち」という表現で示される現象の下に、様々なからくりが全く動いていなかったとは思われません。

○

フランソワ一世は、一五一五年七月にリヨンを出発し、イタリヤへ向いましたが、八月十四日には、ヴィルラフランカ Villafranca の町を陥れ、同月二十九日には、ノヴァリヤ（既出）の戦でも勝利を占め、この町で先王ルゥイ十二世が一五一三年に受けた屈辱を、見事に洗い流しました。

われわれの『日記』には、同じ年の九月の十三日から十四日にかけて、フランソワ一世軍はスイス兵団を主体とするミラノ公軍と戦って大勝を得たというかなり長い記述がありますが、ミラノの近くの要衝を抜いたらしいことは判っても、地名が明示してないので、どこの戦と呼んでよいか迷わされます。『日記』中では、「聖女ブリジードの日」Journée de Sainte Brigide あるいは「聖十字の日」Journée de Sainte Croix と、この大勝の日は呼ばれていますが、「聖女ブリジード」というのは、「聖《サンタ》ブリジダ Santa Brigida 修道院」のことで、フランソワ一世軍が、ここに立てこもったスイス兵を潰滅させたのを記念した呼名ですし、「聖十字」というのは、カトリック教会暦の「聖十字架頌揚祭」Exaltation de la Sainte Croix を指し、丁度九月十四日に該当しますが、しかもこの日に、二日に亘った激戦がフランス軍の勝利で終りましたので、同じくこれを記念するために、「聖十字の日」という呼名ができたのです。

しかし、この無名のままで記述された戦こそ、明らかに、マリニャーノ Marignano（Marignan）の戦だったのです。マリニャーノの町は、ミラノの南十六キロの地点にある要塞都市で、先記の聖女ブリジード修道院は、ミラノから約八キロの地点にあるようです。恐らく、フランス軍は、先ずマリニャーノの町あるいはその附近で敵軍を撃破し、これを駆逐しつつ、聖女ブリジード修道院で止めを刺したものと思われます。マリニャーノの戦として、色々な参考書に記された月日と、この「聖女ブリジードの日」あるいは「聖十字の日」の月日とは、全く合致いたしますから、マリニャーノの戦であることには、ほとんど疑問はないと考えます。

このマリニャーノの戦は、『日記』によりますと、九月十三日の午後三時から開始され、その日の夜の十一時頃に一時休戦となり、さらに、翌十四日には、明方から再開されて、午後二時まで戦闘が続けられたもののようです。(なお、『日記』の記述には、時刻の点で若干矛盾があるのですが、綜合すれば、以上のようになります。) 史上、「巨人の戦」Bataille des Géants とも呼ばれるこの会戦は、当時としては、文字通りの大激戦だったわけでしょう。次に『日記』中から、この戦の模様を記した部分を拙訳してみます。

――カクシテ、午後ノ三時ヨリ、件《クダン》ノスイス軍兵ハ、一兵ヲ残サズニ我レヲ殺戮シテ、王（＝フランソワ一世）及ビフランスノ諸侯ヲ捕ヘント期シ、極メテ果敢ニ王トソノ軍勢トニ接触シ来タレリ。敵ハ、砲兵隊ヲ十分ニ備ヘタル三部隊ニ布陣セルガ、王ハ、我ガ主ノ御力ノ御加護ニ揺ギナキ望ミヲカケテ、フランス軍ヲ率キテ、イトモ勇敢ニコレヲ迎ヘタリ。カクシテ、敵味方ノ間ニ於イテ甚シキ乱闘ガ行ハレ、戦ヒハ、先ニ記セル午後ノ三時ヨリ始メラレ、月光アリタレバ、夜ノ十一時十二時ニイタルマデ、休戦スルコトモナク続ケラレタリ。次イデ、月落チテ咫尺《シセキ》ヲ辨ゼザル有様トナリタレバ、戦闘ハ止ミヌ。サレド、王モ、フランス全軍モ、騎上ニアリテ、鞍ニ跨ガリ、拳ニハ長槍ヲ握リ、頭ニハ鉄兜ヲ戴キ、夜ヲ徹シテ整然ト布陣シ、常ニ敵ニ向フ用意ヲ、ヲサヲサ怠ラザリキ。……(中略)……翌、聖十字架頌揚祭ノ日（＝九月十四日）、明方ヨリ、戦闘ハ更ニ激シク再開サレ、彼我トモニ極メテ苛烈ニ戦ヒ、午後ノ二時マデ続ケラレタリ。カクシテ王及ビソノ軍兵ハ、二十八時間ノ間、拳ニ長槍ヲ握リ、甲冑ニ身ヲ固メタルママ、飲食スル暇モナカリキ。(cf. "Journal", p. 21—22.)

この戦闘の結末は、フランス軍の圧倒的な勝利となりましたが、戦死した数々の部将や貴族の氏名が、『日記』に記録されています。大勝に乗じたフランス軍は、スイス兵の立てこもった聖女ブリジード修道院を焼き払って、敵兵をさらに駆逐し、ミラノ市を包囲しましたが、ミラノ市民は、直ちに帰順してしまいました。ミラノ公マッシミリヤーノ・デ・スフォルツァ（既出）は、ミラノ市の城砦に立ちこもり、なおも抵抗しましたので、フランソワ一世は、一部将を派遣して、これを攻略し落城させ、マッシミリヤーノを捕虜にいたしました。マッシミリヤーノは、その後フランスで他界するのですが、父ロドヴィコ（既出）と同じ運命を辿ったわけです。

ミラノ市およびその城塞をフランス軍が占領している間に、フランソワ一世は、別動隊を進めて、九月二十二日に、ミラノ市南方の要衝パヴィヤ Pavia を占領しましたから、フランソワ一世のミラノ公国征服は、完全になし遂げられ、即位した年に行われたこうした輝かしい戦勝は、青年王の声望を増さしめるに与って力があったようです。しかし、『日記』のなかに、次のような文章もあります。

——コノ間ニ、王ハ、パヴィヤヘ赴キ、コノ市ヲ膝下ニ屈セシメタリ。サレド、市民ノ大部分ハ既ニ退去シアリタレバ、件《クダン》ノ市《マチ》ニハ殆ド人影ナキ有様ナリキ。(cf. "Journal", p. 24.)

われわれの読んでいます『日記』（**B**）には、既に触れました別の日記『シャルル六世・シャルル七世治下のパリ一市民の日記』（**A**）と比較して、少くとも今までのところ、戦乱に苦しめられる一般国民の苦悩の描写はきわめて少いので、その点やや物足りぬような気もいたさないでもありません。もっとも、パリから遠く離れたイタリヤで行われた戦闘の描写には、『シャルル六世シャルル七世治下のパリ一市民の日記』に見られるような、百年戦争の渦中でのた打ちまわる十五世紀パリの現実に生きた人物の残した生々しい記録が、さし当り出てこないのが当然かもしれません。それだけに、上に掲げた数行の無表情に近い文章は、伝えられた噂によって綴られたものであるにせよ、マリニャーノの戦の輝かしい光彩の下に秘められた人民たちの悲惨な姿を連想させずには措きません。ほとんど無人に近くなったパヴィヤの町は、フランソワ一世の眼にどのように映じたことでしょう。これは後で詳説いたしますが、十年後の一五二五年に、フランソワ一世は、このパヴィヤで、カルル五世（既出）と戦って大敗し、捕虜となるのです。

なお『日記』には、このマリニャーノの戦について奇妙なことが記されています。

――九月ニ於ケル件《クダン》ノ聖女ブリジードノ日（＝マリニャーノの戦のこと）ニ先立ツコト二・三日頃、フランドル地方アンヴェール Anvers 市及ビマリーヌ Mallines（＝Malines, Mechelen）ノ上空ニ、焔ノ如ク真紅ナル巨竜ノ形ヲナセル大彗星ガ見ラレシガ、一両日ニ亘ッテ空ニアリタリ。而シテ、結局、コノ彗星ハ何箇モノ破片ニ分タレテ、海原ニ墜チ行キヌ。サレバ、人々ノ言ヒケルニハ、コレコソ聖十字ノ日（＝マリニャーノの戦）ノ前兆ナリシナラムト。(cf. “Journal”, p. 25.)

フランソワ一世は、一五一五年十月十一日に、ミラノへ正式に入市し、遠征の実を結ばせましたが、一五一六年の二月には、副王 Vice-Roy としてシャルル・ド・ブゥルボン Charles de Bourbon (1489—1525) をミラノに残して、フランスへ凱旋いたしました。その後しばらくの間は、フランスは、ミラノを支配することになったわけですが、「イタリヤ戦争」が、まだ続けられる以上、この支配も勿論決定的なものではありませんでした。刻々と変るイタリヤの政情は、ミラノを得たばかりに、かえって重い厄介な荷物を、フランスに背負わせてしまったことにもなります。

なお、今記したシャルル・ド・ブゥルボンは、一五一五年一月八日にミラノ副王に任ぜられていますが、六月には、オデ・ド・フォワ・ド・ロートレック子爵 Odet de Foix, vicomte de Lautrec (1485—1528) と交替しています。このシャルル・ド・ブゥルボンは、名門出の筆頭元帥《コネターブル》でありながら、いずれフランス王家を裏切ることになるのです。これには、後章で触れるつもりです。

○

かくの如くマリニャーノ（＝マリニャン）の大勝は、即位したての青年王フランソワ一世の治世初頭を、謂わば飾ったものとも申せましょう。この勝利の報知は、フランス人たちをよほど欣喜雀躍させたと見えまして、次のような文句ではじまり、『マリニャンの戦』La bataille de Marignan と題される歌まで作られたようです。

——聞けよ、聞け、なべての優しきガリヤ人《びと》、
気高きフランソワ王の勝利をば！
Escoutez, escoutez tous gentils Gallois
La victoire du noble roy Françoys !

『歌謡《シャンソン》によるフランス史』(Pierre Barbier et France Vernillat : Histoire de France par les Chansons, Gallimard, 1956, t. 1, p. 50.) によりますと、作曲家は、有名なクレマン・ジャヌカン Clément Janequin

(1475—1560) であり、史実が歌謡の素材となった最初の例が、この『マリニャンの戦』の歌だとのことです。

なお、このマリニャーノの戦で、直接フランス軍と戦ったのは、主としてスイス兵でしたが、フランソワ一世は、和議成立後、スイス地区より賠償金を取り立てる代りに、スイスから傭兵を募集することにいたしました。その後、スイス兵は、長い間フランス王室の警護兵として働くことになるのです。フランス王廷附の儀仗兵のことを、ほとんど普通名詞のようにして Suisses と呼びますが、事の起りは、このマリニャンの戦からということになるようです。

○

翌一五一六年、フランソワ一世王の即位後第二年目の二月に起った事件として、『フランソワ一世治下のパリ一市民の日記』には、次のようなことが記してあります。

――コノ年二月、イスパニヤ王、カスチルラ、アラゴン、アンダルゥシャ、グラナダソノ他ノ封領ノ王タルヘルナンド他界セリ。コノ死ノ為ニ、イギリス王（＝ヘンリー八世）及ビ大公（＝オーストリヤ大公カルル、後のカルル五世）ハ、件《クダン》ノ王ノ王領及ビ封領ニ権利アリト主張セリ。(cf. "Journal", p. 30.)

ヘルナンド王とは、前回にも触れましたカトリック王ヘルナンド（フェルディナン）五世でありますし、「大公」Archeduc（＝Archiduc）とは、これも既に述べました後の神聖ローマ・ドイツ皇帝カルル五世 Charles Quint のことであります。ヘルナンド王の死後、色々なすったもんだがありましたが、結局のところ、イスパニヤ王位は、その孫に当るカルルによって継がれること（三月十四日）になったのです。カルルは、後にカルル五世として、フランソワ一世の前に立ちはだかるに先立ち、先ず、イスパニヤ王カルロス一世として登場することになります。イギリス王ヘンリー八世が、イスパニヤ王位継承権を主張したのは、亡きヘルナンド王の四女（カテリナ）を妃としていたからですが、カルルから見れば、ヘンリー八世は、義理ある叔父に当ったわけでした。(cf. "Journal", p. 30, n. 4.)

英王ヘンリー八世 Henry VIII (1491—1547) は、一五一六年には、二十五歳、カルル（カルロス一世）は、十六歳、そして、フランソワ一世は、二十二歳でした。ルネサンス期の、この三人の若い王たちは、いずれ十六世紀前半のヨーロッパで、中原の鹿を逐い合う間柄となるわけで、本稿にも、何らかの形で、この三人角逐の有様が出てくるだろうとは思いますが、本書は、政治史を中心とするものではないのですから、この三人の王の関係について、系統的に全部の史実を取り扱うことはできないだろうと思います。ただ、この三人の王の鼎立は、今後、ローマ教皇の権力、イタリヤ諸都市国家の勢力と結びついて、既述の「イタリヤ戦争」を拡大し且つ複雑化することになるということだけを、ここに記するに止めましょう。一五一六年初頭の『日記』に、偶然、ヘンリー八世とカルル（カルロス一世＝カルル五世）との名がならんだことは、マリニャンの戦勝に酔っていたフランソワ一世の前途が、決して薔薇の花で敷きつめられてはいなかったということを示すかもしれません。

なお、右掲『日記』の文中、「コノ年二月」とあるのは不正確だとのことです。『日記』の翻刻者たるV・L ブゥリーイーによれば、「一五一六年一月二十三日」と訂正せねばならぬそうです。(cf. "Journal", p. 30, n. 3.)

さらに、イスパニヤ王位を要求したヘンリー八世も、またカルルも、その望みを達成しようとして、フランソワ一世の支援を求めたことが、『日記』に記されています。そして、当時フランソワ一世は、カルル大公のほうに、若干傾いていたように思われます。

ミラノ争奪戦の勝利者たる王は、敵国の大公に、王者らしい寛容を示したのかもしれません。

○

フランソワ一世は、マリニャーノの戦後しばらくイタリヤに留りましたが、先のヘルナンド五世の死の報知は、一五一六年二月三日に、南フランスのタラスコン Tarascon で聞知したようであります。(cf. "Journal", p. 30, n. 3.) その後、王は、リヨン地区にかなり長く滞在し、パリへ戻ったのは、一五一六年十月四日火曜日のことでした。

フランスにとって、一五一六年は、ドイツ皇帝の反撃を若干蒙った程度で、戦勝祝いのうちに暮れて行ったようですが、フランソワ一世は、ミラノ公国占領直後一五一五年十二月に、時の教皇レオ十世とボローニヤ(Boullongne la Grasse)で会見し、一四三八年七月七日にシャルル七世が発布した「国本勅諚」Pragmatique Sanction を廃棄して、新たに「政教条約」Concordat を締決することにきめ、一五一六年八月十八日に正式に調印を取り行いました。この「政教条約」は、後一五一八年になりますと、国内の反対を受け、フランソワ一世治下最初の国内事件となるのですが、そのことは、一五一八年の『日記』の解説に譲り、ここでは、ごく簡単に、「国本勅諚」と「政教条約」とについて述べてみましょう。

○

シャルル七世の発布した「国本勅諚」は、確かにフランス国内の教会(ガリヤ教会 Eglise gallicane)の独立性を固めるのには役立ちました。すなわちこの「勅諚」は、公会議《コンシール》を教皇以上に重視し、また、司教や修道院長の選出は、聖堂会員および修道士らによって、教会法にしたがって自由になされるものとしていましたし、さらに、ローマ教皇庁への告訴の濫用を制限したものだったのです。教皇の力を抑え、国内の教会(ガリヤ教会)の権威を守るために役立ったこの「国本勅諚」の廃棄は、一見、フランソワ一世が、レオ十世にフランス国内の教会の独立権を売渡したような形にもなるのですが、必ずしもそうではなかったのです。当のフランソワ一世王が締決した「政教条約」というのは、見たところ、教皇をあくまで尊重して、国内の大司教・司教・修道院長の選出任命は、すべて教皇の認可叙任を要することにしましたが、実際は、これら聖職者の任命も、教皇への申告も、フランス王の裁量で全部行われるということになっていたのです。なお「職禄取得納金」annate（新たに聖職者になった人の最初の年の収入の奉納）を教皇の収入としたことは、教皇にとって、魅力のあることだったわけです。正に、華を棄てて実《じつ》に即いたことになるのであり、ローマ教皇に一目置いて、国内の教会を守ろうとした「国本勅諚」に対し、「政教条約」は、ローマ教皇を祭り上げて、国内の教会の独立権を、王権に従属せしめようとしたものだったわけです。これは、後で述べることですが、フランソワ一世のこうした措置に対して、王権の強化に反対するパリ最高法院およびパリ大学神学部が、反対運動を起すことになるのです。

この「政教条約」は、フランス大革命まで続きますが、それまでの間はフランス国内の教会は、王と教皇との合策によって、王権に抑えられることになりました。この「条約」の善悪を判定することは、むつかしいのですが、フランス教会が、王と教皇との馴れ合いによって抑えられた結果、教会がルッターやカルヴァンの宗教改革の嵐から守られることになったとも申せます。これは、当時の教会側の人々が恐らく気付かない功徳であり、この功徳のゆえに、フランスにおける宗教改革は挫折したとも言えるでしょう。しかし、全体的にそうであったとしても、フランス国内の神学者たちの精神的硬化や教会制度の腐敗に対して、フランソワ一世は、宗教改革的な風潮を利用しようとした点もありましたから、「政教条約」による王権の強化は、国内教会の退嬰硬化を是正し阻止しようとする「進歩的」な勢力の一端としての役割をも演ずることになったことも見逃されません。すなわち、絶対王権の道を開くことにもなるこのフランソワ一世の政策は、当初、「旧来の陋習」を破るためにも働いたと申せましょう。フランソワ一世治下に見られるフランス国内の思想問題で、（そして、それは主として宗教改革思想問題でしたが、）王が教会（またはパリ大学神学部）あるいは最高法院と対立する場合に、王の「政教条約」の「進歩的」な面が感じられるようにも思われます。

○

一五一七年は、さして特筆することもなく流れて行くように思われました。

――コノ年一月二十八日、マクシミリヤン（＝マッシリヤーノ）皇帝（既出。神聖ローマ・ドイツ帝）ノ大使ルー Ru（＝Adrien de Croy, sieur de Beaurain, comte de *Roeux*）殿ガパリニ来着シタルガ、帝ノ式部長官《グラン・メートル・ドテル》ヲ勤メ、大公（＝カルロス一世）ノ命ヲ帯ビ来レルナリ。栄誉ヲ以ッテパリニ迎ヘ入レラレ、王命ニヨリ、市ノ射手隊及ビ弩弓隊ガ派遣セラレタリ。コレナル仁《ヒト》ノ来レルハ、王ト件《クダン》ノ大公トノ間ノ和協批准ヲ取リ行フヲ目的トセルモ、マタ、大公トルゥイズ・ド・フランス殿 Madame Louise de France トノ間ニ成立セル婚儀ノ為ナリキ。(cf. "Journal", p. 41―42.)

これは、ヘルナンド五世の歿後スペイン王カルロス一世になったオーストリヤ大公（後のカルル五世）が、前年一五一六年に、その祖父に当る神聖ローマ・ドイツ帝マクシミリヤン一世の命を受けて、フランソワ一世と、ミラノ公国争奪戦の結末としての和議交渉を行って成功した旨が、八月二十三日にパリで発表されたことと関係がある記述なのです。正式の調印は、一五一六年の十二月三日でしたが、さらにルー大使が、一五一七年一月に、最後の批准を行いにパリへ来たもののようです。一五一六年八月二十三日の『日記』を見ますと、次のように記してあります。

——コノ和議ニヨリ、件《クダン》ノ大公殿ト、フランソワ一世王ノ年歯僅カ一歳ナル第一王女ルゥイズ・ド・フランス Madame Loyse de France トノ結婚ノ儀モ定メラレタリ。大公ハ代理人ヲ介シ、ノワヨン（＝ピカルディー地方の町）ニテ、王女ト婚約シ、姫ガ年頃ニナリタル時ニ、コレヲ娶リテ妃トセムト約束セリ。マタ、カクスルト同時ニ、大公ハ、前年婚約ノ儀ヲ行ヒタル故ルゥイ十二世王ノ王女ルネ殿 Madame Renée ノコトヲ破談トセリ。(cf. “Journal”, p. 38.)

『日記』の一五一五年の項を見ますと、カルロス一世は、王女ルネ（既出。後のフェルララ公夫人）と、四月二日月曜日に、ノートル・ダム大聖堂で婚約式を挙げている記述がありますが、(cf. “Journal”, p. 7.) ルネ王女は、一五一〇年生れですから、当時、僅か五歳だったわけですし、カルロス一世も、その時は、十五歳だったことになります。全くの政略結婚であることは明らかですが、翌年、このルネ王女との婚約を破棄して、生れたばかりのルゥイズ王女と婚約したのも、同じく政略結婚であるに違いありません。現在におきましても、われわれ下々《しもじも》の者の結婚でも、家と家との結びつきが当然問題になり条件となりますが、昔の場合、身分が高く権勢のある地位にある人々の場合は、さらにその度合が強くなり、本人が結婚するよりも、家門と家門、国と国とが結婚した場合が多いようです。

さて、この幼い王女ルゥイズ姫は、『日記』によりますと、一五一五年八月十九日に生れ、一五一八年十月初旬（あるいは九月二十日か二十一日）に他界していますから、(cf. “Journal”, p. 63, n. 3.) 実際上は、政略結婚の犠牲とはならずに、幸か不幸か、桃色の夢を抱いたまま、消えて行ったことになります。

いずれにせよ、一五一七年の春は、カルロス一世とこのルゥイズ王女との婚約式が行われたくらい、フランスは平和だったとも言えます。マリニャーノの戦勝の祝祭は、まだ続いていたわけです。なお、上掲引用文中、王女を「……殿」と訳しましたが、原文は「マダム……」と記してあります。このマダムという称号については、既に（第三十一頁を参照）説明いたしました。

○

西洋史の教科書にもある通り、この一五一七年という年は、マルチン・ルッターが、ウィッテンベルクで、九十五箇条の提題を掲げて、公然とローマ・カトリック教会に叛旗を翻した（十月三〇日）年だということは周知の通りです。宗教改革運動は、既に中世末期から見られるわけですが、その総決算が、このルッターの出現と考えられましょう。したがって、ヨーロッパは、この年から、単に国と国との戦争以外に、宗教思想の対立で悩まされ始めることになるのですし、フランスも、その例外ではなくなるのです。もっとも、一五一七年頃のフランスには、まだルッターの改革思想は流入しておりませんでしたし、われわれの『日記』を調べてみましても、ルッターという名前が出てくるのは、一五二三年の頃からですから、(cf. "Journal", p. 81.)「その方面の心配」は、まだ直接にはなかったとも申せます。しかし、ルッターが、突然変異的に現われたのでは決してないのであり、ルッターを産み出すような情勢が、中世末期から続いて温存されていたことは、単にドイツのみに限らず、ヨーロッパ各地に共通に見られた筈だと思います。ルッターほどの熱血と反逆心とはないにしても、既に一五〇〇年代から、オランダでは、デシデリウス・エラスムス Desiderius Erasmus（1466―1536）（既出）が、旧教会の制度の批判を行っていましたし、フランスでは、ルフェーヴル・デタープル Lefèvre d'Etaples（1450 ?―1536 ?）（既出）が、これまた、エラスムスとは性格を異にしながらも、同じく旧教会の粛正を志し、両者とも、識者の注目の的になっていたことでも判ります。したがって、一五一七年当時には、後年ルッターの教説が流入するに先立ち、フランスの宗教改革者たるジャン・カルヴァン Jean Calvin（1509―1564）をいずれ誕生させる母胎として、初期宗教改革運動が胎動していたと申せます。そして、それは、フランス的な性格を持っていたとは言え、汎ヨーロッパ的な気運の一つの現れでもあったように思います。これらのことは、本書のテーマの一つになるのですし、具体的に、いずれ触れねばならぬ「モー Meaux の人々」の動静を解説する時に、もっと詳しく述べることにいたします。この「モーの人々」の動きは、今記したルフェーヴル・デタープルを中心とする温健な或いは微温的な宗教改革運動なのでしたが、またたく間に圧殺され、その結果、カルヴァンの激しい決意が固められる事態が招来されることになってしまったと申してもよいでしょう。

一五一七年には、エラスムスの『キリスト教騎士提要』Enchiridion militis christiani (1504) も『痴愚神礼讃』Encomium Moriae (1511) もルフェーヴル・デタープルの『規範百条』Hecatonomiarum septem (1506)も、既に世人の目に触れていたわけですから、カルロス一世と薄命の王女ルゥイズとの婚約が取り行われて、天下泰平らしく見えていましたのは、全く表面だけのことのようにも思われます。われわれの『日記』の無名の筆者は、エラスムスの存在を知らなかったのか、一度もこの『日記』には、その名を出していませんし、ルフェーヴル・デタープルの名は、はるか後になってから、「モーの人々」を論じて、これを異端者視する場合に、一度引用している程度です。(cf. "Journal", p. 233.) その点、この『日記』の筆者は、当時の高い水準に達した知識人とは考えられませんし、その世界も狭苦しいようにも感ぜられ、ごく平俗なパリの市民たちの代弁者らしく思われてなりません。しかし、われわれが、時間的距離と歴史家の裁断とによって、一定の評価を与えている事実に対して、『日記』の筆者は、思いがけぬ異った評価を下していることもありますから、その評価の当否は別としても、事実の骨ばかりに触れやすいわれわれは、この『日記』によって、失われた肉体の形を想像することもできます。すなわち、われわれが傑れた人と思っている人が、この『日記』によると、例えば、巷で嘲弄される不幸な人だったりしますと、別に、そのために、われわれの考察が無価値になるわけではありませんが、われわれが傑れた人物として抽象すぎる危険は是正され、かえって、当の人物の人間としての悲しみや欣びや誇りや恨みを感じられるようになり、一段と人間らしい親しみやすい姿に触れられることになるとは思います。また、われわれが重要視している人物が、『日記』によって看過されている場合には、『日記』の筆者の教養身分階級などを考え、且つ大きく動いてゆく世のなかに小さく寄食しているわが身をも省て、われわれも同じ盲点を持ち、明日の原動力となる重要人物を見逃してはいまいかと反省できるように思います。

○

以上のように見てきますと、一五一七年は一見平和そのもののように見えても、時代の暗流は騒ぎはじめていたわけであり、また、その頃には、既に、フランソワ一世は、エラスムスの存在やルフェーヴル・デタープルの存在を知っていたことが、数々の文献に見られます。フランソワ一世は、マリニャーノの戦勝によって気をよくしていたせいか、あるいは、側近の人々、特にギヨーム・ビュデ（既出）らの勧めによったものか、あるいは「名君」としての治世をさらに飾ろうとしたためか、また、神学者たち（主としてパリ大学神学部の人々）の姑息な学問を矯正し、膝下にその妄動を抑圧する目的からでしょうか、新しい教育機関の設立を夢想していました。この機関は、幾多の波瀾を経て、一五三〇年から「王立教授団」Lecteurs royaulx として出発することになるのですが、これは、現在の「フランス学院」Collège de France の前身と言われています。フランソワ一世は、この教育機関の設立を、一五一七年頃には既に思い立っていたらしく、その指導役として、全ヨーロッパに令名を馳せていたエラスムスを選び、ギヨーム・ビュデに命じて、同年二月五日から何度となく、エラスムスへ招聘状を送らせました。不幸にして、エラスムスの来仏は遂に実現できませんでした。エラスムスは、いずれルフェーヴル・デタープルとならんで、パリ大学神学部から異端者視される憂目を見るようになるのですが、フランソワ一世王のやや気まぐれに近いところもあった、こうした新鮮な発意は、「政教条約」による王権確立方針と関係があるかもしれませんし、また、王者としての虚栄心にも結びつくとしても、いずれにせよ、一五一七年という一見平和な年の「季候」を物語ると思います。なお、ルフェーヴル・デタープルが、新しい教育機関の長として選ばれなかったのは、エラスムスよりも幅が狭かったせいもありましょうが、当時（一五一七年）病臥していたためと伝えられています。一五一七年の『日記』には、こうしたことは一切記してありませんが、一見平和に見えたこの年に、後々華麗な或は沈鬱なメロディーとなって響き亘る様々なライトモチーフが秘められていたことを述べてみました。なお、この時期におけるエラスムスやルフェーヴル・デタープルの動静に関しては、愚著『フランス・ユマニスムの成立』（岩波書店刊）を御参照下されば幸いです。

○

フランソワ一世がローマ教皇レオ十世と、一五一六年八月十八日に、「政教条約」Concordat を締結したということは、既に述べた通りですが、この条約は、表面は別として、実質的には、フランス王権の下にフランス教会の独立権を従属せしめかねないところがありましたから、当然、フランス国内では、特に、フランス教会および、それと緊密な関係を持っているパリ大学神学部からの反対が起りました。

翌年一五一七年二月から六月にかけて、フランソワ一世は、「政教条約」の承認を、立法司法の根本を司るパリ最高法院に対して、三回に亘って要求しましたが、一五一八年三月二十二日にいたって、ようやく、最高法院は、王の要求を容認することになりました。このように、一五一六年から一五一八年にかけて、足かけ、三年の歳月が、この「政教条約」の承認を旋って費されたということは、この条約が、とも角も、重大な意味を持っていたことを物語るだろうと思います。

「政教条約」の締結が、パリの最高法院で承認された直後、王は、王の意志に反対するパリ大学および教会関係の人々の手になる檄文を公示することを厳禁せよと、パリ最高法院へ申入れたということが、われわれの『日記』に記されています。(cf. “Journal”, p. 56.) 註解者のV・L・ブゥリーイーによりますと、同年三月二十七日に、パリ大学総長の名で、「政教条約」を印行することを諸出版書肆に禁止する旨の檄文が、パリ市内に貼付されたのだそうですが、これは、「政教条約」の公布を行ったフランソワ一世王の意向と正面衝突するわけですから、王は、四月四日附の勅令で、この檄文の公示を逆に禁止したのであります。(cf. “Journal”, p. 56, n. 3.) なお、この檄文には、後述の如く、王に対する誹謗の言辞も含まれておりました。

この時、フランソワ王は、ロワール河畔の王城にいたのですが、四月四日の勅令発布後、四月十一日に、(cf. “Journal”, p. 56, n. 4.) アダン・フュメ Adam Fumée (sieur des Roches) と、メルラン・ド・サン・ジュレー Mellin de Saint-Gelais (1491—1558) とをパリへ出張させ、パリ大学の動向を調査報告させることにいたしました。右記サン・ジュレーは、十六世紀初頭、クレマン・マロ Clément Marot (1495—1544) とならび称される詩人です。われわれの『日記』の原文には、このサン・ジュレーの名は記してありませんが、ブゥリーイーの註によって補いました。なお『日記』には、何の日附の指示もなく、次のように述べられています。

——程ナク、王ハ、王廷請願聴聞官《メートル・デ・ルケート》ノ一人タルフュメ殿ヲ、パリヘ派遣シタルガ、コレハ、先ニ記セル国本勅諚《プラグマチック・サンクション》〔ノ廃棄〕ニ関シテ、パリ市内ニ流布セラレ、説教ヤ教会筋ニヨッテ述ベラレタル不穏ナル言辞ヤ誹謗ノ言ヲ調査セシムル為ナルガ、更ニ、国本勅諚ニツイテ合議セントシテ、パリ大学ニヨッテ評議会ニ招集セラレタル四人ノ弁護士ヲ逮捕セシムルガ為ナリキ。ソノ四人ノ名ハ……(cf. “Journal”, p. 56.)

四人の「弁護士」の名は、勿論判明していますが、ここで特に記す要はなかろうと思います。四月二十二日の項には最高法院の命令で、パリの各家庭の家長に当る人々、および年輩の召使いたちが、武装して、町奉行《エシュヴァン》連中に附き添われ、「パリノ街頭及ビ学寮《コレージュ》へ赴キ、武器ヲ携帯スル反対派ノ学生ドモノ居ラザルヤ否ヤヲ調べムトセリ。サレド、如何ナル抵抗ニモ出会ハザリキ」(cf. "Journal", p. 57.) と記してあります。

非常に判りにくい、しかも簡単な文章ですので、何のことか、一寸判断がつきかねますが、恐らく、「政教条約」反対の教会およびパリ大学神学部からの煽動によって、学生たちが不穏な気勢を見せていたからではないかと思います。学生運動鎮圧のために、各家庭の家長が駆り出されたというようなことではないかと考えられます。どの程度のことがなされたものか不明ですが、「国本勅諚」破棄と「政教条約」の公布とに伴うパリの不安な情勢の一端は感じられます。

次いで、同じく一五一八年九月二日(木曜)になりますと、王命によって、二十人以上の人々が、九月十一日に、オルレヤンの町に出頭するように強制されましたが、これらの人々のなかには、パリ大学の総長以下学部長、事務総長、神学部教授たち、弁護士などもいたのですが、これは、先に反政教条約の檄文を公示した廉を追及するためだったのでした。これらの人々のうちの少くとも十人くらいは、姓名が判明していますが、これも特にここに書き記す要はありますまい。(cf. "Journal", p. 60—61.)

大学および教会関係の人々以外に、問題の檄文を印刷した出版業者も召喚されたようです。『日記』には次のように記してあります。

——同ジク《イテム》、件《クダン》ノ大学ニヨリ、ラテン語ニテ綴ラレタル檄文ヲバ印行セル数人ノ出版業者モ召喚セラレタリ。即チ、コノ檄文中ニ於イテ、教皇及ビ国王ハ、バーゼル公会議ニ違反セント欲シタルガ故ニ異端者 hérétique ト見做ストノ旨ガシタタメラレヰタルガ為ナリ。コノ公会議ノ折ニ、嘗テフランス歴代ノ王ガローマ教皇庁ニ対シテナセル数数ノ貢献ニ報ユルガ為ニ、件《クダン》ノ国本勅諚《プラグマチック・サンクシヨン》ガフランス国王ニ許サレルニイタリタルモノナリ。且ツハマタ、コノ檄文中ニ於イテ、王ハ浅見短慮ナリトモ記サレキタリ、サレバ、教皇モ国王モ、彼ラニ対シテ激怒セリ。(cf. "Journal", p. 61—62.)

オルレヤンにおける裁判の結末は、『日記』には、何も記してありません。召喚された人々は、一応訊問審理されたようですが、いずれ王の判定を待つということになったように思われます。

なお、右掲文中、バーゼル公会議というのは、一四三一年から一四四九年にかけて行われたものであり、シャルル七世が一四三八年に発布した「国本勅諚」は、この会議で決定されたのでした。

前にも記しました通り、フランソワ一世は、王権の確立のために、この「国本勅諚」を廃棄して、「政教条約」を新たに結んだのですが、この条約締結に対して以上のような反対運動があったこと、しかもそれが、フランスの教会とパリ大学（神学部）とを中心にして行われたことは、フランソワ一世（王権）と教会・パリ大学との対立の最初の現れと申してもよいと考えます。そして、この対立は、今後、様々な事件の渦中で、さらに激しい形を取ることになるのです。『日記』には記してありませんが、「政教条約」を強引に推し通したフランソワ一世は、一五一八年四月二十五日には、大学関係の人々が国政を議するために集会してはならぬという勅令まで出しています。公務員である学校の先生方が政治運動をしたり政府を批判したりすることはまかりならぬというようなことが一時、わが国でも行われましたが、形式的には、一寸同じケースのようにも思われますし、同じような「弾圧」と申してもよい点もあります。しかし、フランソワ一世に威圧された教会やパリ大学神学部は、政府の治安維持・思想善導策によって抑圧される弱体な「公務員」と比べれば、王権と肩をならべるほどの勢力を持っていたのですし、教会やパリ大学神学部には、「旧来の陋習」を墨守した点が多々あり、とかく「旧来の陋習」に対して不満や批判を抱きやすい「公務員」とは、かなり違った存在だったように思われます。抑圧弾圧する側のフランソワ一世も、王権確立の熱意に燃え、改革的な態度を各方面に見せていたのですから、その「進歩性」が、仮に絶対王政樹立のための手段であったとしても、少くとも当時の教会やパリ大学神学部よりも、改革的であり「進歩的」だったとは申せましょう。したがって、形は同一でも、内容は、かなり異った「弾圧」であったと言えるかもしれません。

一五一八年に起った事件として、本雑文の主題と関係のあるものは、以上のようなことです。

○

一五一九年の初頭一月十二日になりますと、ドイツ神聖ローマ皇帝マクシミリヤン（＝マッシミリヤーノ）一世が歿します。その条を、『日記』から引用してみましょう。

――コノ年、一月（＝一月十二日）ドイツ皇帝マクシミリヤンガ、ソノドイツ国ニテ他界セリ。コノ他界後、ドイツ帝国ヲ掌中ニ握ラムトシテ、フランス国王トフランドル伯トニヨッテ、大イナル権謀術策ガ行ハレタリ。即チ、皇帝ノ歿後フランス国王ハ、ソノ特命大使数名ヲバ、ドイツ帝国選挙侯ガ許ニ送リテ、己ヲ選バシメントシ、ソノ代償ニ、夥シキ贈物金員ヲバ約束セリ。（cf. "Journal", p. 68.）

フランドル伯というのは、申すまでもなく、マクシミリヤン一世の孫にも当るイスパニヤ王カルロス一世（既出）のことであり、後にカルル五世として、フランソワ一世の前に立ちはだかる宿命の敵手だったわけです。このことは、前にも述べた通りです。フランソワ一世は、国内で、「政教条約」を強引に成立せしめて、教会とパリ大学神学部と対立し始めたのと同じく、今や、ドイツ神聖ローマ皇帝位を、カルロス一世と争うことによって、対外的には、カルル五世（＝カルロス一世）との宿命的な対立の一歩を踏み出すことになったのでした。

『日記』によりますと、二月二十一日（月）には、パリのノートル・ダム大聖堂で、フランソワ一世および王族一同の列席のもとに、「二百本の蠟燭」を点じて、盛んな法会が行われ、マクシミリヤン一世の死が悼まれたということです。(cf. “Journal”, p. 68.) 死者を哀悼するのは、勿論当然なことですが、上掲文に見られる通り、『日記』の筆者が、フランソワ一世が神聖ローマ帝位を獲ようとして大童になっていたことを書き残していますだけに、この二月二十一日の法会にも、何か宣伝臭を感じないわけにゆきません。

もっとも、『日記』には、このような妙な感想は、全く記してありません。総じて、『シャルル六世シャルル七世治下のパリ一市民の日記』（既出**A**）の筆者よりも、この『フランソワ一世治下のパリ一市民の日記』の筆者のほうが、好悪の感情をあまり露骨に出していません。しかし、いずれ後で触れますように、思想問題に対して取った態度は、無理解であり、且つ退嬰的でもありまして、その点だけを拾って眺めますと、この『日記』の筆者は、何か矮小な姿をしているようにも思われます。「旧来の陋習」を軸にして結晶している「泰平」を、後生大事に守るために、一切の「陋習」の批判を危険思想とするようなところが、『この日記』の筆者にあったように感じられるからです。

○

神聖ローマ皇帝位争奪戦に乗り出してから間もない一五一九年三月三十一日に、フランソワ王の第二王子アンリが生まれました。第一王子は、一五一八年二月の末日に生まれており、その名は、フランソワと申しましたが、(cf. “Journal”, p. 55.) この第一王子は、一五三六年に夭折いたしますから、結局のところ第二王子のアンリが、後年アンリ二世として、フランソワ一世の後を襲い、フランス王となることになります。

フランソワ一世にとって、この王子の誕生は祝賀すべきことだったに違いありませんが、同じ年の、六月二十八日には、選挙戦に敗れ去り、神聖ローマ帝位は、イスパニヤ王カルロス一世に奪われるという事件が起っています。(cf. "Journal", p. 69.)『日記』の筆者は、フランソワ王が当然抱くべき失望などということには一切触れておらず、このカルロス一世の勝利のことも、一五二〇年の項に、「既ニドイツ皇帝トシテ選バレタルイスパニヤ王」というような、きわめて簡単な文章で片附けているだけです。(cf. "Journal", p.75.)

○

一五二〇年の六月二日に、サン・ジェルマン・デ・プレ修道院近くに、パリ施療院の建設が始められ、建物の最初の基石が、「ブリソンネ Briçonnet ト名乗ル」サン・ジェルマン修道院長の手によって置かれたと、『日記』には記してあります。(cf. "Journal", p. 72.) このブリソンネは、ギヨーム・ブリソンネ Guillaume Briçonnet (1470—1534) のことであり、後年、ルフェーヴル・デタープルとともに、「モー Meaux の人々」(後出) の中心となり、カトリック教会内で粛正を試みようとする人物なのです。

○

同じく一五二〇年六月には、フランス東北地区の現在パ・ド・カレー Pas de Calais のアルドル Ardre とギーヌ Guynes との間で、フランソワ一世王妃、およびフランス王室の人々は、イギリス王ヘンリー八世および王妃、その他イギリス大官たちと交歓しています。『日記』によりますと、六月の初旬（五日か七日）から、この会見は始められたようです。フランス王一行は、アルドルに陣取り、イギリス王一行は、ギーヌに宿営し、約二週間に亘って親しく交歓したらしいのですが、フランソワ一世の抱いた目的は、新たに神聖ローマ・ドイツ皇帝となったカルル五世に対抗するために、イギリス王と握手しようとするところにあったわけです。『日記』には、何も記してありませんが、史上『金襴の陣の会見』Camp du Drap d'orと呼ばれているくらい、フランス王側の接待は、贅を尽したものだったということです。われわれの『日記』にも、きわめて抽象的ですが、次のような記述が見られます。

――且ツ、コノアルドルヘノ旅（＝フランソワ一世一行の）ニ当リテハ、フランス国ニ於イテモ、他国ニ於イテモ、未ダ嘗テ見ラレザルガ如キ世ニモ稀ナル豪華ナルコトドモガ行ハレタルガ、コレヲ物語ルニハ、語ルベキコトノアマリニ多ケレバ、今ハ口ヲ緘スベシ。更ニ、コノ旅ノ有様ハ、印板ニ附セラレ、広ク町ニ売リ出サレタルガ、ソノ際行ハレタル豪華ナルコトドモガ、極メテ詳細ニ述ベラレタリ。(cf. "Journal", p. 73.)

金襴の天幕を張ったり、山海の珍味を出したり、野仕合などの余興をも添えたりしたりしたこの会見の華麗さは、絵画にも描かれているくらい有名ですし、上掲文にも見られる通り、記録文書としても残されているようです。『日記』の翻刻者V・L・ブゥリーイーは、この種の文書として二種類の文献を註記しています。(cf. "Journal", p. 73, n. 6.) この当時は、例えば、王がある町へ来た時の「入市式《アントレ》」の盛儀が、お抱え文学者によって、華々しく記録されて売出されることが習慣になっていましたから、右のような記録も当然あるわけです。

フランソワ一世がカルル五世に対して、ヘンリー八世と共同戦線を張り、神聖ローマ帝位を奪われた口惜しさを、何かの形で消し去ろうとしたこの「金襴の陣の会見」も、結果としては、逆効果になってしまったということを記さねばなりません。すなわち、海千山千のヘンリー八世は、フランソワ一世の心中の弱点を見抜いてしまった結果か、ほどなく、カルル五世のほうへ親近するような政策に出てしまいました。

アンドレ・モロワ André Maurois（＝現在フランスの作家）は、その『フランス史』中で、この『金襴の陣の会見』を、実に見事に描いております。

「イギリスのヘンリー八世王は、両ほうの陣営（＝フランスとドイツ）から媚を呈された。王は、フランスはカレーという恒久的な橋頭堡を持っていた。フランソワ一世が、彼に会いにきたのは、この町の近くだった。趣味上で類似したところのある両君主は、壮麗を競った。すなわち、フランス王の陣幕が金襴織りだったため、『金襴の陣の会見』といわれた。『それが陽に向って張られた時には美しい眺めだった。』イギリス王は、『木と硝子だけの』本物の家を作らせた。この建物の前には、三つの噴水が、肉桂水と葡萄酒と水とを吹きあげていた。両国王は、『馬上で抱擁し、きわめて親密な様子だった。』しかし、信頼は全くできなかった。そして、冒険好きのフランソワ一世が、お供をもつれずに、イギリス王のところへ赴いた時、彼は、部下の貴族たちに非難された。『わが君、そのようなことをなさるのは狂気沙汰です』と。そうこうしているうちに、フランソワ一世を裏切るという条件で、教皇の冠をば、カルル五世からさし出されたイギリスのウルジー枢機卿（＝ヘンリー八世の宰相）は、ひそかに、第二の会見を準備した。今度は、彼の主君とイスパニヤ王（＝兼神聖ローマ・ドイツ皇帝カルル五世）との会見だった。王（＝フランソワ一世）か、皇帝（＝カルル五世）か？　思案した結果、ヘンリー八世は、同盟者として、フランドル地方の主たる皇帝を選んだ。イギリスの商人たちが、それを要求したからである。しかし、経済顧問は、時として悪しき外交顧問である。フランスを見捨てることによって、イギリスは、勢力均衡を破り、カルル五世に有利な結果にしてしまった。イギリスは、他日、それを悔むであろう。（平岡・中村・三宅・山上氏訳『フランス史』新潮社刊上巻第一六五頁の訳文を基にして、若干補加したもの。）

英仏両国王のこうした懸引きは、個人同士の「取引き」に、ままあることでしょう。個人間の附合いには、この種の「取引き」などは一切せずに、常に、相手を信じ、欺くよりも欺かれたほうが楽だという気持で行動するのが一番人間的だと信じていますが、不幸にして、勢力のある政治家や王様方は、(つまり、一つの国の代表者をもって自任する人々は) 無人格な国と国との間のことを取り行うためには、このような「人間的」な態度では、「甘く」て、相手にやられてしまうだけだと考えるのが現実のようです。しかし、個人と個人との間でも、国と国との間でも、信頼を第一とし、こっちの猜疑や策略は相手の猜疑や策略を誘発するという当然なことが、もっと考えられてしかるべきだと思います。個人同士の場合は、各人の人柄の向上と大成とを待つ以外にいたし方ありませんが、国と国との場合は、さらにむつかしいでしょう。国という無人格な存在を、先ず人格のあるものにしなければならぬからです。いかに無人格な国という存在も、それを構成する国民によって構成されている以上、国の人格化は、全然不可能とも思われません。個人が(国民の一人一人が)、こうしたことを十分に反省自覚するところから始めるより外いたし方ありますまい。しかし、これは、なかなか時間がかかる大事業に違いありません。

○

われわれの『日記』の一五二〇年五月(二十七日)の項には、右に記した「金襴の陣の会見」に招かれて出発をする前のヘンリー八世が、スペインからドイツへ赴く途中にイギリスへ立寄ったカルル五世と会見しているという記述があります。(cf. "Journal", p. 74.)『日記』によれば、ヘンリー八世は、カルル五世を歓迎したと記してありますが、とも角も、フランソワ一世とヘンリー八世とカルル五世とが、各々仏・英・独を代表して、(あるいは代表した気になって) 三つ巴となり、前にも触れましたように、ヨーロッパの中原の鹿を逐いはじめたことが、一五二〇年代には、明らかになってきたわけです。

「中原の鹿を逐う」などと申せば、絵巻物のような気もいたします。しかし、現実的には権力と勢力と金力とのある僅か三人の王のために、「泰平」なヨーロッパは、全く無益な流血に彩られることにもなるわけでした。「泰平」の時代に流された血潮は、忘れ去られやすいものです。「乱世」にも、美しい菫が咲き、青空は輝いているのと同じく、「泰平」の世にも、啼泣と流血とが見られるのが、人間の世の常なのかもしれません。このように、一五二〇年代になりますと、フランソワ一世の対外対内の態容は、はっきり浮かび上ってくることになります。フランソワ一世は、国内においては、王権確立のため、教会の権力を抑え始めましたし、対外方面では、神聖ローマ・ドイツ皇帝カルル五世やイギリス王ヘンリー八世と対立し始めました。

『日記』の一五二〇年の項は、「ドイツ皇帝ニ選バレタルイスパニヤ王」が、十月二十三日に、エクス・ラ・シャペル（＝アーヘン）で、皇帝として、盛大な戴冠式を行ったという記述 (cf. "Journal", p. 75.) を最後にして、終っています。

○

一五二一年の一月の項には、先ず、フランソワ一世が、ロモランタン Romorantin（＝オルレヤン南方の町）で、若い貴族たちを相手に、炬火をかざしつつ戯れていた際に、頭部に火傷を負ったことだとか、同じ日（恐らく一月五日）(cf. "Journal", p. 76, n. 1.) の夕方、フランソワ一世は、乗っていた馬もろともに倒れるという危険な目に会ったことだとか、さらに、同じ一月五日の日に、時刻の点は不明ですが、フランソワ一世が、篭のなかに這入って、若い貴族と格闘遊びをしているうちに、ロルジュ殿ジャーク・ド・モンゴメリー Jacques de Montgommery, sieur de Lorges が、篭に火をつけたために、焼け死にそうになったというような、やや奇妙な事件だとかが、淡々として叙述されています。これは、血気盛んな若いフランソワ一世王の姿を描くために記されたもののようにも思われます。

こうした記述のすぐ後に、次のような文章があります。

——一五二一年、復活祭直後、フランス王ハ、イスパニヤ王（＝カルロス一世＝カルル五世）ニヨッテ不法ニモ占拠保持サレキタルナヴァラ王国ヲ討チタリ。カクシテ、コレラ征討スルガ為ニ、大軍ヲ派遣シタレバ、同年五月ノ終リニハ、件《クダン》ノ王国ヲ再ビ制圧シ、パンプロナ Pampelune ノ町ハ、我ガ軍勢ニヨッテ奪取占領サレルニイタリ、全王土ハ再ビフランス王ニ対シテ恭順ノ意ヲ表シ、王ハソノ晏如タル所有者トナレリ。(cf. "Journal", p. 76—77.)

このイスパニヤ侵入は、勿論、神聖ローマ・ドイツ皇帝兼イスパニヤ王たるカルル五世に対する対抗戦の篭手しらべに違いなかったわけですが、この戦の折、パンプロナが、一五二一年五月二十日に落城した際、最後まで、頑強にフランス軍に抵抗して、重傷を負って倒れた一人の青年貴族がありました。この人こそ、いずれ、十六世紀の宗教思想界に大きな役割を果す運命を担ったイグナチウス・デ・ロヨラ **Ignatius de Loyola** だったのです。われわれの『日記』には、大体一五三六年頃までの事件の記述しかありませんし、また、一五三四年八月十五日には、ロヨラが、パリのモンマルトルの丘の聖堂で、同志の者たちと「イエズス会」の結成を誓い、カトリック教会の「新撰組」を謂わば創設したという事実がありましても、それは、当時、多くの人々には、恐らく全く気付かれなかったことでしょうから、われわれの『日記』にも、このロヨラの名も「イエズス会」の名も出てこないのは当然です。しかし、いずれ触れることになりますルッターやカルヴァンの存在に対峙して、十六世紀フランスの思想界を大きく動かすにいたるロヨラが、この一五二一年五月のフランソワ一世のイスパニヤ侵入戦争の流血のなかから立ち上って、回心の道を歩み始めたということは、ここに記して置いても全く無駄ではないかもしれません。

フランソワ一世王の「華やかな」治世が、いかなる方向に歩み出したかは、今までの記述で示したつもりですが、われわれの『日記』には全く記してない人物、しかも重要な意味を持った人物が、一人二人三人と、フランソワ一世の治世の歩みとともに、生れ始めていたわけです。王の治世を明るくも暗くもしたと考えられる宗教改革思想運動の波濤を防ぎ止める堤の役を買って出たのは、このロヨラでしょうし、フランソワ一世の晩年、およびその死後における所謂「ユーグノー戦争」の渦中でフランスにおける宗教改革派の本山ともなるカルヴァンと対決するのも、このロヨラだったと申せましょう。

○

一五二一年の項の『日記』に、年代の指定ははなはだ曖昧ですが、次のような記述があります。

――一五二〇年、(=新暦の一五二一年?)ドイツ国ザクセン公領ニ、マルチン・ルッタート名乗ル聖アウグスチヌス派ノ異端神学博士ガ出現シテ、教皇ノ御権勢ニ対シテ讒罵ノ限リヲ尽シ、コレヲ貶メントシテ、アマタノ書物ヲ作レリ。マタ、教会ノ規律典礼ヲモ咎メ立テテ、数々ノ点ニ於イテ道ニ戻レルコトアリトカ濫用ノコトアリトカ、ト言ヒ立テタリ。カクシテ、コレラノコトヲ記シタル数多クノ書物ヲ著シタルガ、ドイツ国ノアラユル町々ニ於イテ、マタフランス王国全土ニ亘リ、コレガ印行サレ公ニサレタリ。サレバ、教皇レオ十世ハ、コレヲ聞知シ、王(=フランソワ一世)及ビ、パリ大学ニ通達シ、件《クダン》ノ者ヲ折伏セントセリ。而シテ、遂ニコノ者ハ、レオ教皇ニヨリ、マタパリ大学及ビソノ他ノ土地ニ於イテ、マタ、総ジテ、全キリスト教会ニヨッテ、異端者ト断ゼラレ、呪咀サレ、破門サレルニイタレリ。
(cf. "Journal", p. 80–81.)

われわれの『日記』に、ルッターの名が出てくるのは、これが最初なのですが、右引用文冒頭の「一五二〇年」という日附けには、一寸困却します。ルッターが歴史の上に明らかに出現したのは、一五一七年十月三十一日ですから、「一五二〇年」は、恐らく、パリ大学神学部が、一五二一年四月十五日に、ルッターを異端者と断じたことと関係があるのかもしれません。つまり、旧暦だと、一五二〇年に当り、新暦にすると、一五二一年になるのではないかと思います。旧暦新暦の問題は、一寸ややこしく、ここでは詳説できませんが、旧暦によると、一年は復活祭から始まり、復活祭は、三月二十二日と四月二十五日の間にあることになっていますから、一年の始めは、年によって移動するのです。したがって、旧暦の一五二〇年は、新暦の一五二〇年の春の復活祭から始まり、新暦の一五二一年の復活祭前で終ることになります。上掲文には一五二〇年とあるのみで、月日の指定がありませんから、何とも申せませんけれども、パリ大学がルッターを異端者と断じたのが新暦の一五二一年四月十五日だとすれば、そして、その年の復活祭が四月十五日以後だったとすれば、新暦の一五二一年四月十五日を、旧暦では、一五二〇年としても、変ではないことになります。しかし、いずれにせよ、『日記』の叙述には、文体の稚拙さとともに、年代的な曖昧さもあることを判っていただけるかと思います。なお、拙い訳文の弁解のようで、はなはだ鼻白みますが、『日記』の文章は、きわめて稚劣で意味の捕捉に苦しませられるところがあり、せめて訳文を判りやすくするのに苦心するくらいでした。

右引用文にすぐ続いて、次のような奇妙な記録もあります。

――一五二二年（?）十二月十二日ザクセン国マイセン Messnie (Meissen) 州ノフライベルク Frabourg (Freiberg) ノ町ニテ、次ノ如キコト起レリ。即チ一人ノ屠殺人ガ、牝牛ノ腹ヲ裁チ割レルニ、胎内ニ怪物ヲ見出セリ。ソノ相貌ハ、絵ニ描カレ、次イデ、当時、町中ニ弘ク売リサバカレタリ。コノ怪物ハ、無様《ブザマ》ナル人間ノ頭ヲ持チ、大イナル冠ヲ戴キタルガ、コノ頭ハ白味ガカリ、体軀ノ他ノ部分ハ、牛ノ姿ニテ、豚ノ形ニ近カリキ。且ツマタ、ソノ皮ノ色ハ鳶色ニシテ暗ク、赤味ヲ帯ビ、豚ノ尻尾ヲ附ケ云々……（cf. "Journal", p. 81.）

冒頭の年代は誤記か、さもなくば、一五二二年の『日記』の紙葉が一五二一年の部分に混入したのではないかと思うくらい、合点がゆきません。なぜかと申しますに、こうした「怪物」の記述のすぐ後に、「一五二一年五月初頭ヨリ……」という書き出しで、パリが飢餓状態に陥り、一升《スチエ》 setier の麦が六・七リーヴルもするようになったと記してあるからです。（cf. "Journal", p. 82.） 一五二一年五月の項の前に一五二二年十二月の話が出てくるのは、全く変です。十二月ですから、新暦旧暦の問題もないわけで、恐らく、一五二〇年の誤記ではないかと考えられます。これから説明いたします通り、この「怪物」は、ルッターの出現と関係があるのですから、ルッターが、異端者にされたという記述の後に、やや以前に起った奇態な事件の話を附加したものではないかと思っています。

さて、この「怪物」は、しばらく生きていたそうですが、死んでから、ザクセン公フレデリックの許へ送られ、「現在ニテモ、ソコニアリテ、日毎、コレラ見ルコトヲ得」（cf. "Journal", p. 82.）と記してあります。そして、この奇妙な「怪物」が出現した折に、「バラード」が一つ作られたとも、『日記』は伝えています。この「バラード」は全部、『日記』に引用されていますが、（p. 82.）これを訳出する必要は認められません。ただ、この怪物こそ、邪な道に陥ったマルチン・ルッターの姿の化身だということを唱った「バラード」であるということを記せば足りると思います。

それよりも、同じ一五二一年八月の項に、次のような記述があることのほうが、重大でしょう。

――コノ一五二一年八月三日土曜日、パリ最高法院ノ命ニヨリ、パリ各所ノ四辻ニ於イテ、喇叭ヲ吹キ鳴ラシテ、次ノ如ク布令マハラレタリ、即チ、ルッターノ書物ヲナニガシカ持テル書肆、出版元、マタソノ他ノ人々ハ悉ク、一週間内ニ、ソレラヲ右法院ニ持参スベキコトトシ、コレニ違反スル場合ニハ、百リーヴルノ罰金ト投獄ノ刑トニ処スト。
(cf. "Journal", p. 101.)

この一五二一年六月には、既に、その名を挙げたルフェーヴル・デタープル Lefèvre d'Etaples は、温和な改革思想の実現の望みを抱いて、モー Meaux へ赴いています。われわれの『日記』には、こうしたことは一切記してありませんが、当時のフランスには、様々の形で、かなりルッターの宗教改革思想が流れこみ始めていたようですし、フランソワ一世は、教会に対する牽制策の一端として、新しい改革思想を抱いた人々に向っては、決して苛酷な態度を取っていなかったばかりか、恐らく国内政策として、これらの人々を庇護するようなこともしていたようです。既に述べましたように、王は一五一七年頃から、パリ大学神学部の勢力に対抗できるような学芸の機関を設ける運動を賛助して、この機関の長として、エラスムスを招聘しようとする人々の後盾になった事実もあるくらいでした。しかし、この機関の設立は、フランソワ一世の健忘症や国内事情のために、一五三〇年にならねば実現できませんでした。

フランソワ一世の王権拡張慾が、教会およびパリ大学神学部と正面衝突した結果、政策として、王が、右に記したような所謂「進歩的」な態度を取るにいたったことも事実でしょうが、旧教会の制度の硬化腐敗の程度も、ルッターの如き人物を出現させるほどにまでなっていたように思われます。われわれの『日記』には、こうしたことは、一切記してありませんし、『日記』の筆者は、こうした世のなかの底流には無関心ですし、徹頭徹尾、一切の改革を毛嫌いしているようです。この当時には、必ずしもルッターの後を追い、いずれ生れ出るカルヴィニスムに共鳴するというところまでゆかないにしても、重くのしかかる旧い制度を批判した人々が沢山いた筈ですし、こういう人々が、ルネサンス期に歴史的な意義を与えていると信じますが、『日記』の筆者には、こうした時代の変化を感知する能力は全くなかったように思われます。

われわれとても、大きく廻転してゆく世のなかの実相を摑むことは困難ですから、徒らに、『日記』の筆者を咎めるわけにはゆきませんが、勝手な話ですけれども、この筆者たる「パリ一市民」に対して、歯がゆい感じがすることは事実です。

フランソワ一世の母に当るルゥイーズ・ド・サヴォワ Louise de Savoie は、若い王の後見人として、ある時には摂政として国政にも参与していましたが、思想的にはごく普通のカトリック信者（旧教徒）でした。しかし、この太后が残した『日記』の一五二二年の項には、次のような文章が記し止められているのです。

――十二月、我ガ子（＝フランソワ一世）モ私モ、聖霊ノ御恩寵ニヨリ、偽善ヲ事トスル白・黒・灰・褐、ソノ他アラユル色ノ連中ノ所業ガ判リ始メタルモ、乞ヒ願ハクバ、神ヨ、ソノ寛仁ニヨリ、マタソノ限リナキ御慈悲ニヨリ、コレラノ者ドモヨリ、我々ヲ免ガレサセ、衛リ給へ。

この文章中、白・黒・灰・褐というのは、修道士の着物の色を示すのですが、それほど修道院の人々のなかには、現世の権力や栄華をわが物にしようと、様々な複雑陰険な策を弄する連中もいたのでした。腐敗した修道士に対する毒舌を、上掲文と同じテーマで綴った文章は、フランソワ・ラブレーの『第三之書パンタグリュエル』(1546) 第二十一章第二十二章にも見られます。

ルッターの書籍の没収を記し止めた『日記』の上掲の文章は、それ自体貴重な文献になることは当然であり、この時代の波風の音を伝えてくれることも事実ですが、『日記』の筆者があまりのんきであり、小さく固まりすぎていることをも、われわれに感じさせるとは言えないでしょうか？　この筆者から見れば、ルッターは、正に、牝牛の胎内に潜んでいた人頭豚身の「怪物」に外ならず、「怪物」の書いた書物は抹殺されるべきだということにならざるを得ないのでしょう。冷え切った歴史の表面に寄った薄皮のひだの一つが、この『日記』かもしれません。このひだをつまんで、薄皮をはがして見た場合、血膿を含んだ赤い肉が見えてくるような気もします。

○

このように、新教思想がそろそろ国内の「治安」を紊し始めていたわけですが、フランソワ一世は、神聖ローマ・ドイツ皇帝カルル五世を相手にして、相変らず、「イタリヤ戦争」(既述)を継続しておりまして、一五二一年には、イタリヤにおいても、また特にフランスの東北地区でも、たびたび合戦が行われました。『日記』には、「豪胆無瑕の騎士」Chevalier sans peur et sans reproche と呼ばれるバイヤール Bayard (Pierre du Terrail, seigneur de) (1473—1524) や、「ラ・パリース殿」"Monsieur de la Palisse" という民謡で有名なラ・パリース La Palisse (Jacques de Chabannes, seigneur de) (1470?—1525) などが、各々、各地で奮戦している旨が記載されています。なお、ラ・パリース将軍の歿年は、一五二五年ですが、この年には、既に一寸触れましたパヴィヤ Pavia の大敗北という不幸が、フランソワ一世を見舞うことになるのです。いずれ詳説いたしますけれど、ラ・パリース将軍は、この戦の折に戦死を遂げるのです。

マリニャーノ(マリニャン)の戦(既出)で名声をあげた若いフランソワ一世王は、宿敵としての姿を徐々に明らかにしてきたカルル五世を相手に、父祖の代から譲り受けた「イタリヤ戦争」を継続せねばならず、その上、神聖ローマ皇帝位争奪戦に敗れた恨みもあったに違いなく、そのために、なかなか後へは引けないことになっていたようです。相次ぐ出兵の結果、王は、軍費にも兵員にも窮するようになりましたので、一五二一年七月から八月にかけての『日記』には、次のような記述があります。

――ココニ記シ止メタキコトハ、王ガ、ソノ御前会議及ビ血縁アル大公タチトノ語ラヒニ於イテ、軍事及ビ王国内ノ諸務ヲ取リ極メラレタルガ、ソノ結果、王ニヨリ三個軍団ガ編成セラレルニイタリ、大イナル出費ヲ要スル結果ト相成リシコトナリ。コノ軍団中第一ノモノハ、ナヴァルラ王国（＝イスパニヤ）ニ派遣サレタルガ、コノ地ヲ恢復セント欲シテノコトナルモ、先頃イスパニヤ人ニヨッテ、コノ地ハ、皇帝（＝カルル五世）ノ為ニ、奪還サレタルガ故ナリ。第二軍団ハ、ミラノ公国ニアリ。第三軍団ハ、既ニ記セルガ如ク、ピカルディ及ビシャンパーニュ地区（＝東北フランス）ニアリタリ。カクシテ、コレナル三軍団ニ兵站補給ヲ行フ目的ニテ、王国ノ人民ニ莫大ナル借款ガ行ハレタルガ、人民ハ、特ニパリニ於イテハ、ソノ為ニ大イニ苦シミタリ。（cf. “Journal”, p. 111.）

『日記』によりますと、この「国債」を集めるために、ジール・ベルトロ Gilles Berthelot という人物が、国内の教会の所有にかかわる年金・遺産などを、「不可差押」amortissement にする法案を作ったとのことですし、個人は、その収入に応じて千エキュ écus 八百エキュ、五百エキュ、四百エキュというような段階で、献金を要求されましたし、フランス王国全土に亘って、銀食器類を供出するようにとも下知されました。（cf. “Journal”, p. 112.）

こうした懸命な努力にもかかわらず、マリニャーノ（マリニャン）の勝戦（一五一五年）で、フランソワ一世が占領したミラノ公国も、一五二一年十一月十九日には再び敵に奪い還されてしまいました。『日記』には、十一月二十五日木曜と記してありますが、V・L・ブゥリーイーの註 (cf. “Journal”, p. 113, n. 4.) によりますと、ミラノ市は、既に十九日に開城していたように思われます。恐らく、二十五日頃には、ミラノ公国全体が敵の勢力下に陥っていたのでしょう。この時の合戦では、一五一五年にフランス軍の捕虜となり、既にフランスで他界したマッシミリヤーノ Maximilien (Massimiliano)（既出）の子のバール Bar 公の軍や、カルル五世配下のイスパニヤ兵や、スイスの反フランス派の兵団や、ローマ教皇レオ十世の手勢などが、フランス兵を駆逐した後のミラノ公国を占領いたしました。この時フランソワ一世は、フランス東北部へ進出してきたカルル五世軍と対峙していましたが、急を聞いて救援軍を南下させたり、先に記しましたバイヤール将軍やラ・パリース将軍を、ミラノ公国再奪取のために出征させたりしましたが、ミラノ市再攻略の戦でもゼノワ市での戦でも、敗戦を重ねるだけでした。「コノ時、フランス王ハリヨンニアリタルガ、カクノ如キ報知ヲ聞キ、心ハ楽シカラザリキ。正ニ理由《イハレ》アルコトナリ」と、『日記』には記してあります。(cf. "Journal", p. 115.)

○

こうしたごたごたの最中に、『日記』には、明らかに年月日こそ記されていませんが、V・L・ブゥリーイーの指定 (cf. "Journal", p. XVII.) によりますと、一五二一年十月に、イギリス王ヘンリー八世が、フランソワ一世とカルル五世との和平を仲介しようとしています。この三人の王様が、十六世紀前半期において、文字通り鼎立して、中原の鹿を逐うようになる運命にあったことは、既に記した通りですが、実際の激しい戦争は、主として専らフランソワ一世とカルル五世とがこれを行い、英王ヘンリー八世は、むしろ仏王独帝とを秤にかけて形勢を案じ、漁夫の利を占めようとしていたもののようです。一五二一年の和平斡旋も、ヘンリー八世が発言権の獲得を目的とした政治工作かもしれません。『日記』は、次の如くに伝えています。

——同ジク《イテム》、特記スベキハ、上ノ条《クダリ》ニ記セルコトドモ(=東北フランスに於ける仏独軍の合戦など)ノ起レル間ニ、イギリス王ヨリ特派使節ガ送ラレ来タリ、コレハ、皇帝(=カルル五世)トフランス国王トノ間ニ和平交渉ヲ行ハシメンガ為ナリキ。コノ一行ハ、サマセットノ庶子 bastard de Soubresset (=Somerset) ト呼バレルイギリス式部長官 Grand chamberlan ソノ他ノイギリス貴族ラ、及ビカレーニアリタルヨルト Yort 枢機卿ラナリキ。カクシテ、フランス王ヨリハ、コノ枢機卿ト会見スル為ニ、デュプラ du Prat ト呼バルルフランス大宰相、ド・セルヴァ de Selva (Selve) 筆頭議長（=パリ最高法院）ガ派遣セラレタリ。サレド、雙方ヨリ、何事モナサレザリキ。(cf. "Journal", p. 92–93.)

非常に簡単な記述で、詳しいことは不明ですが、恐らく、カレーで会見したものと思われます。上掲文の末行は、和平交渉がうまく運ばれなかったことを示すと思いますが、これは、イギリス側から持ち出した条件が、フランス方にとって思わしくなかったためなのか、あるいは、フランス側では、初めから乗気になっていなかったせいなのか、全く判りません。この『日記』の筆者は、『シャルル六世・シャルル七世治下のパリ一市民の日記』（既述**A**）の筆者よりも主観的な感慨を洩らすことが少いので、何かその姿がはっきりいたしませんし、何か主観的な評語を記す折には、きわめて平俗な人間であることをしか示さぬようですが、上掲文の末尾の「サレド、雙方ヨリ、何事モナサレザリキ」という短い文章は、何か失望に近い感情を秘めかくしているようにも思われます。『日記』には、このイギリスの使節団のことは、これだけしか書いてありませんが、**V・L・**ブゥリーイーの註釈によりますと、(cf. "Journal", p. 92, n. 4.) 団長格らしいサマセットという人物は、ウースター伯チャールズ・サマセット Charles Somerset, comte de **Worcester** のことであり、十月二十六日に、フランソワ一世と初会見をしているようです。したがって、上掲『日記』文から直ちに察せられるように、カレーで、英仏両国の使節が会っても、話がまとまらず、その結果、それ切りになったというのではないかもしれません。しかし、詳しいことは一切不明です。この辺の歴史に詳しい方に、ぜひ御教示を得たいと念願いたしております。

一五二一年の終り頃、十二月一日に、ルネサンス期の教皇として色々な意味で有名だったローマ教皇レオ十世が他界しています。

一五二二年は、全体として、一五二一年と同じような年ですが、フランソワ一世の治世が、段々と多難になってゆく気配が見え始めます。

○

――コノ年(＝一五二二年)二月ノ初メ、王命ニヨリ、民兵《フラン・カルシェ》 Francs-archers ガ設ケラレ、ソノ召集数ハ二万四千ニノボリタルガ、ピカルディ、イタリヤ、ギュイエンヌソノ他ノ地方ニテノ戦闘ニ加勢セシムルガ為ナリキ。(cf. "Journal", p. 94.)

V・L・ブゥリーイーによれば、この措置は、一月二十七日にとられたのだとのことです。(cf. "Journal", p. 94, n. 1.) なお、この民兵と申しますのは、常備軍(主として職業軍人外国傭兵)に対して徴募の形で作られた市民や農夫の兵士たちをさしますが、十五世紀に(一四四八年)シャルル七世が創設したものと言われています。上掲文の終りの地名は、東北フランスのピカルディ、イタリヤ、西南フランス、(イスパニヤ近くの)のギュイエンヌですから、相変らず、フランソワ一世は、三つの軍団(既出)を、東西南北に派遣して、戦意旺盛だったことになります。しかし、『日記』の一五二二年二月の条《くだり》には、次のような記載が見られます。

――コノ一五二二年二月、パリ及ビモー Meaulx (Meaux) (＝パリ東北の町) ノ周辺ニテ、浮浪ノ悪漢ドモ Maulvaix garçons advanturiers ガ出没シ、多クノ悪事ヲ働ケリ。彼ラハ、ピカルディ地方ニ於ケル王ノ為ノ戦 la guerre pour le roy au pays de Picardie ヨリ帰来セルモノナリキ。(cf. “Journal”, p. 102.)

「王ノ為ノ戦」という表現ははなはだ新鮮ですが、それは別問題として、そこから「帰来」したというのは、除隊になって帰ってきたことを指すかもしれませんし、あるいは、脱走して戻ってきたことを示すのかもしれません。いずれにせよ、戦雲急の折に、戦列を離れるということには、何かの理由があったわけでしょうし、先に記した「民兵」徴募とも関係があるかもしれません。兵隊へ行ってぐれた人々でしょうか、ぐれた連中なので兵士にさせられ、しかも勤め切れなかった人々なのでしょうか。戦争というものが、どのように人の心を荒ませるかは、洋の東西、また古今を問いますまい。このようなことを考える場合、いつも私の頭に浮かぶのは、「戦乱は、美徳を顕《あらわ》しもするが、悪徳が匿れておられないようにもする」というフランソワ・ラブレー **François Rabelais** の言葉であります。ルネサンス期の「泰平」の世とも思われるフランソワ一世の治世には、こうした兵士くずれの「悪漢」**maulvais garçons** がしばしば出没したことが、この『日記』(**B**)のなかにかなり沢山記録されています。一五二二年二月は、その最初の例となるわけです。

今触れました「悪漢」たちは、官憲の手によって逮捕され、その数は十七人だったと、『日記』に記されています。そして、そのうち十四人が絞首になって、パリの四つの市門にさらされ、三人は、広場で笞刑を受けたということです。(cf. “Journal”, p. 102.)

○

一五二二年は、先にも申しましたように、全体としては、一五二一年と比べて、そう変った様相は示しておりません。しかし、「悪漢」どもの発生は、「学芸の父」と呼ばれるフランソワ一世王の治世に発生したたむしやひぜんを思わせますし、この「泰平」の世、「聖代」の裏側を、一寸垣間見せてくれもします。さらに、この一五二二年始めには、洞が峠をきめこんでいたイギリスのヘンリー八世が腰をあげて、親独的な態度を示しました。さらに九月二十三日のこと、今までピエール・ピエフォール Pierre Piedfort という人物が、瀆聖罪に問われて火刑に処せられる事件も起っています。(cf. "Journal", p. 138.) また、前にも一寸触れましたブゥルボン筆頭元帥事件が明るみに出てきます。

ヘンリー八世の行動は、ある意味で、予定の行動でした。つまり、フランソワ一世、カルル五世、ヘンリー八世の鼎立という事態のなかで、ヘンリー八世は、漁夫の利を得ようと待ちかまえていたのですから、東西南北に敵を持ったフランスは、ヘンリー八世によって、よい餌食と考えられたわけでした。しかし、他の二つの事件、ピエール・ピエフォールとブゥルボン筆頭元帥との事件は、フランソワ一世、「悪漢」が発生したフランソワ一世の治世に包蔵された幾多の問題を暗示することになるでしょう。なお、『日記』には記してありませんので、申添えますが、この一五二二年三月二十二日に、パリ最高法院は、前年発布された法令——ルッターの著書の所持禁止に関する法令(既出)を再確認しています。すなわち、フランソワ一世王が外戦に熱中している時、国内の「治安」は、かかる法令の再確認を必要としていたのでした。

○

一五二二年二月(われわれの『フランソワ一世治下のパリ一市民の日記』は、旧暦にしたがい、一五二一年としていますが、)の項には、次のような記述があります。

——コノ一五二一年二月、王ハ、ピカルディ地方ノ戦闘再開セルガ為ニ、パリニアリタルガ、コレラノ戦役ノ故ニ、金員ノ必要ニ迫ラレ、パリ市役所ニ集会ヲ開カシメ、王自ラ臨席シ、町奉行《プレヴォ・デ・マルシャン》、代官タチ、及ビ、パリ市ノ重ダテル市民タチニ、布告ヲ下シ訓令ヲ垂レ、全王国ニ亘リ、戦争遂行ヲ援助スル為ニ、イカニ金員・人員ノ救援助力ヲ要スルカヲ説ケリ。カクシテ、王ハ、戦火ノ続ク限リハ、傭兵トシテ五百名ノ歩兵ノ援助ヲ与ヘラルルコトヲ求メタリ。コレニ対シテ、臨席セル人々ハ、王ヲ救援スルコトハ正ニ当然ナルモ、市民タチノ会合ヲ開キ、コレラ五百人ノ兵士ノ給料トシテ、四万リーヴルニモ上リ兼ネマジキ金額ヲバ何処ヨリ捻出スルカヲ議スル要アレバ、暫シノ猶予ヲ賜リタシト答ヘタリ。王ハ、コレヲ諒承セリ。而シテ、ソノ間ニ、王ハルゥワンヘ赴キ、同様ナルコトヲ要請セリ。王ガ、ルゥワンニアリテ、コノ町ノ市民タチニ向ヒ、戦争遂行ノ援助ヲ求メシ時、コレラノノルマンディ人ドモハ、恰モ、思ヒアガレルモノノ如ク、傭兵トシテハ、千人モノ兵ヲ出陣セシメ、救援ニ遣ハサムト申出デタリ。サレバ、王ハ人々ニ感謝シ、コレヲ受諾シ、次イデ、パリヘ帰来シタリ。(cf. "Journal", p. 102 *sq.*)

この結果、パリの人々も、ルゥワンに負けてはならじというわけで、やむを得ず、非常な無理をして、同じく千人ほどの軍兵を供給するために、渋々金を調えることになりました。こうした気乗り薄な態度は、世智辛らいパリ市民気質のいたすところかもしれませんけれど、この出費は、物価高と重税とによって苦しめられていたパリ市民たちにとって、決して楽なものではなかったことも事実のようです。そして、パリの人々は、上記文中にあるように、籔蛇的行為に出たルゥワンの人々を「思ヒアガレルモノノ如ク」**comme outrecuydez** と評しながら、その不平を吐き出しているわけなのでしょう。この『日記』の筆者は、その感情を表わす度合が、きわめて少いのですが、こうした評語は、思わず洩らした憤慨の言葉として、若干興味を唆ります。

いずれにせよ、フランソワ一世は、躍起となって軍資金調達に努めていたわけでしたが、イスパニヤ王国と二体一心のドイツ皇帝カルル五世の圧力に対して、東西南北に布陣しようと大童になっていたフランソワ一世にとって、都合の悪いことが起りました。それは、今までの記述でお判りと思いますが、洞が峠をきめこんでいたイギリス王ヘンリー八世が、恐らく、フランスが七苦八苦しているのにつけこみ、この一五二二年頃になりますと、フランソワ一世王に公然と敵意を示し始めたことです。敵意というよりも、むしろ、強請恐喝行為に出たと言ったほうがよいかもしれません。われわれの歴史には、こうした王様たちの野望によって起された戦乱が、後から後からと出てきますし、戦火の犠牲となる「国民の声」とでも呼ぶべきものは、ほとんど聞かれないのが常です。そして、十六世紀には、反王権思想の如きもの、あるいは、反戦主義の如きものは、発芽成長する余地はなかったわけでしたが、それだけに、クロード・ド・セイセル Claude de Seyssel (1450—1520) やエラスムスやラブレーの「善い王」bon roi の概念は、当時の王の在方に対する精一杯な批判の記録となるに違いありません。つまり、こうした批判が生れましたのも、ヨーロッパの各王国に君臨する王様たちには、人民を愛し、その繁栄を希い、決して侵略戦争などは行わない「善い王」の概念は、あてはまらなかった結果かもしれません。「血湧き肉躍る」戦争を好み、そこから利得を拾おうとしたのは、現実の「王様」たちだったようです。

イギリス王ヘンリー八世は、一五二二年の五月二十七日に、当時、再びミラノ公国奪還のためにリヨンまで出陣していたフランソワ一世の許へ、軍使を送りました。そして、イギリス、ドイツ、フランスの三国の王が、ロンドンで結んだ協約によると、甲の王が乙の王の勢力範囲に侵攻を企てたら、丙は、乙を救援することになっている以上、ドイツ皇帝の占領下にあるミラノ公国に征討軍を進めるフランソワ一世に対し、ヘンリー八世は、義によって宣戦すると申入れたのでした。ミラノ公国に対するカルル五世とフランソワ一世との野望もさることながら、このヘンリー八世の一方的宣告は、正に恐喝だったと言えましょう。

ヘンリー八世の「宣戦」布告によって、直ちに、イギリス軍がフランスへ雪崩こんだ事実はないようですが、当時、カレー Calais 地方は、一三四七年以来、イギリスの占領地でしたから、ここに駐屯していたイギリス軍が、ピカルディ地方へ出動したり、またギュイエンヌ地方へ上陸したりして、ドイツ皇帝カルル五世軍と協力して、徐々にフランス侵攻の機を窺うことになったことは当然と考えられます。(cf. "Journal", p. 133 *sq.*) 天秤の目盛りを見ていたヘンリー八世は、カルル五世方に肩を入れるほうが、漁夫の利を獲られるという風に考えたのが、この「宣戦」の唯一の動機だったに違いありません。(なお、カレー地区が完全にフランス領となるのは、一五九八年のことです。)

同じ年六月には、カルル五世が自らイギリスへ出かけ、六月二十六日から七月四日まで滞在していますから、(cf. "Journal", p. 108, n. 2.) 英独の関係は、さらに親密になってしまったようです。われわれが繙いている『フランソワ一世治下のパリ一市民の日記』には、こうしたことが、実に客観的に記述されていまして、その間一言の批判がましいことも洩されていません。前にも触れた通り、われわれの『日記』の筆者は、『シャルル六世・シャルル七世治下のパリ一市民の日記』(既出。拙著『乱世の日記』を参照。)の筆者と比べて、全体的に見て、主観的な或は階級的な感情を、その記述中に吐露していませんが、自国フランスの王が不利な立場に追いこまれてゆくのを、特に悲しみも心配もせずに、見聞したことを、ただ記録として、箇条書きにしている点は、面白いと言えば面白いでしょう。つまり、当時の庶民一般は、フランス王が軍を進めて、外国の王と戦うにしても、それは、「上方《うえつがた》」の世界の出来事で、この出来事によって、国民が犠牲になることはあっても、それは全くの不慮の災と観じていたようにも思われます。戦争の規模も、現代と比べて小さく、その惨禍も、「総力戦」を呼称される現代の戦争よりも少い時代でしたから、自国の王が惹き起した戦争を、多くの場合には、他所事とも観じられたかもしれません。それにつけても、われわれは、区役所の帳簿のなかに、番号附きで登録され、(監獄内の囚人もそうですが、)逃げかくれしたら普通に食ってゆけないようにできている文明社会に生きているのですから、戦争になった時、「こんなことは、上方《うえつがた》のなさることだ。とばっちりだけは御免蒙る」などと口では言ってみても、「非国民」

「不忠の臣」というレッテルを貼りつけられて、餓死したり、こき使われて悶死したり、どかんと一発やられて大往生をとげたりする以外に道はないのかもしれません。その点、われわれの『日記』の筆者と、その時代とが、むしろ、羨ましくもなります。

○

イギリス軍が、かなり露骨に動き出し、北仏ピカルディ地方へ進出したのは、一五二二年の八月から十一月の間ですが、全体として、フランス王軍は、この侵略を防ぎ止めるのに成功していたようです。(cf. “Journal”, p. 133 *sq.*)『日記』の一五二二年七・八月の項に、イギリス軍の侵入のことが記されているのですが、「終ニ、ソノ後、冬寒ノ候来レルヲ見、件《クダン》ノイギリス人及ビブゥルゴーニュ人ラハ、カレーニ戻レリ」という文章には、一寸考えさせられます。冬が来たから、当時の戦争が中止されたことは、合点できるとしても、イギリス人とならんで、ブゥルゴーニュ人が、フランス王軍の敵として存在していたという記述は、若干判りにくいかとも思いました。なぜなら、ブゥルゴーニュ人とは、フランスのブゥルゴーニュ地方（旧ブゥルゴーニュ公領）の人々のことだからです。ブゥルゴーニュ公国は、十四・五世紀には、実に勢力があり、ブゥルゴーニュ公は、フランス王と肩をならべ、ある時には、フランス王位をねらったほどでしたが、このブゥルゴーニュ公国も、一四七七年には、正式に、フランス王領土となっていました。イギリス軍と行動をともにして、フランソワ一世軍と戦ったらしいブゥルゴーニュ人たちの存在は、恐らく、次のような事情から説明できると思います。つまり、十四・五世紀に行われた「百年戦争」の折に、特にその末期に、イギリス軍と協力して、フランス王家（ヴァロワ王家）および、ジャンヌ・ダルクを向うにまわして戦いましたのは、外ならぬブゥルゴーニュ公国の人々でしたから、（拙著『乱世の日記』参照。）こうした「伝統」が、十六世紀のフランソワ一世（ヴァロワ王家）の時代まで続いていたのではないでしょうか？　これに似た現象は、どこの国の歴史にも見られると思いますが、明治維新の折にも、大同小異のことがあったように聞いています。徐々に、フランスは、近代国家として統一されてはきていますが、近代・現代的な「愛国心」は、どの程度に、「作られ」ていたかは、疑問です。これには、先に記しました『日記』の筆者の態度ともつながる問題も考えられましょう。

○

フランソワ一世王が、募兵や醵金などによって、対外問題に当っています間に、国内でも、色々な事件が起り始めています。先に名をあげましたピエール・ピエフォール事件(第七四頁を参照。)も、その一つでしょう。この事件は、事件そのものとしては、恐らく単なる窃盗犯行かもしれませんが、事、教会の神聖にかかわるところがありましたところから、王自身の態度を理解するために、若干参考すべき問題を含んでいるように思われます。つまり、犯人の行為が瀆聖的であったが故に、王自身も、贖罪行列に加り、教会の権威を立てたらしい点であります。既に述べましたように、フランソワ一世は、王権の確立のために、教会の圧力を極力掃いのけていましたし、ある時には、教会と対立もしました。そして、毒をもって毒を制するというような遣方で、とかく新しい思想を「利用」して己が立場を固くしようとしていたフランソワ一世の弱味を、宗教改革思想の流入に対して弾圧策を取っていた教会（具体的には、パリ大学神学部）は、常にねらっていたのです。ですから、王が真に異端思想の持主であることを証明できたら、伝統的な権威を持つ教会は、一挙にして、失地を恢復できることにもなるわけでした。ところが、王は、異端思想や宗教改革思想の動きを利用はしても、決して、カトリック教を棄てているわけではなく、これに背くことは重大な結果を招くことをも心得ていましたから、カトリック教の神聖に対しては、常に恭順の意を表し、その方面のことで突っこまれることのないように努力していたと申せましょう。フランソワ一世のこうした態度は、今後このピエフォール事件よりもさらに重大な事件が起る度毎に、同じように示されることになります。フランソワ一世王のこの態度と教会の無言の圧力との鍔迫合《つばぜりあい》は、王の在位中を通じてたびたび見られますし、この時代の複雑さと重大さとを間接に物語りますが、このピエフォール事件にも、その片鱗を窺うことができましょう。この事件について『日記』中に記された文章を全訳してみます。

——一五二三年九月二十三日（V・L・ブゥリーイーによれば、九月二十六日の由。cf. "Journal", p. 138, n. 3.）トゥール Tours 近クニ住ヒタルピエール・ピエフォール殿 Maistre Pierre Piedfort ト呼バレル者ハ、当時、王、王妃、並ビニ貴族方ノ居タルサン・ジェルマン・アン・レー Sainct Germain en Laye ニテ、生キナガラ焼キ殺サレタリ。カクノ如キコトニ相成リシハ、件《クダン》ノ者ガ、コレヨリヤヤ先ニ、コノ地ノ教会ニ安置シアリシ金鍍金ノ銀盃ヲ盗ミ去リタルガ為ナルガ、コノ盃ノナカニハ、貴重ナル御聖体《コルプス・ドミニ》ガ納メラレキタリ。コノ者ハ、嘗テ聖女ジュヌヴィエーヴ殿ガ、ソノ生前、ナンテール Nanterre ニテ仔羊ノ番ヲナシキタルトコロノ岩原ノ間ニ、コノ御聖体《コルプス・ドミニ》ヲ運ビ、次ニ盃ヲパリニ携ヘ来レルガ、トアル居酒屋ニテ逮捕サレ、次イデ、シャトレ牢獄ニ四人トシテツナガルニイタレリ。更ニ、王室奉行《プレヴオ・ド・ロテル・デュ・ロワ》ノ召喚ヲ受ケ、コノ牢ヨリ出デタルガ、右奉行ニ、事ノ仔細、及ビ御聖体《コルプス・ドミニ》ガイカナルトコロニ在ルカヲ告白セリ。即刻、時ヲ移サズニ、王及ビ多数ノ貴顕ノ人々ハ、各々手ニ一本ノ燃エサカル蠟燭ヲ持チテ、馳セツケタリ。四人ノ貴族ニヨッテ、天蓋ハ捧持セラレ、王自ラモ、無帽ノママ、蠟燭ヲ捧ゲタリ。カクシテ、御聖体《コルプス・ドミニ》ハ、ド・ブゥルボン枢機卿ニヨッテ、コノ上モナク恭々シク、天蓋ノ下ニ護持セラレ、聖ジェルマン教会堂中ノシカルベキトコロヘ安置セシメラレタリ。カクシテ、不逞ナル者ハ、極刑ニ処セラレタリ。(cf. "Journal", p. 138.)

このピエフォールの行為の動機は不明ですが、単に、でたらめな行動かもしれませんし、異端的な背後関係があったのかもしれません。もし、後者のほうだとすると、当時の思想問題とも、つながりがあり、さらに、色々なことが考えられてきます。

この事件の記述のすぐ次の条《くだり》に、「コレヨリ約二ケ月以前」に起った、同じく聖体に関するふしぎな事件――奇蹟のことが、記してあります。(cf. "Journal", p. 138―139.)

ギュイエンヌ駐屯のフランス軍へ参加するために、一群の野武士たちが、中部フランスのポワトゥ Poictou (=Poitou) 地方へまいりましたが、そのうちの三人が、とある教会へ這入り、阻止する司祭を惨殺してから、御聖体(パン)をむしゃむしゃ食い、それが容れてあった盃を盗み出し、仲間のたむろしている居酒屋へ戻ってきましたが、皆の者どもは、そこで飲食していたのでした。今申した三人は、教会で存分食ってきたから、腹はへっていないと言いましたが、この三人の体のほうぼうから、煙が出始めました。まるで、かまどでも焚いているようだったとのことです。仲間の者どもは、恐ろしくなって逃げ出しましたが、暫くして、様子を見に帰ってきますと、例の三人は、焼け死んでいたという話であります。

もしかしたら、ピエール・ピエフォールという人間も、このポワトゥで乱暴を働いた野武士と同じような、ただ、でたらめな男だったのかもしれません。詳しいことは、一切不明ですし、史実と呼べぬほどの小さい事件ですから、調べあげる術が全くありません。

ただ、『日記』の筆者が、恐る恐る聖体に関する二つの記述をしているらしいこと、そして、その気持には、宗教改革・異端思想などの流行する時代に末世澆季の相を読みとり、若干は怕えているらしい様子が感ぜられないことはありません。

○

一五二二年十二月四日の項には、王命によって、パリ最高法院の二人の参事官、ヴィルジュスト Virjuste (=André Verjus) と、セギエ Seguyer (=Louis Séguier) と、テュルカン Turquam (=Robert

Turquam）とが、逮捕されたことが記してあります。（cf. “Journal”, p. 132―133.）この三人は、大宰相デュ・プラ Du Prat（既出）に対して、フランソワ一世王がパリの市民に度を越えた醵金賦税を課した結果生じた混乱について非難がましい言辞を弄したことを咎められたのでした。この不幸な三人は、バスチーユ牢獄に、十二月十四日まで監禁されたと附記してあります。「名君」フランソワ一世王にして、かくの如き「聖代」を持っていたのです。「泰平」とは、ささくれ立った「乱世」の上に、綺麗にかけられたぴかぴかする安物のペンキにすぎないのかもしれません。

○

一五二二年十二月には、既に記しましたザクセンにおける怪物出現事件が起っています。（第六五頁参照。）前にも記しました通り、この怪物は、マルチン・ルッターの存在とも関係があるのです。なお、V・L・ブゥリーイーは、この事件を、一五二二年十二月と指定していますが、（cf. “Journal”, p. 81―82, XVIII.）私は記述の都合上、また、『日記』の内容の順序の不備（？）を、そのまま守って、一五二一年の叙述のなかに入れて置きました。

一五二二年には、エラスムスを、フランスへ招聘しようという運動が、再燃し始めていますし、六月には、ルフェーヴル・デタープル（既出）の『福音書註解』Commentarii ad Evangelios が上梓されています。そして、この書物は、翌一五二三年六月十六日にパリ大学神学部によって、異端書として告発されることになります。これらのことは、『日記』には記してありませんが、外敵に立ち向うのに余念のないフランソワ一世の足もとでは、新しい時代の潮騒が、轟々とひびいていたことを暗示してくれるかもしれません。

第二章

シャルル・ド・ブゥルボン筆頭元帥の反逆。ルゥイ・ド・ベルカン事件起る。パヴィヤの敗戦。国王捕虜となる。

この一五二二年に、フランス史あるいはフランス文学史から見ますと、そう大した事件ではありませんが、当時の世相乃至社会制度あるいは人情国情を省るためには、若干参考になるかもしれない一事件が起っています。この事件というのは、通常、シャルル・ド・ブゥルボン Charles de Bourbon (1489—1527) 筆頭元帥 connétable の反逆事件と呼ばれています。『日記』に出てくる事件の発端を記述する前に、このブゥルボン筆頭元帥について、きわめて簡単に説明いたしましょう。

このシャルル・ド・ブゥルボンという名は、既に、『日記』にも出てきましたが、一五一五年から一六年にかけてのマリニャーノ（マリニャン）の戦の顚末の条《くだり》に、特に、起るべき反逆事件を、ほんの一寸匂わせながら、その名を挙げて置きました。（第四二頁参照。）

シャルル・ド・ブゥルボンは、フランソワ一世の属するヴァロワ王家とは姻戚関係に当る名門ブゥルボン家の当主であり、一五一五年におけるマリニャーノの戦では殊勲を樹てましたので、フランソワ一世王から、武人としてはほとんど最高の筆頭元帥という地位を与えられ、フランス王軍が、一五一六年にイタリヤを撤退する以前には、ミラノの副王 vice-roy という重職に一時就かせられたほどの、フランソワ一世王直参の武将だったのです。ところが、史実だけを先に記しますと、このフランス筆頭元帥たるシャルル・ド・ブゥルボンは、一五二三年から、フランソワ一世の宿敵たるドイツ・神聖ローマ皇帝カルル（カロロ）五世側に寝返りを打ち、一五二五年に、フランソワ一世が、パヴィヤ Pavia の戦（後出）で、屈辱的な敗北をカルル五世から喫せしめられた時には、このシャルル・ド・ブゥルボンは、元の王であり親戚であるフランス王を敵と見なして、カルル五世のために、大いに働いたと伝えられています。このパヴィヤの戦のこと、および、一五二七年の、シャルル・ド・ブゥルボンが、カルル五世軍を率いて、ローマへ進撃し陣歿するにいたったことは、いずれ、一五二五年、一五二七年の項で、さらに詳しく触れることにいたします。

一見するに、正しく、このシャルル・ド・ブゥルボンは、フランスを裏切った大反逆人のように感じられます。いかなる理由があるにせよ、裏切りは、決して好ましいことではありません。しかし、シャルル・ド・ブゥルボンは、祖国フランスを裏切ったと言うよりも、むしろ、フランソワ一世一門を裏切ったのであり、また裏切らざるを得ぬような破目に陥らせられた事情もあるように思われます。それが、われわれの『日記』の一五二二年の項に、若干窺われるのです。勿論『日記』の筆者は、いつものように、客観的な筆致で記述し、ブゥルボン元帥を「裏切者」とか「売国奴」とか言って罵ってはいませんし、さりとて、フランソワ一世側の態度を特に非難したり、支持したりもしていません。ただ、文章のなかから、文字以外のものは泌み出てるように思われます。

前にも、フランス人である筈のブゥルゴーニュ人たちが、イギリス王の軍勢の味方をしたことに触れましたが、このシャルル・ド・ブゥルボンの進退を決するにいたった時代的な特殊な事情が考えられます。当時、ヨーロッパの諸国は、各々習慣的に王と認められた王と、それを中心として結集した非常に意識の漠然とした国民とで形成されていたと言ってもよいと思います。その上、各々の王国内には、慣例的に王と認められた人物と、ほとんど同じくらいの実勢力を持った大貴族が沢山いて、利益の上から、自国の王を一応は守りつつも、王位をねらう場合もあり得ました。したがって、ヨーロッパには、いくつもの王乃至準王がおり、人種的地理的国境は一応ありましても、そこに住む人々の国家意識は必ずしも明確ではなかったように思います。そのために、一つの国と申しましても、自覚した国民によって構成される近代国家というものとは縁の遠いものだったように感ぜられます。当時の人々の愛国心も、われわれの時代の愛国心の概念とは全く同一ではない筈です。シャルル・ド・ブゥルボンの「反逆」を肯定是認する気持はありませんし、裏切りは、人間のもっとも卑しい所行と考えていますが、シャルル・ド・ブゥルボンが、フランソワ一世とカルル五世とを、祖国の王、敵国の王としては考えずに、同じ価値と意味とを持つにすぎぬ権力者と観じ、初め仕えたフランソワ一世王側から理不尽と思われる待遇を受けた場合には、憤怒に駆られて、別な権力者たるカルル五世の禄を食むようなことになるのも、当時としてはあり得たことだったろうと思います。『日記』のなかで、ブゥルボン元帥は、一度も「売国奴」とか、それに近い呼び方はされていませんし、常に「ブゥルボン殿」と敬称されていますのも、こうした理由からくるのではないかと考えています。このようなことは、紅毛鴃舌の国々の専売ではなく、神国日本の歴史にも数々見られました。

○

さて、われわれの『日記』の一五二二年の条《くだり》に、次のような記述が見られます。

——一五二二年六月、王ノ母君、摂政太后 (=ルゥイーズ・ド・サヴォワ Louise de Savoie) ハ、パリ最高法院ニ、シャルル・ド・ブゥルボン殿ヲ出頭セシメタルガ、コレハ、ブゥルボネ公領 duché de Bourbonnais 及ビオーヴェルニュ Auvergne, ナラビニ、ラ・マルシュ La Marche, クレルモン Clermont, ボージョレ Beaujollois, (Beaujolais) カルラット Carlat, ミュラ Murat ソノ他ノ伯爵領ニ関スルコトナリシガ、母后ハ、コレラノ領地ハ、已ニ帰属スベキモノナリト言明主張シタルナリ。即チ、コレナル領土ハ、コノブゥルボン殿ノ夫人ノ死後、相継人ナカリシガ故ナリ。

コノブゥルボン殿ノ夫人ハ、後継ナクシテ他界シタルガ為ニ、摂政太后ハ、自ラガ最モ血縁近キ相継人ナリト称シ、且ツ主張シタルナリ。蓋シ、太后ハ、自ラブゥルボン家及ビサヴォワ家ノ出ニシテ、ソノ後裔ナリト称シタルニヨル。サレド、噂ニヨレバ、太后ハ、コノ訴訟ニ於イテ、件《クダン》ノブゥルボン殿ヲ痛メツケラレタル由ナルガ、ソノ理由ハ、コノブゥルボン殿ガ、太后ノ妹君ヲ娶ルヲ肯ゼザリシガ為ナリシトカイフ……(cf. "Journal", p. 125—127.)

シャルル・ド・ブゥルボン元帥の亡き夫人の領地を目当ての訴訟事件には違いありませんが、フランソワ一世の母たるルゥイーズ・ド・サヴォワが、あくまでも、これらの土地を、血縁関係を口実にしてわが物と主張し、さらに、これと前後して己の妹を、シャルル・ド・ブゥルボンに当てがって、ヴァロワ王家の利益を計ろうとしたことは、ブゥルボン家の当主たるシャルル・ド・ブゥルボン筆頭元帥にとって、決して快いものではなかったろうと思います。(別掲「系譜」を参照。)

この訴訟は少し長引きまして、一五二二年中には片附く気配を見せませんでしたが、太后ルゥイーズ・ド・サヴォワおよびフランソワ一世の圧力によって、シャルル・ド・ブゥルボンは、その亡き妻の領地を全部確保するという希望を徐々に失って行ったように思われます。ですから、われわれの『日記』には、次のような、何か不吉な感じを持った記述があります。

——コノ一五二二年ニ(=恐らく旧暦。従って、一五二三年と解します。)件《クダン》ノブゥルボン殿ハパリニ到来シ、カノ母后ヲ相手ドリタル訴訟事件ヲ有利ニ導カント奔走セリ。

カクシテ、次ノ三月二十二日金曜日ニハ、王ヨリ許可ヲ得テ、パリヲ去リ、ラ・ブリー La Brye (=パリ東北に当る地方古名。) ナルプロヴァン Provins ヘ赴ケリ。ソノ際、パリ駐屯ノ全射手隊全弩弓隊ヲ引率セルガ、コレハ、カノ地一帯ノ田野ニカケテ甚シキ悪業ヲ働キ居レル六、七百名ノ俘浪人ノ悪漢ドモ mauvais garçons advanturiers (既出) ヲ捕ヘムガ為ナリキ。ソノ大部分モ、頭目株ノ者数名モ、絞首トナレリ。コレヨリ、ブゥルボン殿ハ、ソノ故郷ブゥルボネ国ヘ戻レリ。

コノ一五二三年、九月十一日金曜日（＝別説によれば、十二日土曜日。cf. “Journal”, p. 127, n. 3.）リヨンヨリノ使者ルネニヨリ、次ノ如キ報知ガ、パリニ齎ラサレタリ。即チ、ブゥルボン殿ハフランス王国外ヘ既ニ逃レ出タルコト、九月ノ聖母ノ祭日ニ、秘カニブゥルボネ国外ヘ出奔セルコトナリ。(cf. “Journal”, p. *127 sq.*)

時期は、一五二三年の秋となっていますが、この二三年の春頃から、ブゥルボン筆頭元帥の反逆心は徐徐に固められて行った様子です。『日記』によりますと、ブゥルボン元帥は、先ず、当時リヨンにいたフランソワ一世に面会するつもりだったようですが、逮捕されるのを恐れ、ロレーヌ地方へ向い、噂によると、「秘カニ、ドイツ皇帝（＝カルル五世）ノ許ニ赴キタルガ、皇帝ハ、ソノ皇妹エレオノール Eléonore ヲコレニ嫁セシムル約束ヲセリ。コノコトハ当時行ハザレキ。」とありますから、結婚のことは別としても、ブゥルボン元帥が、この一五二三年秋頃から、ドイツ皇帝に仕えるようになったことだけは、大体確実のようです。フランソワ一世は、勿論激怒し、重臣会議を開き、ブゥルボン元帥を逮捕すべきことを決議し、元帥を捕えて司直の手に渡した者には黄金千エキュ、二千エキュを賜るという旨を、全王国に布令まわらせるにいたりました。こうした布告が発せられたのは、『日記』によりますと、一五二三年九月十六日ということになっています。(cf. “Journal”, p. 128.)

当時、フランソワ一世王は、リヨンにいましたが、右のような布令を出すとともに、親書を、パリ市役所へ送り、ブゥルボン筆頭元帥の謀反を中外に宣明しましたが、元帥の罪状は、『日記』によると、次のようなものでした。

——即チ、コノブゥルボン殿ハ、ドイツ皇帝、イギリス王ソノ他ト気脈ヲ通ジ、フランス王ヲ捕ヘ、コレヲ囚虜トシ、リヨン市パリ市ソノ他ノ町々ヲ掠奪シ、イギリス人及ビブゥルゴーニュ人ドモヲフランス国内ニ侵入セシメントノ陰謀ヲ企テタルナリ。(cf. "Journal" p. 129.)

ブゥルボン元帥がいつ頃から、このような大それた計画を抱いたかは不明ですし、果して、フランソワ一世の親書にあるような事実があったものかどうか判りません。『日記』には、こうした「事実」は、当時、ブロワ Blois の城にあった母后ルゥイーズ・ド・サヴォワ——すなわち、ブゥルボン元帥の訴訟相手——が、また聞きによって知ったものであり、母后は、これを、書信によって、フランソワ一世に伝えたものだという噂が立っていると記してあります。(cf. "Journal", p. 129.)

元帥の進退の是非は別として、落目になるように謀られ、謀反人になるように道を作られた気味がないでもありません。なお、上掲文中に、また「ブゥルゴーニュ人」が出てきましたが、勿論、既出の場合と同じく解釈してよいと思っています。(第七九頁以下を参照。)

フランソワ一世は、その後直ちに命令を発して、シャルル・ド・ブゥルボンの領地を全部没収してしまいました。(cf. "Journal", p. 129.) これに対し、ロレーヌ公夫人 duchesse de Lorraine になっていた元帥の妹のルネ・ド・ブゥルボン Renée de Bourbon から、調停乃至弁明が行われたことが、『日記』に見えます。

ロレーヌ公夫人は、九月末から十月にかけて、(cf. "Journal", p. 130, n. 1.) 良人ロレーヌ公、兄ブゥルボン元帥、ゲルドル Gueldres 公(既出)らの意を体し、リヨンに滞在中のフランソワ一世を訪れ、ブゥルボン元帥は、あらぬ噂を立てられて困却しているし、巷間に伝っているような大それた謀反計画を抱いていることは絶対にない旨を釈明し、元帥に会いしだい帰国を勧めるから、無実の罪と判明したら、没収した領地なども返却してやり、元通りの栄誉を再び与えてもらいたいと申出ました。『日記』によりますと、フランソワ一世は、ロレーヌ公夫人の釈明の結果か、怒りを解き、ブゥルボン元帥側から人質を出すように要求するとともに、リヨン市全体に、喇叭を吹き鳴らさせて、ブゥルボン元帥について悪口を言うことを厳禁する旨を布令まわらせました。

――カクシテ、コノロレーヌ公夫人ハ王ノ傍ニ長ク滞在シタルガ、ロレーヌ国ナルソノ夫君ロレーヌ公ガ許ヘト帰リタリ。サレド、王ト公夫人トノ間ニテ約束セラレタルコトハ一切不明ナリキ。(cf. "Journal", p. 130.)

一方ブゥルボン元帥は、妹の努力を無にするような態度に出ています。フランソワ一世が要求した人質も出さず、さらに、次のような行動に出て、流された噂を裏附けかねないことになるのです。人間の意地・怨恨・猜疑が、一五二三年の一時期に、ブゥルボン元帥を踏み切らせたのかもしれませんし、『日記』には、何も記してありませんが、ルゥイーズ・ド・サヴォワ太后や、後出のボニヴェ Bonnivet 提督らの反元帥派の人々の圧力が、妹たちの努力、フランソワ一世の温情を踏みにじるような方向に、ブゥルボン元帥を押しやったのかもしれません。『日記』には、次のような記述が見えます。

――約一月後(＝一五二三年十月?)王ハ、フランシュ・コンテ地方ニアリタルブゥルボン殿ノ許ヘ、プチ・ド・ブゥルボンナンセー Petit de Bourbonnançoys (＝? Bourbon-Lancy ; Jean Petitdé, élu de Bourbonnais. cf. "Journal", p. 131, n. 1.) ト名乗リ、件《クダン》ノブゥルボン殿ヨリ日頃寵愛セラレタル者ヲ派遣セリ。カクシテ、王ハコノプチ・ド・ブゥルボンナンセーヲ通ジテ、ブゥルボン殿ガ帰国スレバ、既往ノ如ク待遇スベシト通達セリ。ブゥルボン殿ハ、コレヲ望マズ、ソレノミカ、コノプチニ向ヒ、次ノ如ク言ヘリ。即チ、自分ハ、フランス国ニテ甚ダ非道ナル扱ヒヲ受ケタルノミナラズ、長期ニ亘リ、筆頭元帥位ニ対スル報酬、マタラングドック地方総督トシテノ職禄、マタ年金ヲ支給セラレザリキ。更ニ、王ハ、パリ、リヨン及ビ全王国ニ、喇叭ヲ吹キ鳴ラサシメテ、自分ヲ王ノ敵ト布令マハラセタリ。コノ不名誉ヲ償ヒ、前述ノ報酬ヲ支払ヒ、全領地ヲ返却シ、自分ヲソノ所有者ト認メルコトヲ要求スルモノナルモ、コレガ容レラレザレバ、断ジテ帰国セズト。カクシテ、使者ハ、到来セルガ如クニシテ、帰来セリ。ソノ後、王ハ、マタ他ノ使者ヲ、ブゥルボン殿ガ許ヘ数名派遣セルモ、何事モナシ能ハザリキ。(cf. “Journal”, p. 130—131.)

ブゥルボン元帥の頑固一徹な心に対し、フランソワ一世は、少くとも、『日記』の上では、鷹揚な態度を示しています。この際、王の側近の人々の助言、ルゥイーズ・ド・サヴォワ太后の行動などが、詳しく判ったら、さらに面白かろうと思いますが、十分な資料がないので、目下のところは、何も決定的なことは申せません。ただ妄想に近いことですが、フランソワ一世は、ブゥルボン元帥が宿敵カルル五世側にまわると大損になると計算していたかもしれませんから、何とか手を打とうとしたのでしょう。しかし、仮に元帥が、帰国を承諾しても、果して、元帥の要求通りに、母后に奪われた領地を返還してもらえるかどうかは判りませんから、元帥としても、「屈辱的な愛国者」となるよりも「自由な謀反人」となるほうがよかったと考えたのかもしれないと思います。

シャルル・ド・ブゥルボン筆頭元帥の反逆事件を述べているうちに、一五二三年の項に這入ってしまいましたが、この年には、別に色々な事件が起っています。これらのことは、すべて、後述することとして、記述の便宜上、ブゥルボン元帥が、明瞭に、カルル五世方の武将となって、立てられた噂、きせられた罪を立証するような結果に到ることを述べることにいたしましょう。したがって、さし当り記述を、一五二三年から一五二四年へ移します。

――一五二三年（=新暦にすれば一五二四年）二月二十七日、件《クダン》ノブゥルボン殿ハ、上ニ述ベタルガ如キコトアリタル後ニ、（=フランソワ一世からの和解勧告などの後）ドイツ皇帝ノ許ニ赴キタルガ、先ヅ、フランドルヲ通リテ、マルグリット太后（=カルル五世の伯母）ヲ訪ヒ、極メテ手篤ク遇セラレタリ。コレヨリ、ブゥルボン殿ハ、イギリス王ノ許ニ行キタルガ、コレマタ、極メテ手篤ク遇セラレタリ。次ニ、ドイツ皇帝ガ許ニ赴キシガ、コレマタ、極メテ手篤ク遇セラレタリ。皇帝ハ、ブゥルボン殿ヲ、ミラノヘ派遣シ、ミラノソノ他ノ地域ニ亘ル全イタリヤニ於ケル総奉行ニ任命セルガ、ナポリ副王タルペスキエール Pesquière（=Ferdinand François d'Avalos, marquis de Pescara. cf. “Journal”, p. 131.）ソノ他ノ者ドモトトモニ、フランス王ニ対シテ皇帝軍ノ指揮ヲ取ラシメンガ為ナリキ。(cf. “Journal”, p. 130 —131.)

この記述にあるように、一五二四年の初頭になりますと、ブゥルボン元帥は、公然と、カルル五世やヘンリー八世と誼《よしみ》を通じ、反フランソワ一世の陣営の武将として出現しています。そして、嘗て、フランソワ一世とともに奮戦して占領したミラノ公国に、（一五二三年頃には、ドイツ軍の占領下にありました。）今度は、ドイツ皇帝軍の総司令官として滞在することになったわけです。フランスを、謂わば、いびり出されたにせよ、ブゥルボン元帥は、現代の民族主義的国家主義的感情をもってすれば、正に「非国民」でありますが、悲劇的な面を持っているように思われてなりません。

ブゥルボン元帥は、ミラノから、フランスの提督ボニヴェ Bonnyvet（=Bonnivet）(Guillaume Gouffier de, 1488—1525）へ書面を送り、ドイツ皇帝側の人間として、フランス側と様々な接衝をしていますが、一五二四年二月二十七日頃になりますと、はっきりと、元帥は、ボニヴェ提督に向い、フランソワ一世の敵たることを自認する旨を書き送っているようです。(cf. “Journal”, p. 132.)

今出てきましたボニヴェ提督は、フランソワ一世の寵臣として有名です。王の登極当初、武将として勇敢な働きを見せましたが、ブゥルボン元帥との仲が思わしくなく、元帥をいびり出した人々のなかでも有力な人物だったようであります。程なく不幸なパヴィヤの戦がフランスを見舞うことになりますが、この戦の計画を樹てたのは、外ならぬボニヴェでした。敗戦の責任を取ったのでしょうか、ボニヴェは、この戦で陣歿しています。ボニヴェに与えられた提督 Amiral という称号は、当時、必ずしも海軍を直接指揮する重職のみを意味せず、海運監理・沿海警備の任はあっても、きわめて豊かな職禄を得られた上に、船艦に乗って海戦に参加することは寧ろ異例だったようです。結局、王直参の軍事関係の高官の位——比較的海運・海軍と縁のある——と考えてよいようです。したがって、ボニヴェ提督が、フランス軍（陸軍）を率いて、イタリヤへ侵入し、パヴィヤの野戦で倒れても、特に変ではないのです。(cf. Gaston Zeller : Les Institutions de la France au XVIe siècle, P. U. F., 1948, p. 124 *sq.*)

○

フランソワ一世の御代は、一見「泰平」には見えますけれども、色々な角度から眺めてみますと、特に「乱世」とは申せなくとも、決して四海波静かな世ではなかったようです。事実、「泰平」の世と「乱世」とは紙一重のものであるかもしれません。フランソワ一世の「泰平」の御代には、対外関係（既述イタリヤ戦の延長線上に現れた独英仏三国の王たちの角遂）や、国内の王族とフランソワ一世王一家との確執（例えば、ブゥルボン筆頭元帥事件）の外に、きわめてルネサンス的な思想問題（宗教改革を中心とした）が、時代を大きく廻転させていたことも、既に記した通りです。記述の都合上、われわれの『フランソワ一世治下のパリ一市民の日記』中に取りあげられた一五二三年に起った様々な事件のうちから、ブゥルボン筆頭元帥事件を暫く棚上げにして、特にフランス文学史文化史では、さらに重大な事件と思われるルゥイ・ド・ベルカン Louis de Berquin 事件の発端を拾いあげて、これを略述することにいたします。

後年一五二九年に、火刑台の煙と消えたこの果敢すぎ軽卒すぎた青年学徒ルゥイ・ド・ベルカンについて、またその事件にからまる色々な問題を、われわれの『日記』に則して解説する前に、便宜上、この一五二三年に起った文化史上文学史上注目すべき事項を、年表的にならべてみることにいたしましょう。以下に記す事項中、ルゥイ・ド・ベルカンやジャン・ヴァリエール Jean Vallière という人物に関する記述以外の項目は、われわれの『日記』では全く触れられておりません。雑書を読みあさって、私が集め得た資料なども申せない僅かな素材からの抜萃にすぎません。故意に簡単な年表の形にいたしましたが、不備な点につき識者の御補加御是正を切に希望いたしております。(説明の都合上、各事項に**A** **B** **C**……という記号を打つことにいたします。)

A　一月二十三日＝「人文主義者の王」と言われたオランダのデシデリウス・エラスムス(既出)は、時のローマ教皇ハドリヤヌス六世から、ドイツの宗教改革者マルチン・ルッター(既出)を反駁するように要請された。(**H**と比較。)

B　三月二十二日＝エラスムスは、教皇の要請を拒絶した。

C　五月一日＝フランスの人文主義者・福音主義者ルフェーヴル・デタープル(既述)は、ギヨーム・ブリソンネ Guillaume Briçonnet に招聘されて既に赴いていた(既述一五二一年)モー Meaux の教会の副司祭となる。

D　五月一日＝**ルゥイ・ド・ベルカン**家宅捜索を受ける。

E　六月十六日＝パリ大学神学部は、ルフェーヴル・デタープルの『福音書註解』(一五二二年上梓)を告発した。(**C**と比較。)

F　六月十六日―二十七日＝パリ大学神学部は**ルゥイ・ド・ベルカン**の蔵書訳書を検閲した。

（**D**を参照。）

G　六月十日＝パリ大学神学部は、モーにおいて、ブリソンネ（既出）ルフェーヴル・デタープルを中心に集った人々のうちのピエール・カロリ Pierre Caroli マルシャル・マジュリエ、Martial Mazurier の思想審査を始めた。

H　七月七日＝フランソワ一世自ら、エラスムスに来仏招聘状を送る。（**A**・**B**と比較。）

I　八月（?）＝フランスの宗教改革者約十四歳のジャン・カルヴァンは、この頃、故郷ピカルディー地方のノワヨンの町から、神学研究のためにパリに出、パリ大学附属ラ・マルシュ学寮 Collège de la Marche へ入る。

J　八月二日＝**ルゥイ・ド・ベルカン**が投獄される。程なく王命により釈放される。（**D**・**F**を参照。）

K　八月八日＝行者ジャン・ヴァリエール Hermite Jean Vallière は、瀆聖の廉によって火刑死。時を同じうして**ルゥイ・ド・ベルカン**の著書も焼かれた。

L　八月十二日＝パリ大学神学部は、ヘブライ語、ギリシヤ語より訳した聖書の刊行を禁じたし、パリ最高法院は、ルッター、メランクトン Melanchton らの著書の焼却を命令した。

M　夏（?）＝エラスムスは、ドイツの果敢不敵な新教徒ウルリッヒ・フォン・フッテン Ulrich von Hutten（1488—1523）から『エラスムスを問責す』Expostulatio cum Erasmo によって、その「生ぬるさ」を咎められる。（**A**・**B**・**H**を参照。）

N　十月十五日＝モーの教会のギヨーム・ブリソンネ（既出）は、パリ大学神学部の圧力に屈して、ルッターの教義を非とする。

O　十二月十三日＝ブリソンネは、モーの教会の革新（カトリック教会側の意志に則して）に努める。

P 十二月＝パリ大学神学部は、「モーの集団」Groupe de Meaux の運動を非と決定する。

Q ？＝後年カルヴァンをジュネーヴへ招く運命を担った激越な宗教改革主義者ギヨーム・ファレル Guillaume Farel が、モーの集団から脱退した。ファレルから見れば、ルフェーヴル・デタープルも、「モーの集団」の人々も、皆「生ぬる」かったのである。

以上の略年表中には、フランスの対外関係のことは、一つも記しませんでしたが、八月十二日に、フランソワ一世は、母后ルゥイーズ・ド・サヴォワ（既出）を摂政とし、出陣に備えていることを附記いたします。(cf. "Journal", p. 117.) この出陣は、後年（一五二五年）のパヴィヤ（既出）におけるフランソワ一世の大敗北を招く戦の発端となるのです。

○

われわれの『日記』の記述へ戻るに先立って、上記の略年表の内容について、若干私見を記すことにいたします。

Aから**Q**までの項目を、整理してみますと、次のようなことになります。

第一に、われわれの『日記』に出てくるルゥイ・ド・ベルカンおよびジャン・ヴァリエールに関することが、春から夏にかけて問題になっていますが、これに関しては、本書の主題の一つ（「宗教改革運動」「宗教思想問題」）として、改めて解説いたすことにいたしましょう。ただ、このルゥイ・ド・ベルカンという人物は、文学史上、ルッターやエラスムスの著書をフランスへ翻訳し紹介した点で著名だということをのみ記すに止めます。

第二には、デシデリウス・エラスムスの動静です。エラスムスは、旧教会（カトリック教会）の司祭の地位にありながら、旧教会制度の欠陥の批判を行い続けていました。エラスムスの悲劇的な生涯についても、ここで詳しく述べることはできませんが、「エラスムスが卵を産み、ルッターが、これを孵《か》えした」と言われたくらい、宗教改革派の最初の考え方には、エラスムスの考え方と同じものがありました。そこで、ルッターは、声望のあるエラスムスを、わが陣営に引き込もうといたしました。しかし、エラスムスは、旧教会の内部的粛正こそ望みましたが、旧教会への反逆を願ってるわけでありませんから、**A**のように、ローマ教皇から、ルッターに対する旧教会側の「対抗馬」として、出馬を要請されたのでした。しかし、**B**で示しましたように、エラスムスは、教皇の要請を拒否したのです。これは、エラスムスが、教皇の希望通りに動くことによって、多くの正当な改革をも要求しているルッター一派の敵となり、これを圧倒することは、本意に戻り、とうていできなかったからだと思います。このことは、エラスムスにとって、かなりのマイナスになる可能性もありました。というのは、エラスムスの志を理解しようとしない旧教会側の頑迷な人々は、こうしたエラスムスの拒絶のなかに、ルッターを中心とする宗教改革への同調者《シンパ》の心を見ようとしたのです。ですから、いずれエラスムスは、当時のヨーロッパの宗教思想界の検察者の役割をすら演じていたパリ大学神学部から、危険思想家・準異端者と見られ、（一五二四年頃から、）たびたびその著書は禁書に指定されましたし、エラスムスの死後（一五三六年歿）の一五五八年には、ローマ教皇パウルス四世によって、第一級の異端者とも断ぜられるにいたるのです。こうしたエラスムス或は「エラスミスム」への迫害は、上記略年譜のなかでは、エラスムスのフランスにおける紹介者たるルゥイ・ド・ベルカンへ当局の圧力がかけられた事実によって予告されていますし、（**D**・**F**・**J**・**K**）エラスムスの同志とも言えるルフェーヴル・デタープルへの弾圧（**E**・**G**・**P**）によっても既に暗示されていたと言ってよいでしょう。しかし、エラスムスは、カトリック教会側から白眼視を受けていたばかりではなく、プロテスタント（ルッター）側からは、生ぬるいとか裏切り者とかいう激しい非難も蒙っていました。**M**項にあるフォン・フッテンの『エラスムスを問責す』は、そのささやかな一例となるでしょう。程なく、ルッターの『奴隷意志論』De servo arbitrio によって、エラスムスは、反ルッター的な立場に追いこまれるのです。そして、**H**に示されるような事実、フランソワ一世の招聘の挙も注目すべきでしょう。エラスムス招聘運動は、既に一五一七年頃から、フランスの人文学者《ユマニスト》たち――例えば、ギヨーム・ビュデ（既出）など――によって始められていました。フランソワ一世は、パリ大学神学部の圧力を抑えるための政策としてでしたろうが、こうした動きを支持していたように考えられます。そして、今度の招聘状送附は、フランス国内における革新思想に対するカトリック教会側・パリ大学神学部側からの攻撃がきわめて激しくなり、（**D**・**E**・**F**・**G**）一切の改革の息の根を止め、引いては、王権確立を図っていたフランソワ一世王の意志に反する事態も惹起しかねないような事態を是正したいという王自身の意図をも含んでいたと思います。つまり、王の政策的な拠りどころとなる新しい学芸運動（後年一五三〇年に設立される「王立教授団」Lecteurs royaulx）の中心に、「人文主義者の王」たるエラスムスを置くことによって、勢力を盛り返そうとしたものとも言えるでしょう。そして、フランソワ一世の行動が、いかに政策的なものであっても、このエラスムス招聘運動は、ルネサンス期のフランスが、人々が考えている以上に、激しい波浪の渦中にあったこと、また、人文主義《ユマニスム》の重大な性格を育てあげていたことをも示すと考えます。

第三には、ルフェーヴル・デタープルおよび「モーの集団」に関する事項（**C**・**F**・**G**・**N**・**O**・**P**・**Q**）です。詳しいことは、ここで記述する暇はありませんが、カルヴァン出現前における温和な宗教改革（カトリック教会内での）の芽が摘み取られたこと、こうして、さらに過激な宗教改革運動が、謂わば、強制的に作られて行ったことなどが右諸項に感ぜられる筈です。**I**で、ジャン・カルヴァンがパリへ出てきたことと、ギヨーム・ファレルの転身（**Q**）とは、こうした動向を暗示すると考えております。いずれ一五三五・六年に、人文主義者《ユマニスト》としての存在から宗教改革者として再出発するカルヴァンは、この一五二三年以降フランスに生起する数々の弾圧事件を見ることになるのですし、彼をジュネーヴへ招いたのも、また、カルヴィニスムの峻厳な頭目としてのカルヴァンの相談相手として終始するのも、このギヨーム・ファレルだったからです。

○

以上は、右略年譜の内容の簡単な説明であり、目下の記述の中心人物となるルゥイ・ド・ベルカンを旋る事件の周辺を明らかにするための最低限度の解説のつもりです。大方の諸賢には、正に、判り切ったことを申上げてしまったことになりましょうが、フランス・ルネサンスの重大な史的役割とその事情とが、あまり日本には知られていないのではないかと思っていますので、貧しい知識を整理いたしまして、一般の読者に、これらの事情を判っていただきたいと願っているにすぎません。

○

さて、われわれの『日記』に、ルゥイ・ド・ベルカンが登場しますのは、一五二三年の八月八日の項からです。

――コノ一五二三年八月八日土曜日、最高法院ノ権威ヨリ、パリ・ノートル・ダム大寺院ノ前庭ニ於イテ数冊ノ書物ガ焼却サレタルガ、コレラハ、ロイ・バルカン Loys Barquin (=Louis de Berquin) ガ著ハシタルモノナリキ。コノ者ハ、ピカルディ地方ニ於ケル、ソノ地 (=出身地・領地の名を姓にする場合が多かった時代ですから、ここでは、Barquin=Berquin=Noord Berquin=Vieux-Berquin を指します。) ヲ領シ、優レタル学者ナリシモ、ルッター派ナリキ。コレヨリ先、パリ裁判所ノコンシェジュリ Conciergerie 監獄ニ捕ハレキタルガ、ソノ後、学者ナルガ故ヲ以ッテ、パリノ司教ノ手ニ委ネラレタルニイタレリ。カカルコトノ行ハレシハ、件《クダン》ノ書物ガ異端ニシテ、神及ビソノ栄光ニ満チミテル御母ニ背キタル邪《ヨコシマ》ナルモノナリシガ為ナリ。ソノ後、コノ者ハ、暫クノ間、教会裁判所ニ捕ヘラレキタルガ、ソレニモ拘ラズ、王ニヨッテ釈放サレタリ。王ガ、ムラン Meleun (Melun) 近クニアリテ、山嶺（＝アルプス）ノ彼方（＝イタリヤ）ヘ赴カントセル時ノコトナリシモ、王ハ、ソノ配下ノ武将フレデリック及ビ親衛隊射手兵ヲ遣ハシテ、件《クダン》ノ者ヲ引渡サシメタルナリ。王ハ、彼ノ者ノ生命ヲ救ハムガ為ニ、カクノ如キコトヲナシタルシダイナルモ、モシコノコト行ハレザレバ、司直ノ手ニヨリ死刑ニ処セラルルトイフ大イナル危険ニ陥リシハ必定ナリキ……（cf. "Journal", p. 142.)

ロイ・バルカンとは、明らかにルゥイ・ド・ベルカンのことです。彼は一四九〇年に、当時パリ近くのパッシー Passy（現在は、パリ市内）で生れているのですが、ピカルディ地方出の貴族の後裔であり、上掲文中に示されたように、ノール・ベルカンという土地を領地として持っていたのでした。ベルカンがルッターの書物を訳したりしたことは事実のようですが、彼は必ずしも、ルッター主義を奉じていたかどうか不明です。ただ、ルッター主義の紹介を行った以外に、ルッターに対して批判的であるが故にルッター派からは罵られ、その批判精神の故にカトリック教会側からも白い眼で眺められていたエラスムスのフランスにおける紹介者としての立場をも、多少軽率にまた多少果敢すぎるほどに守り続けた人物だったことだけは確からしく思われます。ベルカンが、その著書が焚書になるに先立って逮捕投獄され、フランソワ一世に助けられたことの詳細は、訳文中にはそうはっきり出ていませんが、年表中の**D・F・J**に大体該当するのでしょう。『日記』の筆者が、ベルカンを「ルッター派」と断ずることは、筆者の姿をかなり倭小ならしめる気もしますが、当時の多くの人々が平然として、何の疑いもなくやっていた「レッテル」

貼りの一例にすぎないかもしれません。

○

先に掲げました略年譜の**K**の項に記しました通り、ベルカンの書物が焚書された同じ八月八日に、ジャン・ヴァリエールという行者が火刑に倒れていますが、われわれの『日記』にも、この事件は、別に記載されています。(後出) かくの如くパリでは火刑台や焚書の刑の煙が登っていたわけで、一五二三年代のフランスの情勢の一端を窺わせてくれると思います。

『日記』の筆者たるパリ一市民は、エラスムスの存在を恐らく知らず、ルフェーヴル・デタープルの動きを、ルッターの出現同様に蛇蝎視し、かくの如き人々の発生は、正に末世の徴と考えていたらしいことを改めて記して置きたいと思います。このことは、われわれを深く考えさせます。われわれが「泰平」の歓楽娯楽を享受している間に、われわれが知っていたほうが本当に得《とく》になるようなものやことや人が、われわれの注意の圏外に置かれ通していることも確かにあり得ると思うからですし、現在の「泰平」に酔い痴れて、われわれの未来の幸福のために動いているものやことや人が邪魔物に感ぜられることもあり得ます。われわれの『日記』の一市民ばかりを咎められません。われわれも、人間としてのみじめな認識力理解力を反省しなければならないとつくづく思います。

○

なお、以上の記述に出てくる人物・事件などについて、若干詳細な説明をお望みの方がおられましたら、はなはだ恐縮ですが、愚著『フランス・ユマニスムの成立』(岩波書店刊) を御披見賜りたいと存じます。

○

一五二三年八月八日に、ルゥイ・ド・ベルカンの著書(主としてルッターやエラスムスの訳書)が、最高法院の命令で、ノートル・ダム大聖堂の前庭で、焚書の刑に処せられたのと同じ日に、ジャン・ヴァリエール Jehan Vallière という人物が火刑台の煙と消えています。

——一五二三年〔八月八日〕土曜日、ノルマンディ国ハファレーズ（Falleze=Falaise〔Calvados〕）ニ程近キプレシー〔プラシー〕（Pressy=Placy）附近出ノ行者ガ一人、法服モロトモニ生キナガラ焼カレタルガ、パリ近郊ノ豚市場 marché aux pourceaulx ニテ焼カレタルナリ。死刑ニ処セラルルニ先立チ、刑吏ノ手ニヨッテ、荷車ニ乗セラレ、ノートル・ダム寺院ノ前庭ヘ連行サレシガ、ココニ於イテ、神、及ビ、ソノ御母ニシテ栄光満チ充テル聖母ニ謝罪シ奉リ、カクシテ後ニ、前記ノ場所、豚市場ニテ舌ヲ切断セラレタリ。カクノ如キ処刑ノ行ハレタルハ、コノ者ガ、主イエズス・キリストハ、我々人間ドモノ場合ト同様ニ、ヨセフト聖母トノ間ニ懐妊セラレタルモノナルヨト言ヒ触ラシタルガ為ナリ。シカルニ、コノ者ハ、決シテ学者ニモアラズ、イロハヲモ弁ジ能ハザル者ナリキ。約三十六歳或ハ四十歳グラキナリキ。(cf. "Journal", p. 398—399.)

右記文中には、ジャン・ヴァリエールという名は出ておりませんが、『日記』の校訂者V・L・ブゥリーイーは、他の二種の文献を照合して、「豚市場」で焼かれたのは、ジャン・ヴァリエールだと推定しております。(cf. "Journal", p. 397, n. 3.) また、八月八日という日附も、『日記』では脱落していますが、同じくV・L・ブゥリーイーによって補正されております。なお『日記』の筆者がヴァリエールに対して抱いた憎悪は、上掲文末の軽侮に充ちた言葉に窺われます。この筆者は、恐らく、ラテン語をべらべら話す神学者だけを畏敬していたのでしょう。

ブゥリーイーの校訂による『日記』は一九一〇年に上梓されていますが、一九二六年に発表されたジョン・ヴィエノ John Viénot の『フランス宗教改革史』Histoire de la Réforme francaise, Paris, Fischbacher, 1926 においても、一五二三年八月八日、キリストと聖母との品格を毀損した廉で、ジャン・ヴァリエールが、豚市場で火刑に処せられたと記してありますから、ブゥリーイーの推定を採用しているものと思われます。

なお、右ヴィエノの記述によりますと、「豚市場」は、モンマルトルの「風車が丘」Butte aux moulins の麓にあったように思われますし、このヴァリエールは、「フランス宗教改革運動の最初の犠牲者」だということになります。(cf. Viénot : *Opus cité*, p. 90.) また、これは、ヴィエノの多少空想的な仮定になるかもしれないと思いますが、この一五二三年の夏、故郷ノワヨンからパリへ出てきた未来の宗教改革者ジャン・カルヴァンについて、ヴィエノは次のように記しています。「彼(カルヴァン)は、ジャン・ヴァリエールを焼くために、それを豚市場へ連れてゆく行列を、伯父の家の窓から眺め得たわけだった。しかし、彼(カルヴァン)は、噂によると、聖母と諸聖人とを瀆聖した悪逆人に対して、恐怖の情しか抱き得なかった」と。(cf. Viénot : *Opus cité*, p. 179.) ヴィエノは、将来、ヴァリエール以上に、カトリック教会に反逆を企てるジャン・カルヴァンの若き日の姿を、多少感傷的に妄想しているわけでしょうが、その是非は別として、このジャン・ヴァリエールは、フランス・プロテスタンチスムの歴史の上では、少くとも、最初の犠牲者と見なされているらしいことだけは判ると思います。そして、また、この処刑は、ルゥイ・ド・ベルカンの著書の焚書事件とともに、「泰平」なるべきフランソワ一世の治世の暗流を示す「白書」の一項目になり得るであろうと考えます。キリストが、大工のヨセフとマリヤ(聖母)との人間的な営みによって誕生したのだと主張することが、仮に中世以来何人かの人々によってなされていたとしても、あるいはなされていなかったとしても、こういう「瀆聖」的な主張にぶつかると、守るべきものを守り切れなくなるという恐怖を感じた旧いカトリック教会内の動脈硬化症にかかった人々は、このような主張をする人々を抹殺せねば、己が危くなると信じたに違いないことも想像できます。そこに、この時代の無益な悲劇の種が蒔かれるのを感じますし、人間というものの不可避に近い悲惨《ミゼール》を考えさせるものがあるような気もいたしてなりません。

○

一五二三年における思想（宗教）的方面の「白書」を、ルゥイ・ド・ベルカン事件の発端と、行者ジャン・ヴァリエールの火刑死（八月）とで、ひと先ず代表させることにいたしますが、『日記』の一五二三年の十一月の項に記された下記の文章は、今後の「白書」の「序曲」と言ってもよいかもしれません。なぜならば、こうした「白書」は、これからさらに、この「序曲」のライト・モチフを旋って、激越な展開部を示すことになるからです。

一五二三年の晩秋・初冬には、ひどい冷害がパリ地区を見舞いました。少々長くなりますが、その条《くだり》から拙訳してみます。

――コノ一五二三年ニハ、パリ及ビソノ周辺、ソノ他アラユルトコロニ、甚シキ冷害アリテ、冬ノ聖マルタン祭（十一月）ノ翌日ヨリ始マリ、僅カ六日間続キタルノミナルモ、ソノ害甚シク、地下ノアラユル草々モ、マタ殊ニ、麦ノ類ハ凍《イ》テツキ果テタリ。コノ冷害ノ為ニ、パリノ菜園・沼地、近郊一帯ハ、施ス術モナキ程ノ被害ヲ受ケタルガ、麦ノ類モマタシカリ。サレバ、新タニ、麦種ヲ再ビ蒔カザルヲ得ヌコトトナレリ。ソレニモ拘ラズ、何ラ事態ハ好転セズ、麦類ノ欠乏ハ甚シク、非常ナル高値ヲ呼ビタリ。ソノ結果、次ノ四月ノ初メヨリ、復活祭後ニイタレバ、麦ノ価格甚シク奔騰シ、冷害前ニ、パリ地方量目ニシテ一升《スチエ》 setier 僅カ二リーヴルニスギザリシニ拘ラズ、ソノ年ニハ、一升《スチエ》四リーヴル十ソルニマデ騰貴スルニイタレリ。

カクノ如クニシテ、聖マルタン祭ヨリ復活祭ニイタル間、玉菜、ほうれん草、ふだん草、にら、ちしゃ、すかんぽ、せり、ソノ他ノ野菜ハ、スベテ凍《イ》テツカヌモノトテナク、大地ニハ青キモノノ影ヲ止メザルコトト相成レルガ、嚀ニヨレバ、カクノ如キ冷害ガ、カク短期間ニ起リシハ前代未聞ノコトナリシト。マタ、葡萄、青葡萄、果樹ノ類モ被害ヲ蒙レリ。蓋シ、コノ年ニハ、コレラノ樹木ニハ、果実ラシキモノハ全ク見ラレズ、且ツ、ソノ多数ハ枯死セルニイタリシガ為ナリ。

一五二三年、王及ビ母后摂政太妃ハ、合議決定ノ上、乞食宗四派 quatre ordres mandiennes (mendiants) ノ修道士タル神学博士ラ十二名ヲ、フランス各地方ソノ他ヘ派遣シ、カトリック教ノ信仰ヲ宣揚シ、ルッターノ異端邪説ヲ折伏セントセリ。カクシテ、コノ目的ノモトニ、パリソノ他ヨリ博士タチガ募ラレテ、アル人々ハシャンパーニュ地方ヘ、アル人々ハピカルディ地方ヘ、他ノ人々ハギュイエンヌ地方ヘ、他ノ人々ハボルドレ及ビオーヴェルニュ地方ヘ、他ノ人人ハリヨネ地方ヘ、他ノ人々ハラングドック及ビドーフィネ地方ソノ他ノ地方ヘト送ラレタルガ、一行ノ失費ニ資スル為ニ、相当額ノ金員ガ与ヘラレ、一同ハ十一月ニ出発セリ。(cf. "Journal", p. 155 *sq.*)

やや長い引用文となりましたが、冷害の記述中に、setier とありますのを、今までと同じく、「升」と仮訳しましたが、現在では、麦の量を計る場合は、一スチエは一五六リットルだそうですから、一スチエは約一石弱に当ることになります。しかし、時代と地方とによって異り、中世では、二十六リットル前後のこともあったようで、もっと詳しく各時代各地方の度量衡を調査しないと、正確な訳語は決定できません。全くの仮訳として「升」といたしたことを御諒承願います。なお、時代地方によって、同じスチエにしても、葡萄酒を量る場合と麦を量る場合とで、これまた異るようですから、はなはだ複雑です。リーヴルとかソルとかいう貨幣価格についても、同じことが言えます。本書においては、この種の問題は、深く追及しないことにいたします。御諒解を乞います。

また、上掲文第三段落の初めに、乞食宗四派と訳しました quatre ordres mendiants とは、カルム（カルメル・カルメリート Carmes (Carmel, Carmelites) 会、ドミニコ（ドミニカン）Domico (Dominicains)

会、フランシスコ（フランチェスコ・フランシスカン）Francisco (Francesco, Franciscains) 会、アウグスチヌス（オーギュスタン）Augustinus (Augustins) 会のことのようです。

一五二三年の冬に、王命によって、フランス全土へ「思想善導」のための「検察官」あるいは「講師」として、十二人の神学博士が派遣されたということは、ただごとでないような感じを与えます。われわれの『日記』の一五二一年の項に、初めてルッターの名が出てきましたが、このルッターの出現を、われわれの『日記』の筆者がいかなる恐怖の感情をもって迎えたかについては、既に触れた通りです。（第六五頁参照。）そして、その際に、フランソワ一世王の母后ルゥイーズ・ド・サヴォワの残した『日記』の一節（一五二二年十二月）を引用して、フランス国内にも、ルッターの如き人物の出現を必然ならしめるような腐敗や欠陥があったのではないか、ということを暗示いたしたつもりです。ルゥイーズ・ド・サヴォワは、ただ「偽善ヲ事トスル」修道士たちの所業が判明したために当惑しているとのみ記しただけですが、フランスは、徐々に宗教改革の潮を吸いこむのに適した砂原になっていたことが窺われるように思います。そして、既に、略年表の形で示したような小事件が起った一五二三年頃になりますと、潮の吸いこまれ方がよほど激しくなっているようにも見えますし、たび重なる不祥事をきっかけにして、パリ大学神学部は、王に善処を求めたらしく思われます。外敵に対して、当時特に意を用いようとしていたフランソワ一世は、内憂を断つために意を決して、恐らく、十二博士の出動を行ったのでしょう。しかし、腫物の治療は、膿の袋を温存するようなやり方では、うまくゆかぬもののようです。良い加減に傷口をふさぐと、かえって悪化して、血膿の流れ出る量は多くなるように思われます。十二博士の「思想善導」の効果は詳《つまびら》かにしませんが、こうした試みにもかかわらず、思想的「白書」は、刻々と険悪な事態を伝えることになることだけは事実でした。

既に何回か出てまいりました「悪漢ドモ」maulvaix garçons ——すなわち、徴募されて、フランソワ一世軍に加わり、北仏・西仏地方で外敵と戦っているうちに脱走兵となって帰還した連中が、この一五二三年にも、フランス各地で掠奪暴行を恣《ほしいまま》にしましたので、同年十月になりますと、当時リヨンにいた国王フランソワ一世は、パリ最高法院に向って、これらの「悪漢ドモ」に対して極刑をもって臨むように要請しています。(cf. "Journal", p. 147.)

王がリヨンにいたのは、勿論、近々イタリヤへ出陣しようとするための準備だったわけで、これは既に触れた通りですが、この一五二三年後半期におけるフランス北辺の固めは、必ずしも安康ではなかったようですし、フランス王家(ヴァロワ王家)に叛逆したシャルル・ド・ブゥルボン筆頭元帥に関する事件(第八七頁以下を参照。)も悪化の一路を辿っていたようでした。

十月頃から、イギリス軍とブゥルゴーニュ国人 Angloys et Bourguignons との侵攻のことが、『日記』には、きわめてしばしば出てきます。月日は明示してないので判りかねますが、十一月一日の万聖祭《トゥサン》直前には、次のような情勢が記録してあります。

同《イテム》ジク、サンリス Senlis(=パリ東北約五〇キロ)及ビコンピエーニュ、ソノ他附近ノ町々ノ住民ラハ、ソノ時現レシ、大イナル、マタ明ラカナル戦乱ノ危機ヲ感ジ、甚大ナル恐怖ヲ抱ケリ。サレバ、サンリスナル国王代官ハ町ノ他ノ重ダテル人々トトモニ、(パリ)最高法院ニ出頭シテ救護援助ヲ要請セルガ、モシ、コレラブゥルゴーニュ国人及ビイギリス人ニ襲ハレタル場合ニハ、サンリスノ町ニハ、抗戦スル為ノ兵員モ火砲モナキガ為ニ、降服スルコト必定ナリシガ故ナリ。

パリニ於イテモ、人々ハ同ジク恐怖ヲ抱クニイタリ、万聖祭《トウサン》ノ折ニ、死者ノ為ニ打鐘スルコトヲ、アラユル教会ニ禁ゼラレルコトト相成レリ。コノ命令ハ、最高法院及ビパリ市ノ要請ニ基キ、パリ大奉行ニヨリテ発セラレタルモノニシテ、コレハ、モシ何ラカノ物音ガ発セラレタル場合ニ、容易ニ、コレヲ聴取シ得ラレルヤウニセントノ計《ハカラ》ヒナリキ。(cf. "Journal", p. 148.)

これでは、全く、パリは戒厳令下にあるのに等しく、市民は、所謂風声鶴唳に夜半の夢を破られ続けていたことになります。これがルネサンス期のフランスの都パリの情況なのでした。上掲文中のイギリス人とは、ヘンリー八世軍の兵士、あるいは以前から北部フランスに滞留していたイギリス人の野武士めいた連中のことでしょうし、ブゥルゴーニュ国人とは、既に述べましたように、ブゥルゴーニュ公国のフランス王土合併後においても、フランス王朝（ヴァロワ王朝）に対する敵意から、百年戦争当時の「伝統」にしたがって、フランス王に刃向う旧ブゥルゴーニュ公国の残党を指すものかと思います。

南仏のリヨンで待機していたフランソワ一世王の不在に乗じたかのように侵攻しましたのは、単に、イギリス軍及びブゥルゴーニュ国人だけではありませんでした。神聖ローマ・ドイツ皇帝カルル五世の軍勢も、前記イギリス軍と呼応して、一五二三年十月頃には、ブゥルゴーニュ地方、シャンパーニュ地方などのフランス東北地区へ進出してきましたし、さらに、イスパニヤ王国の加勢もあり、ドイツ皇帝軍は、西南フランスのギュイエンヌ地方にも出没するにいたりました。(cf. "Journal", p. 143―144.) したがって、一五二三年の十一月四日と推定されますが、(cf. "Journal", p. 149, n. 3.) 次のような記述が、『日記』に見られます。

――コノ頃、凡ソ九ヶ所ニノボルパリ大奉行地区及ビ子爵地区（＝代官地区）ハモトヨリ、サンリス、ボーヴェー、クレルモン、サンス、モーソノ他ノパリ周辺ノ裁判地区《エレクション》ヨリ、民兵団ガ徴募セラレタリ。
更ニ、パリ市民ニ対シテハ、二千人ノ軍兵ノ給料ヲ賄《マカ》フガ為ニ、兵士一人一ヶ月分当タリ六リーヴルトシテ、一万六千リーヴルヲ供出スベク、マタ、ソノウチ四千リーヴルハ、パリ市及ビソノ郊外地域ノ失費、外敵ヲ迎ヘルニ当リ城壁ソノ他ヲ調フル為ニ当テラルベキモノトスト、通達サレタリ。サレバ、コノ一万六千リーヴルヲ徴収スルガ為ニ、パリニ於イテハ、市民タチニ、人頭税ガ課サレタリ。(cf. "Journal", p. 149.)

このように国内の物情が騒然としてきた時に、前述の如く、「思想善導」のために、十二人の博士が、王命によって、フランス全土に、「道徳講習会」を開くことになったわけなのでした。内憂を断って外患に当るというのが、フランス王および政府の政策だったのでしょうが、この外患の処理の仕方が下手であり、いずれパヴィヤの大敗北が訪れようとは、一五二三年においては、神ならぬ身の人々は考えていなかったろうと思います。敗戦で終った太平洋戦前の陰惨な時期に突入する頃、わが国でも、「思想善導」「国体明徴」運動が命令され、学校でも、教育と「訓育」との区別が大声で叫ばれたことがありましたが、一五二三年後半のフランスにも、若干同じ現象が見られたわけです。一度あったことは、二度あるものかもしれませんし、三度も四度も、ないとは限りません。

○

一五二三年の十一月には、フランソワ一世王は、一時、リヨンを引きあげて、ロワール河畔ブロワの王城へ帰還しているようです。『日記』には、右の如く記してあります。

――コノ年十一月二十日、王ハ、リヨンヲ発シ、ブロワヘ帰還セルガ、病篤ク、他界スルニアラズヤトノ噂モ流レシクラキナリキ。王ノ帰還ハ、近附ケル冬ノ故モアリタルガ、山嶺（＝アルプス）ノ彼方ナル王軍ヨリノ報知ヲ聞知セントシテ、アマリ長期ニ亘リリヨンニ滞在シ過ギタルガ為ナリキ。(cf. “Journal”, p. 123.)

フランソワ一世王のイタリヤ出陣は、冬の到来とともに、一時休止され、したがって、「悪漢ドモ」の発生も一時停止された感がありますが、いずれ年が改まり、春ともなれば、王は再び、南下の態勢を取り、定められた宿命の日へ赴くことになるでしょう。

前記のように、フランス東北地方へ侵入してきたイギリス軍も、フランス側の募兵や徴税による大抗勢に圧倒されたものでしょうか、それとも冬の到来のせいでしょうか、一五二三年十一月には、退却し始めています。闘志満々たる人間どもが、例えば、冬の寒さというような外的条件によって、闘志満々でなくなる時期にしか、平和という、はかない安息は与えられないのかもしれません。冬ごもり・冬眠、これが、平和の実体なのでしょうか？ イギリス軍の撤退のことを、『日記』は、次のように記しています。

――同ジク《イテム》、件《クダン》ノイギリス人及ビブゥルゴーニュ人ラハ、ピカルディ地方ノ各地区ニテ、我ガ方ニ対シテ襲撃ヲ試ミタル後、我ガ軍兵ニヨリテ駆逐サレタルガ、マタ、冬期ノ来レルヲ見テ、フランドル、アルトワ、及ビエーノー地方ノ町々、即チ、トゥルネー、ヴァランシェンヌ、アラース、サン・トメールソノ他ノ都市ノ駐屯地ヲ放棄スルニイタレリ。次イデ、件《クダン》ノイギリス兵ハ、カレーニ赴ケリ。サレド突如トシテ、フランス王太后マリ (la royne Marie douairière de France) ノ良人サフォート（＝サフォーク）Suffort (=Saffolk) 公（＝後述説明を参照）ハ、全イギリス軍兵トトモニ、海へ乗リ出シ、イギリスへ立チ去リヌ。カクシテ、イギリス軍ノ駐屯地ハ撤去サレタリ。(cf. “Journal”, p. 132.)

上掲文中、後半の部に記された「フランス王太后マリの良人サフォーク公」という奇態な表現は、若干説明を要しましょう。このマリという女性は、イギリス王ヘンリ七世の姫で、一四九七年に生れ、一五三四年に歿していますが、初め、後にドイツ皇帝カルル五世となるオストリヤ家のカルルの許嫁だったのだそうです。ところが、マリは、サフォーク公チャールズ・ブランドンを愛していました。しかし、百年戦争後の英仏両王家の複雑な関係から、一五一四年に、マリは、妃アンヌ・ドートリッシュを失って寡夫となったフランス王ルゥイ十二世の妃にさせられてしまいました。年齢の点でも、ルゥイ十二世は、マリよりも三十五歳も年長という問題がありましたし、当時十七歳のマリ王妃は絶世の美女でしたから、宮廷内でも、例えば、後にフランソワ一世となる青年王子とのことで、とかく浮いた噂も流れていました。ルゥイ十二世は、結婚一年後の一五一五年に他界し、国王位はフランソワ・ダングゥレーム（フランソワ一世）に譲られましたが、マリ王妃は、三箇月後、少女時代の恋人だったサフォーク公と結婚してしまうのです。したがって、マリは、確かに「フランス王太后」であり、また、イギリス貴族サフォーク公の夫人であったわけです。少々ややこしい説明をいたしましたが、上記の文章、「フランス王太后マリノ良人サフォーク公」が、フランスへ侵入していたイギリス軍勢を率いて本国へ戻ったという記述を読まれて、あまり複雑怪奇なので、戸惑う方々がおられると困りますので、一応註解してみました。それにつけても、この十六世紀におけるヨーロッパで「戦争ごっこ」をしている各国の王族貴族たちは、皆顔見知りだったり姻戚関係であったりしたことを思えば、日本の戦国乱世の大名小名の関係と相似しているものがあったと思わざるを得ません。（別掲「系譜」を参照。）そして、姫として生れた女性は、政略結婚をさせられるのが常だったわけで、その父・伯父・兄弟・従兄弟は、合従連衡の策に余念なく、お城の取りっくら、領地のとりっくらに生甲斐を求めていたわけでしょう。そして、哀れなのは、営々として大地を耕す「土百姓」と呼ばれる人々だったのです。こうしたことは、東西古今を通じて見られたことですし、現代でも、別な形で現れていないと断言できないかもしれません。

一五二三年の十二月、降誕祭前、推定によれば、二十日、(cf. "Journal", p. 136, n. 3.) 先に解説いたしました反逆児シャルル・ド・ブゥルボン筆頭元帥の一味の人々が、少くとも八人逮捕されて、パリのコンシェジュリ牢獄およびバスチーユ牢獄へ投ぜられたという記述が、『日記』に見られます。(cf. "Journal", p. 156—157.)

○

ブゥルボン筆頭元帥の反逆事件は、ここまでくれば、もはや解決する道が全くなくなっていることが、これによっても察せられると思います。フランソワ一世の宿敵ドイツ皇帝カルル五世配下の武将となってしまったシャルル・ド・ブゥルボンは、ほどなく、イタリヤの宿命の地パヴィヤで、フランソワ一世軍を迎え討つことになるのです。一五二四年—一五二五年の話であります。

○

一五二四年に起った事件で、われわれの『日記』が取りあげていないものが多々ありますが、文化思想方面で重要だと思われるものは、パリ大学神学部が、エラスムスの著書を検討し始めたこと(一月)、「モーの人々」が、パリ大学神学部の圧力に屈して、続々と転向を表明し始め、モーの改革派の運動は、瓦壊に直面するにいたったことなどでしょう。(既に、一五二三年十二月には、パリ大学神学部は、モーの教会の動きを非とする決定を発表しておりました。) 事実、翌一五二五年になりますと、責任者のギヨーム・ブリソンネは告発されますし(夏)、重要人物たるルフェーブル・デタープルやジェラール・ルゥセルは逃亡して、ストラスブゥールへ走る(十月)というような結果にもなり、「モーの集団」は完全に壊滅せしめられるのです。こうした所謂思想弾圧は、一五二五年の春(二月)に起ったパヴィヤにおけるフランソワ一世軍の大敗北後、一段と度を強めるように思われますが、「モーの人々」の壊滅は、その序曲にすぎないとも申せましょう。しかし、一五二四年においては、イタリヤへ大軍を送る必要上、また、侵入軍に対する措置から国内の安寧を望んだフランソワ一世も、また異端思想の流入の阻止によりローマ教会の力を衛ってフランス国内における教会の権威を不動ならしめようとしていたソルボンヌ大学神学部およびフランス教会の人々も、当然強権をもって国の秩序を維持するための努力を惜まなかったのでした。所謂思想方面の様々な事件については、われわれの『日記』においては特に言及してありませんから、記述上不可欠な、これらの事件の解説は後節に譲ることにいたします。この際は、パヴィヤの戦にいたるまでに起った主として軍事的色彩のある事項を、『日記』のなかから拾ってみるだけにいたします。先ず次のような記録が見られます。

——コノ年（＝一五二四年）二月ノ晦日《ミソカ》月曜日、王命ニヨリ、ジャン・ジョス Jean Josse ト名乗ル神学博士ニシテ、聖ベネディクト派ノ道士タル者ガ逮捕監禁サレタリ。コノ日、パリノ聖セヴラン教会内ニテ四旬節ノ説教ヲ終ヘタル折ニ、王ノ近衛隊長フェドリック Federic 及ビソノ射手隊士ラニ捕ヘラレタルナリ。ソレヨリ、右射手隊士ラニ引カレテ、当時、フェドリックノ住ヒキタルリュゼ Rusé 殿ノ邸ヘ連行サレタリ。次イデ、同日夕刻、最高法院廷ヘ引キ立テラレタリ。大方ノ噂ニヨレバ、王ガ、コノ者ヲ逮捕セシメシハ、コノ年モ、マタ過グル年ニ於イテモ、王ノ名誉ヲ傷附ケルガゴトキコト、ナラビニ王国内ニ行ハレタル好マシカラザル治安状況ニ関シテ、様々ナル言辞アリシガ為ナリト。ソノ後、コンシェジュリ牢獄ニ下サレテ、ソコニ監禁セラレタリ。(cf. "Journal", p. 156.)

このジャン・ジョスという「神学博士」が、いかなる言動に出たものか、全く判りませんが、フランソワ一世に対する非難と、国内の公安に関する批判とが、王の「進歩的」政策（宗教改革運動に対する寛大さ）を突いたものであるとしても、また、度重なる戦争の結果生れた「悪漢《モーヴェ・ガルソン》」どもの横行などを指摘したものであるとしても、王が、自らの行動に対する世間の批判に対して敏感になっていたことが、右のような小事件の記述からも、よく感じられます。なお、このジャン・ジョス「神学博士」は、翌一五二五年三月二十日月曜日に釈放されています。パヴィヤの戦が大敗北で終った直後のことでした。(cf. "Journal", p. 196.)

　春から夏にかけて、イタリヤにおけるフランス軍は、とかく幸運の女神に微笑みかけられず、謂わば一進一退の態勢を示していましたし、夏から秋にかけては、ドイツ皇帝カルル五世軍が大挙して、南仏プロヴァンス地方へ侵入するという事件も起っていますが、それは、後節で述べることにしまして、国内治安維持に大童になっている政府当局の様々な措置について、『日記』に記されている事項に、先ず触れてみましょう。


——コノ年一五二四年五月二十三日、パリニ於イテハ、最高法院ノ決定ニヨリ、喇叭ノ音モ高ラカニ、次ノ旨ガ布令マハラレタリ。即チ、爾後、イカナル者ト雖モ、当市ニアッテハ、人命ヲ損ヒ兼ネマジキ棍棒ヲ携行セザルコト、マタ、生計ヲ樹テル何ノ術《スベ》モ持タズ、シカモ、肢体健全ニシテ、素性明カナラザル一切ノ浮浪者、無職ノ者ハ、当市ヲ後ニシテ退去スベシトノコトナリキ。

同ジク《イテム》、法院ハ、召使ヤ下僕ヲ抱ヘタルパリ市内ノ旅宿ノ主、学寮ノ教員、アラユル平民、住民ニ対シテ、件《クダン》ノ棍棒ヲ所持セザルヤウニ、下々ノ者ドモニ伝フベシト下知サレタリ。

同ジク《イテム》、召喚セラレザル一切ノ流刑人ドモト耳ヲ削ガレタル徒輩トハ、即刻、三日内ニ、当市ヲ退去スルコト、コレニ背ク時ニハ、絞首ノ断罪ニ処セラルベシトモ下知サレタリ。(cf. "Journal", p. 169.)

まるで、戒厳令下のような様相です。上掲文中、「耳ヲ削ガレタル徒輩」というのは、この当時、罪人たちは、しばしば「耳削ぎの刑」に処せられたからです。色々な文献が残っていますが、思想犯にも、こうした刑罰が下されたらしい記録は、作者不明ながら、比較的有名な『パニュルジュ航海記』La Navigation de Panurge, 1538 (?)（拙訳、要書房刊）の冒頭にも見られます。それにしても、棍棒の携行が禁ぜられたり、浮浪の徒の追放が行われたりすることは、パリの治安が極度に悪くなっていたことを示すでしょうし、こうした不安な状態の原因は、どこにあるか、これを明らかにはなし得ないとしましても、華やかなるべきルネサンス期の「明君」フランソワ一世治下の「泰平」の御代の前半期においては、若い王の野望から、ほとんど休む暇もなく行われた戦争の結果ではあるまいかと邪推いたしたくなります。次のような記録もあります。

——コノ年、七月六日水曜日、パリノ四辻トイフ四辻ニ、喇叭ノ音モ高ラカニ、次ノ旨ガ布令マハラレタリ。即チ、身分ノ如何ヲ問ハズ、既婚未婚ニカカハリナク、王国、国王所有ノ領地、地方、地区ニ所属セザル者ハスベテ、帰化免許状ヲ持タザル場合ニハ、八日内ニ、王国外ヘ、ソノ資財モロトモニ退去スベク、右八日ガ経過スレバ、王ハ、当該者モ、ソノ財産モ、逮捕没収スルコトヲ宣ズトノコトナリキ。……（cf. "Journal", p. 166—167.）

これは、外国人追放令とも申せましょうし、「臨戦体制下」のフランスとしては、当然な措置だとしても、先の浮浪者征伐とならんで、フランソワ一世の「泰平」の御代の側面を物語ってくれます。

○

こうした国内治安維持の方針が採用されたのと併行して、戦争が行われていたことは怪しむに足りません。改めて、われわれの『日記』のなかから、「血沸き肉躍る」戦争に関する事項を拾い直してみましょう。

一五二四年の三月には、一五二一年頃から、フランス軍とイスパニヤ軍（＝ドイツ皇帝軍の味方）との間で争奪戦が行われていたイスパニヤのフェンテラビヤ Fuenterrabia (Fontarrabie) が、イスパニヤ軍の手に落ちてしまいました。(cf. "Journal", p. 78—79.) これと時を同じうして、三月四日には、イタリヤのミラノ近郊にいたフランス軍は、敵軍のために包囲されて、糧食の道を断たれてしまいました。当時パリにいたフランソワ一世は、心痛のあまり、三月十一日には、側近の大貴族や高官たちとともに、行列を作り、ノートル・ダム大聖堂へ参詣して、「出征兵士」の「武運長久」と、今後の戦勝とを祈願いたしました。(cf. "Journal", p. 124, 153, 405.) こうした祈願が、神に聴き届けられなかったことは、程なく明らかになるのです。その前兆とでも申しましょうか、スイス兵の救援によって、一息ついたらしかったミラノ派遣のフランス軍も、この年の春には、黒死病のために、大損害を蒙ることとなりました。

——コノ年、三月、復活祭前ニ、次ノ如キ報知ガ齎サレタリ。即チ、ミラノ市ヲ眼前ニシテ、我ガ将兵ニアリテハ、黒死病ノ為ニ倒レタルモノ夥シカリシト。ソノ為、ノルマンディ総督トマ・ボイエ Thomas Bohier 殿（＝三月二十四日歿。cf. "Journal", p. 123, n. 1.）及ビ、ソノ他ノ高位ノ人々モ陣歿シタリ。(cf. "Journal", p. 122—123.)

その結果、フランソワ一世は、急いで、大軍を南下させ、ミラノ市を臨んで、五万人のフランス兵が待機することとなりました。(cf. "Journal", p. 123.)

『日記』の記述では、詳細な事実は判りませんので残念ですが、四月十四日に、ミラノ市一帯は完全に敵軍の手に落ち、「カクシテ、フランス王ニトッテ、イタリヤハ、スベテ、失ハレタリ」という事態が現出いたしますが、(cf. "Journal", p. 170.) 先程記しました五万人のフランス軍が整えられたのは、三月ですから、四月十四日の敗戦は、さらに、フランソワ一世王の憔慮を駆り立てることになったかもしれません。

○

こうした陸上の戦争と併行して、フランソワ一世は、海軍の興隆をも夢見たらしく、かなり有名な「大フランソワーズ号」La Grande Françoise という船を、この当時作らせています。この船は、フランソワ・ラブレーの作品にも、("Pantagruel", ch. 4.) その名を止められているにもかかわらず、不幸にして、進水式が成功せず、ノルマンディの海浜に、朽ちた巨体を、しばらくの間横たえることになり、結局は解体されることになったもののようですが、『日記』には、次の如く記してあります。

――コノ年、復活祭直後、ノルマンディハ、アルフルー (Harfleu=Hafleur) 近クノ、グラース (Grace=le Havre de Grâce) ノ港ニテ、国王用ノ巨船ガ完成シ、三月ニハ、海上ニ浮ベラレタリ。未ダ嘗テ見ザリシ壮麗ナル船ナリキ。長サハ、満五十呎《トワーズ》モアリ、七ツノ檣楼ヲ持チ、船首、船尾ニ高閣ヲ備ヘタリ。マタ、コノ船ニ用ヒラレタル木材ハ、厚サ四尺《ピエ》モアリテ、黄金貨幣《エキュ》ニシテ十万枚ニモ当ルトノコトナリ。(cf. "Journal", p. 125.)

ラブレー全集（ラブレー協会版）の註（アンリ・クルゥゾ Henri Clouzot 担当）によりますと、この船が完成したのは、一五二七年であり、その時は、まだ海上に浮んでいなかったとのことですが、実に豪華な巨船で、二千噸もあった以上、それまでのフランス史上最大の船ということになります。進水式の時失敗し、一五三三年の十一月には、嵐のために横倒しとなり、一五三五年に、改めて進水式を行おうとしても、巨体を起すことができず、そのまま放置されて、結局は解体され、附近の民家を建てる材料に用いられたということです。(cf. Œuvres de Fr. Rabelais, Ed. S. E. R., t. III, 1922, p. 45, n. 12.)

アンリ・クルゥゾの註解と、上掲訳文との間には、若干喰い違いがあるようですが、現在の私には、これを究明する手段が全くありません。恐らく、「大フランソワーズ号」は、(この船名は、『日記』には記載してありませんが、)一五二四年頃には、海浜の水際近くで、ほとんど完成し(あるいは作られ始め)、進水式が、一五三三年頃に行われたものと解する以外に道はありません。いずれにしても、この巨船の運命は、フランソワ一世を迎えつつある宿命を暗示していたかもしれません。

○

一五二四年五月になりますと、フランソワ一世は、重なる悲報を耳にすることとなります。『日記』には、次のように記してあります。

——次ノ五月(=五月六日、cf. "Journal", p. 170, n. 2.) ミラノヲ臨ミタル我ガ軍勢ト、皇帝(=カルル五世)軍トノ間ニ、戦闘ガ行ハレ、コノ戦闘に於イテ、彼我ノ側ニ陣歿スル者夥シカリシガ、我ガ軍ニアリテモ、数多クノ者ガ殺戮サレ、トリワケ、バイヤール Bayard 隊長ガ戦死シ、百に上ルソノ長槍隊兵士ハ、悉ク、殺傷戦歿セルガ上ニ、マタ、約四千人に達スル騎兵及ビ歩兵ガ殺サレタル旨ノ報知モ到来セリ。提督(=ボニヴェ提督。既出)モ重傷ヲ蒙リ、ド・ラ・パリース殿ノ次弟ニ当ルヴァンデル Vandelle (=Jean de Chabannes, sieur de Vandelle) 殿モ、マタ他ノ殿原モ落命シタリ。……(cf. "Journal", p. 170–171.)

上掲文中のバイヤールとは、フランソワ一世の武将として、今まで、数々の戦で、武勲を立てていた人物ですが、バイヤール (Pierre du Terrail du seigneur de Bayard, 1473—1524) こそ、フランソワ一世に先立つ二代のフランス王、シャルル八世、ルゥイ十二世にも仕え、「豪胆無瑕の騎士」Chevalier sans peur et sans reproche と呼ばれた一徹の武将なのでした。

上掲訳文に続いて、次のような文章が、『日記』に見られます。

——件《クダン》ノブゥルボン殿及ビナポリ副王ハ、自ラ、皇帝（＝カルル五世）ノ味方トナリテ、イスパニヤ人、ナポリ人、イタリヤ人、ドイツ人傭兵ラ、ソノ他ト合力シテ、国王（＝フランソワ一世）ニ刃向ヒタレバ、我ガ軍兵ノ戦死者ハ夥シカリキ。サレバ、我ガ軍勢ハ、包囲ヲ解カザルヲ得ザルノ羽目ニ陥リ、件《クダン》ノ提督（＝ボニヴェ提督）モ、治療セムガ為ニ、ドーフィネ地区ニ引キ上ゲ、更ニ、リヨンヘ赴キテ、本復ヲ待ツコトト相成レリ。軍勢（＝フランス軍）モ、一切ヲ失ヒタルモノノ如クナリテ、山嶺（＝アルプス山脈）ノ彼方ヨリ帰来セリ。(cf. "Journal", p. 171.)

上掲文中に見られるブゥルボン殿とは、既に記しましたように、フランス王家から、恰も、いびり出されるようにして、フランス王国を脱出し、フランソワ一世王の宿敵たるドイツ皇帝神聖ローマ皇帝カルル五世の武将として、ミラノ駐屯軍の指揮に当るにいたったフランスの名門出のシャルル・ド・ブゥルボン筆頭元帥なのでした。この人物の動向の批判や彼の同志の人々の動静の紹介に関しては、既に（第八七頁以下を参照。）きわめて簡単に触れたつもりですが、多くの重大な問題を秘めているにしても、本書の性質上、さらに詳細に解説することができないのは遺憾であります。ただ、ここで、やや大胆な比較をすることが許されるとするならば、バイヤールは楠正成に当り、このブゥルボン筆頭元帥は足利尊氏に似ているかもしれないとは申せます。バイヤールは、陣歿する際に、今は、宿敵となっている嘗ての僚友シャルル・ド・ブゥルボンに会っていますが、死に行くバイヤールに憐みの言葉をかけるブゥルボン筆頭元帥に向って、「自分は少しも憐れではない。なぜなら、自分は、善人として死んでゆくからだ。だが、貴殿をこそ憐れと思う。貴殿は、貴殿の王、貴殿の祖国、貴殿の誓約に刃向って戦っているからだ」と言ったと、伝えられています。足利尊氏よりも、シャルル・ド・ブゥルボンは薄運であり、一五二七年に、ローマで戦死いたします。このことは後述いたします。

こうしたシャルル・ド・ブゥルボンの積極的な「裏切り」に対して、五月（＝十七日、cf. "Journal", p. 161, n. 1.）には、王命によって、ルゥワン、ディジョン、トゥルゥーズ、ボルドーの各都市の法院の参事官が、パリへ召集され、シャルル・ド・ブゥルボンおよびその一味の糾弾が議せられましたが、次いで、六月二十七日月曜日には、パリ最高法院において、シャルル・ド・ブゥルボンに対し、全財産の没収が、欠席裁判によって決定されてしまいました。(cf. "Journal", p. 166.) ブゥルボン筆頭元帥とフランス王家との間に生じた破局は、これで、「完成」されたこととなり、元帥は、もはや、背水の陣を布《し》くどころか、断崖を背にして立つことになりました。

○

この頃一五二四年の五月から六月にかけて、パリ近郊の村落やトロワの町では、放火事件が頻発したり、「ロレーヌ公配下」と自称する武士たちが、掠奪暴行をしたりした事件が起っています。『日記』によりますと、ブゥルボン筆頭元帥の一味の仕業とも思われますし、また、乱世には、いつの時代でも、大きな顔をしてわが世を寿《ことほ》ぐごろつき連中、野武士どもの所行のようにも受け取れます。人間は、どんな人間でも、野獣の本質を持っているようです。ですから、人間を野獣に還らせないで、お上品な「人間様」として祭りあげて置く方法をお互いに探究し実践し合う以外に、人間を野獣化しないようにする道、――言い換えれば、人間らしくさせる道は、ないかもしれません。そして、われわれが、お上品な「人間様」に、お互いに「祭りあげ」合うことは、野獣に還ることよりも、はるかにむつかしいということも、考えて置いてよいかもしれないと思います。

○

一五二四年七月の頃には、次のような記述が見られます。当時フランソワ一世は、ブロワの王城におりました。

――コノ年コノ月（＝七月）ニ、王命ヲ体シ、ド・ラ・バール de la Barre ト名乗ルパリ市奉行ガ、パリに来リ、パリ市ニ対シテ、王命ニ基キ、奉納金ヲ、即チ、二万エキュノ金額ヲ求メタリ。次イデ、一万エキュノ額ト変ヘラレタルガ、コノ件ニ関シテ、数回ニ亘リ、市役所ニテ会議ガ開カレ、（＝七月二十日金。cf. “Journal”, p. 167, n. 3.）カカル金員ヲ供出スベカラザルコトガ、最モ思慮アル人々ニヨリテ主唱サレタリ。蓋シ、天候不順ニシテ、食料、特ニ麦類ガ欠乏シタル結果、麦ノ価格ハ、当時パリニ於イテハ、パリ度量衡ニテ、一升《スチエ》 septier（＝setier）五（？ 五十？ cf. “Journal”, p. 168, n. 1.）ソルトモナリタルガ為ナリ。ソノ後、王ニハ一万リーヴルガ奉納サレタリ。(cf. “Journal”, p. 167—168.)

イタリヤ出征軍の敗退を防止するため、ブロワの王城で秘策を練っていたフランソワ一世としても、先ず第一に、軍資金の調達の必要を感じたわけなのでしょう。上記の文章だけでは詳しいことは判りませんが、たびたびの供出（既出）で苦しめられていたパリ市民は、王の要求する金額を大分値切り、いやいや出しているような感じです。文中、「最モ思慮アル人々……」とある箇所には、『日記』の筆者の感情が、滲み出しているとも申せましょう。結局のところは、勘定高いパリ市民の根性の丸出しということになるかもしれませんが、物価高の時期に国王に供出金を奉ることを否決することをもって、「思慮アル」と表現したところには、当時の国家組織の実態が現れているとも申せましょうし、「国家総動員」などということのあり得ぬ時代の一種のゆとりが窺われるとも言えましょう。

戦争準備に大童だったフランソワ一世を、一つの不幸が見舞うことになりました。王妃クロード Claude の他界がそれでした。この王妃のことには、既に触れましたが、(第三二頁参照。)クロードは、ルゥイ十二世の姫であり、一五一四年に、フランソワ一世と結婚し、一五二四年までに、七人も子供を産んでいます。われわれの『日記』には、次のように記してあります。

――一五二四年、七月二十八日木曜ノコト、フランス国王妃クロード殿ガ、コノ月二十六日ニ当ル過グル火曜日ニ、ブロワニテ他界セル旨ノ報知ガパリニ到着セリ。ソノ為、市民ハイタクコレヲ慨キ、イタク哀惜セリ。王妃ハ、極メテ高貴ニシテ、マタ極メテ善良ナル婦人ナリシガ為ナリ。(cf. "Journal", p. 185.)

クロード王妃が他界した折には、丁度国王フランソワ一世は、母后ルゥイーズ・ド・サヴォワ Louise de Savoie らとともにブロワを離れ、ロモランタン Romorantin からブゥルジュ Bourges 方面へ旅行中でしたので、勿論臨終に立ち会うことはできませんでした。その上、王妃の遺骸の正式埋葬式も、直ちに行われなかったらしく、次のような記録が残されています。

――今ハ亡キ件《クダン》ノ善キ王妃ノ遺骸ハ、香料防腐剤ガ施サレ、鉛製ノ棺ニ収メラレテ、暫ラクノ間ハ、ブロワ城内ナルサン・カレー Saint Callais 教会ノ地下ニ埋メラレ、後々、コレヲ移シテ、フランスナル聖ドニ Saint-Denis en France ニ葬ルコトトナレリ。カクノ如キ仕儀ト相成レルハ、プロヴァンス地方ニ於イテ、国王(=フランソワ一世)ニ対シ、ブゥルボン殿（＝既出、シャルル・ド・ブゥルボン筆頭元帥）及ビ皇帝（＝カルル五世）ガ行ヘル戦闘ノ為ニシテ、王ハ、自ラコレニ赴キ、ソノ結果、件《クダン》ノ埋葬式ハ遅延セシメラレタルナリ。(cf. "Journal", p. 186.)

宮廷でもあまり目立った存在ではなかったにしても、国民から「善き王妃」として慕われていたクロード王妃の最期は、戦雲急な折のこととは言え、いかにも寂しかったと申せましょう。寡夫になったフランソワ一世は、後年一五三〇年に、政略上強いられて、宿敵カルル五世の姉エレオノール・ドートリッシュ Eléonore d'Autriche(1498—1558) と再婚いたしますが、それまでに、フランソワ一世の身の上には、色色な事件が降りかかってくるのでした。その一つが、既に、右に掲げた文章にも出ています。すなわち、「裏切者」のブゥルボン元帥の率いるドイツ皇帝（＝カルル五世）軍のプロヴァンス侵入もそれです。少し長くなりますが、『日記』のなかから、この事件に関する記述を引き出してみましょう。

——ブゥルボン殿ハ、皇帝（＝カルル五世）ノ味方トナリ、フランス国王ニ刃向ヒ、攻略ヲ続行シキタルガ、皇帝ノ為ニフランス国王ニ叛キテ、ミラノ公国ヲ平定シタル後ニ（既出）、プロヴァンス（＝南フランス）地方ニ大軍ヲ率キテ侵入シ来リ、件《クダン》ノプロヴァンス地方ノ数個所ノ要衝ヲ掠奪攻略シテ、コレヲ占拠シ、特ニ、己ガ奥方（＝Anne de Lascaris, Comtesse de Tende et de Villars）ノ関係ニヨリフランス王家大式部長官 Grand maistre de France（＝René de Savoie）ノ所領トナレル数々ノ要衝ヲモ奪取シ、更ニ、大式部長官ニ対スル怨恨ヨリ、プロヴァンス地方ニ於イテ、エックス Aix ノ町、トゥーロン Toulon ノ町ヲモ占領スルニイタレリ。（中略）

王（＝フランソワ一世）ハ、コノブゥルボン殿ガ、大軍ヲ率キテプロヴァンス地方ヘ下リ来レルヲ知リ、コレニ対抗センガ為ニ、コレマタ、歩兵約三万ト槍騎兵千二百トニノボル大軍ヲ派遣セシメタリ。右歩兵中ニハ、ドイツ傭兵、スイス兵、ガスコーニュ及ビプロヴァンス出ノ野武士ナドガ加ハリ居リ、騎兵ハ、フランス人及ビイタリヤ人ナリキ。

国王ハ自ラ出征セムト決心シタルモ、ソノ妃、善キ王妃ノ逝去ノ為ニ沙汰ヤミトナリテ、出征スルヲ得ザリキ。噂ニヨレバ、件《クダン》ノブゥルボン殿ハ、プロヴァンス地方ニ於イテ、襲撃ヲ蒙リ、我ガ軍勢ニヨリ、激シク追撃サレタルガ為ニ、ヤムナク逃走シタルガ、サモナクバ逮捕サレルニイタリシナラン。次イデ、イタリヤへ退散セリ。(cf. “Journal”, p. 170—172.)

イタリヤにおける優勢を利用して、カルル五世は、ブゥルボン元帥に、その祖国フランスへの侵入を命令したわけでしょう。フランソワ一世は、王妃の逝去と同時に、外敵の侵犯を迎え、大いに苦慮したに相違ありませんが、幸いにも、大事にいたらぬうちに、侵入軍を撃退できたようです。このプロヴァンス侵入は、後年、一五三六年七月に、もう一度繰返されます。(後出。第二五七頁を参照。) この時には、既に、ブゥルボン元帥は世になく、別な将軍アントワヌ・ド・レーヴ Antoine de Lesve (Leive, Leyve) がドイツ皇帝軍を指揮していましたが、フランス側が所謂焦土戦術に出たために、ドイツ軍は、再び敗退しています。この二回に亘るプロヴァンス侵入のうち、後者は、特に有名らしく、フランソワ・ラブレーも、その作品中に、これを記し止めているくらいです。(cf. “Pantagruel”, ch. VII.)

一五二四年の秋には、ドイツ皇帝軍が、完全にフランス領土から退却したらしいことが、『日記』に記されています。これに先立ちフランソワ一世は、一時、南仏アヴィニョンまで自ら出向いたようですが、(cf. “Journal”, p. 175.) 退却するブゥルボン元帥とフランス軍との間に、一進一退の戦闘が交えられました。しかし、この時には、フランソワ一世に利があるように大勢は動き、結局、九月二十九日に、ブゥルボン元帥の率いるドイツ皇帝軍は、ピエモンテへ撤退してしまいました。(cf. “Journal”, p. 175, n. 3.)

——同《イテム》ジク、十月八日土曜日、パリノノートル・ダム大聖堂ニ於イテ、荘厳ニ、「主ヲ讃ヘ奉ル《テ・デウム・ラウダムス》」ガ唱ハレ、大鐘モ打チ鳴ラサレタリ、而シテ、市ノ奉行及ビ代官タチ、マタ、長官タチモ、コレニ列席セルガ、コレハ、パリ市ナラビニ最高法院ニ、次ノ如キ報知ガ到着セルガ為ナリ。即チ、王ガ、プロヴァンス地方ニアリシ敵軍ニ連勝シ、敵軍ハ、退却シ、潰走セリトノ報ナリキ。(cf. “Journal”, p. 176.)

このようなわけで、フランソワ一世は、一息つくことになったとも申せますが、迎え討った敵を破った勢に乗じて、再びミラノ公国奪還の道を辿るようになったことは、謂わば宿命的だったと申せましょう。フランソワ一世を、パヴィヤの大敗北が、静かに、待っていたからなのです。

——国王(＝フランソワ一世)ハ、敵軍ガプロヴァンス地方ヨリ退却セルヲ見テ、コレヲ激シク追撃シテ、進軍マタ進軍、山嶺(＝アルプス)ヲ越エテ、ミラノ公国ヲ再ビ征服セントセリ。コノ公国コソ、王ガ失ヒシモノニシテ、イスパニヤ軍(＝カルル五世軍)並ビニブゥルボン殿ガ、皇帝ニ敵対スル王ヨリ奪取セルモノナリキ。(cf. “Journal”, p. 176.)

フランス軍のイタリヤ侵入は、一五二四年十月頃と推定されますが、この時のフランソワ一世軍の編成内容は、われわれの『日記』に、かなり詳しく記録されています。一種の表のようなものですから、本書中では、これに触れる必要はないと思いますが、いかにもフランス軍の精鋭を選りすぐったというような感じを与えるものでした。(cf. “Journal”, p. 408—410.)

フランソワ一世は、自ら、約四万人の軍兵を率いて、ミラノ公国へ攻めこみましたが、初めのうちは、フランス軍の意気は軒昂だったらしく、連戦連勝という報知が、パリへ伝わったようです。そのため、一五二四年十月三十日(日曜日)にも、十一月六日(日曜日)にも、パリでは、盛大な戦勝感謝行列が行われた模様です。(cf. "Journal", p. 177—178.)

しかし、事態は、決して楽観できませんでした。フランソワ一世の軍勢は、ミラノ市近くのパヴィヤで、——宿命の地パヴィヤで、釘附けになってしまいました。パヴィヤはミラノ市南方にある要衝ですが、既に触れましたマリニャーノの戦（一五一五年）の折には、フランソワ一世軍によって無血入城が行われ、その結果、一時は、フランスのミラノ公国占領が完成されていたのでした。（第四〇頁以下を参照。）そして、その時には、まだフランスの筆頭元帥であったシャルル・ド・ブゥルボンが、フランソワ一世軍の一方の旗頭として大活躍したことも、前に述べた通りです。

ところが、この一五二四年末におけるフランス軍のパヴィヤ攻略戦の相手を勤めるドイツ皇帝軍の大将の一人として、右ブゥルボン元帥が控えていたのでした。このパヴィヤ市攻城の発端のところから、『日記』の記述を追ってゆくことにいたしましょう。

——同《イテム》ジク、次ノ如キコト行ハレタリ。即チ、軍ヲ率イテ、件《クダン》ノ公国（＝ミラノ公国）ニ赴キシ王ハ、パヴィヤノ町ニサシカカリ、コレヲ攻メタルガ、軍勢ヲ伴ヒテ、ミラノヘ入市スルコトハ一向ニセザリキ。蓋シ、王ハ、ミラノノ町ニハ、約一万ノ軍兵ガ控ヘ居レルコトヲ告ゲラレタルガ為ナリ。サレバ、王ハコノ町ニ入ルヲ肯ンゼズ、全軍ヲ四部隊ニ分チタルガ、敵兵ニ対シテ大殺戮ガ加ヘラレタリ。敵軍兵ノナカニハ、ルドヴィコノ次男バール Bare 公爵、ペスキエール Pesquière 侯爵、ブゥルボン殿ガ加ハリヰタルガ、市（?）外ヘ脱出シ、クレモナ Cremona ソノ他ノ土地ヘ逃レ去レリ。カクシテ、市門ノ鍵ガ、王ノ許ニ持チ来ラレタルガ、コレハ歓心ヲ買ハントスル為ナリキ。サレド、城砦ハ王ニヨッテ奪取サレズ、王ニ刃向フ皇帝ノ味方タル駐屯軍ガ依然トシテ残留シ居レリ。カクシテ王ハ、ラ・トリムゥイユ La Trimouille (Louis II de la Trémoille, vicomte de Thouars) 殿ヲ多クノ軍兵トトモニ、市内（?）ニ止メ置カレタリ。(cf. "Journal", p. 178.)

全体として、緒戦においては、フランス軍が優勢であることが窺われますが、上掲文の原文がきわめて曖昧であり、訳文中?印を打った箇所に出てくる「市」とは、パヴィヤなのかミラノなのか判然といたしません。しかし、『日記』の翻刻版編者V・L・ブゥリーイーの作製した索引中には、上掲文末のラ・トリムゥイユ（トレモワル）という将軍がミラノへ残されたと記してありますから、(cf. "Journal", p. 456.) それにしたがえば、「市」とは、ミラノのことになります。すなわち、フランス軍は、パヴィヤを攻め立てながら、他方では、ミラノをも包囲し、ドイツ皇帝軍が立てこもっている城砦を陥落させることはできなかったにしても、ミラノ市街には突入したことになります。しかも、フランソワ一世自身は、ミラノには入市せずにパヴィヤ攻城戦に専念していたようです。『日記』によりますと、王は、パヴィヤ市外のラ・シャルトルーズ修道院に本営を置き、パヴィヤの城壁を砲撃して破壊しようとしました。(cf. "Journal" p. 178.) この攻城戦は、十月二十九日頃から開始されたようです。(cf. "Journal", p. 178, n. 1.) しかし、ドイツ皇帝軍も果敢に抵抗し、なかなか勝負がつきません。

一方、フランソワ一世は、イタリヤ出征を有利に運ぼうとして、いつものように合従連衡の策を取り、時のローマ教皇クレメンス七世と和親関係を結んだり、ナポリ王国やヴェネチヤ共和国を味方につけるように強制したり劃策したりなどいたしました。『日記』によりますと、こうした政治的な接衝は、一五二四年の終りから一五二五年の初めにかけて行われたように思われます。(cf. "Journal", p. 180.) その間、勿論、パヴィヤの包囲戦は続けられていたわけであり、フランス軍の主力は、フランソワ一世とともに、パヴィヤに釘附けにされていたことになります。

翌一五二五年の一月になりますと、戦局には依然として決定的な動きはなかったにしても、フランス軍にとって、不利な事件が起っています。『日記』には、次のように記してあります。

――同ジク《イテム》、コノ一五二四年（＝旧暦。新暦一五二五年）ノ一月末、イタリヤニ於イテ王（＝フランソワ一世）ニ拮抗スル皇帝（＝カルル五世）ノ為ニ、夥シキ増強部隊ガ送ラレタルガ、コレニハ、ブゥルボン殿、ペスキエール侯爵、エノー Henault 出ノランノワ Lannoy ト名乗ルナポリ副王ガ参加シ居リテ、件《クダン》ノパヴィヤ市ヲ前ニ攻城ノ陣ヲ張レルフランス王軍ノ包囲ヲ破ラントセリ。約一万六千ノ歩兵八百ノ槍騎兵ニシテ、王ノ掌中ニアリシ聖アンジオロ城 Castel Saint-Jehan（＝Castel Sant' Angiolo）ト名附クル城砦ヲ奪取スルニイタレリ。コノ城ハ王側ノ将兵ニヨッテ充タサレキタルガ、示談ノ末、皇帝ノ軍兵ニ、城ヲ明ケ渡セリ。シカラズンバ、殺戮全滅セシメラルル憂ヒアリタレバナリ。注目スベキハ、コノ城砦ヲ経テ、パヴィヤナル我ガ将兵ニ食糧ガ供給サレイタルコトナルガ、カクシテ、コノ城砦ガ敵軍ノ手ニ陥リシガ為ニ、我ガ軍兵ハ、今マデノ如ク容易ニ食糧ヲ入手シ能ハザルコトト相成レリ。（cf. "Journal", p. 180.）

この敗戦が、パヴィヤ攻城のフランス軍を、きわめて不利な状況に引きこんでしまったことは確実でした。翌二月に起るフランス軍の大敗北の原因の一つは、ここにもあるかもしれません。

○

なお、一五二五年二月十四日に、摂政ルゥイーズ・ド・サヴォワ太后が、一五一五年三月三十日に発布された瀆聖行為禁止に関する勅命を再確認していることを附記いたしますが、摂政太后のこうした措置は、フランソワ一世が教皇クレメンス七世に近附いたこととともつながりがあるように考えられます。すなわち、国王のイタリヤ出征と併行して、国内の宗教思想問題対策も強化されていたことが判ります。詳しくは、ここで触れられませんが、宗教上の改革思想に比較的寛大だったフランソワ一世は、この寛大さを活用して改革思想に反対する教会と対立し、これに向って王権を誇示しようともしたのですが、対外的政策の転換によって、教会の協力を必要とする時には、改革運動に対する寛大さを取消すようなこともいたしたようであります。

○

われわれが辿っている『フランソワ一世治下のパリ一市民の日記』の記述中、一五二五年初頭の条《くだり》には、次のような文章があります。

――コノ年一五二四年(旧暦。新暦一五二五年)二月一日ノコト、メーグレ Meigret ト名附クルジャコバン僧ガ、コノパリ市ニ連レ来ラレタルガ、国王(=フランソワ一世)ガパヴィヤ市ヲ前ニシテ陣ヲ張リ居レル間ニ、摂政太后(=ルゥイーズ・ド・サヴォワ)ガ当時滞在セルリヨン市ヨリ連行サレタルモノナリ。メーグレハ、国王直参ノ射手隊ニヨリテ拉致サレテ、教会裁判所ニ監禁サレタルガ、コノ者ハ、教会ノ決定セルコトニ違反シタル数々ノコトドモヲ、リヨン市ニ於イテ説教イタシタルガ為ナリ。摂政太后ハ、コレヲパリ市ニ連行セシメ、ソノ裁判ヲ行ハシメタルモノナリキ。結局ノトコロ断罪サレ、リヨン市ニ於イテ公《オホヤケ》ニソノ罪ヲ告解シ、前言ヲ取消シ、咎ヲ蒙リタルソノ説教草稿ハ焼却セシメラレルコトト相成レリ。(cf. "Journal", p. 182―183.)

国王の出征中に、一種の思想統制が強化された結果生じた一事件が、このメーグレの場合のように思われます。このメーグレというのは、エーメ・メーグレ Aimé Meigret のことですが、既に、一五二四年十二月二十九日附の教皇クレメンス七世からフランス摂政母太后に宛てられた勅書中では、この人物は異端者として見做されていたようです。エーメ・メーグレは、後一五二七年に釈放され、翌二八年にドイツで死亡していますから、(cf. "Journal", p. 182, n. 3.) 断罪を受けてから後は、二年間ほど投獄されていたのかもしれません。アンリ・オーゼ Henri Hauser によりますと、エーメ・メーグレは、一五二四年の九月には、既に逮捕されており、前記クレメンス七世がルゥイーズ・ド・サヴォワ太后に当てた勅書には、このような異端者を発見したことを欣ぶ旨が記されていたもののようです。(cf. H. Hauser : Etudes sur la Réforme française, A. Picard, 1909, p. 69 *sq.*) なお、オーゼによりましても、ウィリヤム・ウービ William Heubi によりましても、ジョーン・ヴィエノ John Viénot によりましても、このメーグレ事件は、国王出征中における国内思想統制の必要上行われた一連の弾圧政策の一つの現れであり、メーグレ以外に数々の犠牲者がいたことが指示されています。(cf. W. Heubi : François Ier et le mouvement intellectuel en France, 1515—1547, F. Rouge, 1913, p. 28 sq.—J. Viénot ; Histoire de la Réforme Française, Fischbacher, 1926, p. 92 *sq.*) 一五二三年末以来、「モーの集団」の如き温和な宗教改革運動（第九七頁以下を参照。）を異端視してきたフランス国内の旧教会的勢力は、出陣中の国王の不在に乗じ、またその不在中の国内安定のために、次々と粛正政策を強行したように思われますし、これは、外敵に当る必要上、フランソワ一世が教皇クレメンス七世に対して親和策に出たこととも関係している筈です。この辺、フランス王権と教会との関係ははなはだ微妙であります。なお、われわれの『日記』には、同じく一五二五年二月に、日附は不明ですが、グルノーブル Grenoble で、一人のフランチェスコ派の修道士が、ルッター派と断ぜられて焚刑に処せられていること、また、この修道士の友人である別な修道士が逃亡してルッターの許へ走ったということなどの記録が残されています。(cf. “Journal”, p. 190.)『日記』の翻刻者たる V・L・ブゥリーイーによりますと、焼き殺されたほうの修道士は、ピエール・ド・セビヴィル Pierre de Sebiville と言い、逃亡したほうの人物は、フランソワ・ランベール François Lambert ではなかろうかと推定されています。(cf. “Journal”, p. 190, n. 1.) 戦時下のフランス国内の様相は、以上のような簡単な説明で暗示させていただくこととして、話を北イタリヤへ移すことにいたします。

パヴィヤの町を包囲しつつも、補給部隊の拠点を敵ドイツ皇帝軍に奪われてしまったフランス軍は、フランソワ一世配下の有名な武将（下述）がいたにもかかわらず、一五二五年二月二十四日に、元フランス筆頭元帥シャルル・ド・ブゥルボンらの率いるドイツ皇帝軍のために惨敗を喫してしまいます。詳しい戦況のことは、『日記』には何も記してありませんが、大敗戦の事実だけは、次のように記録されています。

○

――コノ一五二四年（＝旧暦。新暦一五二五年）聖マチヤスノ祝日ニ当ル二月二十四日金曜日ハ、パヴィヤ市ヲ前ニ控ヘタルフランス軍ガ、イスパニヤ人イタリヤ人（＝ドイツ皇帝軍）ニヨッテ潰滅セシメラレタル日ト相成レリ。コノパヴィヤ市ニ対シ、フランス国王ハ、長期ニ亘リ、ドイツ皇帝ニ刃向ヒテ攻城ノ陣ヲ張リキタルガ、ミラノ市ヲ陥レタル暁ニハ、コノパヴィヤノ町ヲモ占領セムトノ意図ナリキ。サテ、ドイツ皇帝側ノ軍勢ノ大将トシテハ、ブゥルボン殿、エノー Henault 出ノ人ニテランノワト名乗ルナポリ副王、及ビペスキエール侯爵（既出）ソノ他ノ武将ガ、ドイツ皇帝ノ為ニ、大軍ヲ擁シテ控ヘキタリ。コノ潰滅戦ニ於イテ、我ガ軍兵モ敵ノ軍兵モ多数殺サレタルガ、実ニ多数ノ名ダタル貴族ハ捕虜トナリ、数多クノ細民 menu peuple ドモハ殺戮サレタリ。(cf. "Journal", p. 191.)

正に惨憺たる敗北の総括的な叙述でありますが、上掲文末にある menu peuple という言葉を、一応「細民」と訳し、主としてパヴィヤ周辺の住民たちと解しましたが、もしこの原語の文字が、敵味方の名もない軍兵たちや軍夫たちをも表現するものといたしましても、「多数ノ名ダタル貴族ハ捕虜トナリ」名もない人々の多数が殺されたという対比的な記述には、ほんの僅かばかりではありますけれど、『日記』の筆者が、「血湧き肉躍る」戦争というものの実体を覗《のぞ》いた時の印象が現れているような感じがいたします。「一将功成りて万骨枯る」という感槩以上の感槩が、若干窺われるかもしれません。

上掲文のすぐ後に、次のような記録があります。

――更ニ不幸ナルコトハ、フランス国王及ビソノ他ノ名ダタル大貴族タチガ捕ハレノ身トナリ、マタ、多クノ貴族タチ、近衛射手隊士、細民 menu peuple ガ殺戮サレタルコトナリ。トリワケ、次ノ人々ガ、コノ際戦歿セリ。フランス提督名ハゴーフィエ Goffier (=Gouffier) 姓ハボニヴェ Bonnivet 殿（既出）、ラ・トリムゥイユ La Trimouille 殿（既出）、フランス元帥ラ・パリース公シャバンヌ Chabannes, Seigneur de la Palisse 殿（既出）云々…(cf. “Journal”, d. 191—192.)

今までの記述中に出てきた武将の名を三つ右に記しましたが、その外、『日記』には、約十人の比較的有名な人物の名が戦歿者の代表として列挙してあります。このパヴィヤの戦は、当時のフランスにとっては驚天動地の大事件だったに違いなく、この戦で陣歿した人々の名簿がいくつも印行されて巷間に流布したということです。(cf. “Journal”, p. 191, n. 4.) さて、幾多の武将を失い部下の者とともに捕虜となったフランス国王は、伝えるところによれば、自らの敗北を祖国に書面で報知する際に、有名な「総ては失われたり、名誉を除いては」Tout est perdu, sauf l'honneur という句を記したということですが、武士道華かな時代を偲ばせもしますが、負け惜しみめいた感じがなくもありません。この「名句」は、ヒットラーの軍門に屈したフランスの老将であり代表者でもあったペタン元帥によって、再び用いられることとなったように記憶していますが、古今東西を問わず、血まみれな戦争の結末に吐かれる言葉としては、あまりにも美しすぎます。すべてを失い、さらに名誉すらも行方不明にしてしまった細民 menu peuple たちは、所詮人間とは見なされていないのかもしれません。もっとも、この「名句」は、全くの伝説かもしれませんから、フランソワ一世だけを、良い気なものだなどと言って咎めることは不当となる恐れもあります。寧ろ、こうした伝説的名句の製作者の子供らしさに微笑を送るべきかもしれません。

フランソワ一世の言行録や、その手になった文章（書簡類）を全部調査することは目下不可能で、確実なことは申せませんが、パヴィヤの戦で捕虜となりクレモーナ近くのピッヅィゲトーネ（ピスクトン）（後出）の城砦へ護送されたフランソワ王は、一通の手紙を母太后に送っております。そのなかに、Tout est perdu, sauf l'honneur（総ては失われたり、名誉を除いては。）という「名句」によく似た文章があります。それは、de toutes choses ne m'est demeuré que l'honneur et ma vie qui est saine（総てのものから自分に残されたのは、品位〔名誉〕と、無事だった生命とだけ。）というのです。(cf. "Journal", p. 199.) 恐らく、この文章が段々と「純化」されて、前記の「名句」となったのでしょうか？ この文章には、少しも良い気なところはなく、むしろ悲愴な感じが流れています。

さて、捕虜になったフランソワ一世王について、『日記』は、次の如く記述しています。

——カクテ特記スベキハ、国王ハ、捕ヘラレタル後ニ、パヴィヤ市内へ連行サレ、次イデ、ソレヨリミラノ城内へ、更ニ、ロード Laudes(=Lode) トクレモーナトノ間ニ介在スルピスクトン Pisqueton(=Pizzighetone) ト名附クル城砦へ連行サレタルコトナリ。同ジク《イテム》、数日後、フランス国王ヲ何処へ引キ行クベキカヲ確メントシテ、イスパニヤニアリシドイツ皇帝（=カルル五世はイスパニヤ王家にも属する。既述。）ノ許へ使者ガ送ラレタリ。マタ、ブゥルボン殿ハ、コノ度ノフランソワ一世逮捕ヲイタク欣ビタルガ、ソノ願望ノ悉クガ達セラレタルシダイナリキ。……(cf. "Journal", p. 192.)

結局フランソワ一世は、イスパニヤのマドリッドへ軟禁されることとなるのですが、フランス王家にとっては、はなはだ不面目な結末となってしまいました。もっとも、国民一般の意志とは無関係に戦争ごっこをしていた当時の王様たちの一人の身の上に起った事件ですから、例えば、これは全くのお伽噺ですが、ルーズヴェルト大統領がヒットラーの捕虜になり、「総ては失われた、名誉を除いては」と叫ぶというような事態が起った場合に、十分に団結せしめられ十分に愛国的洗脳を施されたアメリカ人たちが示したかもしれぬ反応と、パヴィヤの敗戦の際に十六世紀のフランス国民が見せた反応とは、決して同一ではない筈です。ただ、国家主義的感情が現代よりも稀薄だったにせよ、永い伝統にしたがい、王を戴いていた当時のフランス国民は、国王が敵軍に捕えられたという報に対して、終始一貫冷静であり、終始一貫無関心であったとも考えられません。定めし様々な動揺が生じたに違いありませんし、この動揺につけこむ「不逞の徒」の蠢動も考えられますし、同時に、この蠢動を見越して或は想定して一挙に国内の思想統一を希う人々も出現していた筈でした。このことには、後段で触れることにいたしましょう。

なお上掲文末で、ブゥルボン元筆頭元帥が、仇敵であるフランソワ一世の不幸を欣ぶという記述が、奇妙に淡々としていますのは、『日記』の筆者が、この不幸な事件を、他人事《よそごと》と見ているためなのか、それとも、万感きわまった果てに一見淡々としてしまったものなのか、よく判りません。ただ、今までの記述で、筆者が、シャルル・ド・ブゥルボン元筆頭元帥を、祖国を裏切った売国奴非人間としては取扱っておらず、常に、「ブゥルボン殿」と呼んでいることは、当時の国民感情を考える上で興味があるように思います。

話が若干前後いたしましたが、『日記』には、このパヴィヤの戦の最中に、ドイツ皇帝とフランス国王との間で、政治的接衡が行われたことが記されています。それによりますと、和議を締結する条件として、フランソワ一世は、ミラノ公国を得、トゥルネーの町を恢復し、多額の金を受け取ること、ドイツ皇帝カルル五世は、ナポリ王国を保持し、エダン（ヘスディン）の町を回収すること、ブゥルボン元筆頭元帥には、フランス王家に没収された旧領土を返還されることになっていたのでした。フランソワ一世もカルル五世も、これで手を打つつもりだったらしいのでしたが、フランスの母太后ルゥイーズ・ド・サヴォワと宰相デュプラ（＝デュ・プラ）Chancelier Antoine Duprat（＝Du Prat）（既出）との猛反対のために、折角の和議談判も決裂してしまい、その結果は、フランソワ一世が捕虜になり、名もない軍兵は戦死するということになったもののようです。(cf. "Journal", p. 192—193.) 王族たちの勢力争いのために、死なくともよい人々が死んでしまったわけでしょうが、現代の新しい「王族」たちは、その勢力争いをするために「国民皆兵」や「国家総動員」を実行する準備を、様々な「文明の利器」を用いて、着々と行っているのかもしれませんから、人民を徴募して軍兵にしたてて戦争をする程度の十六世紀の王族たちの場合のほうが、被害者の数は少いとも申せましょう。

『日記』には、このパヴィヤの敗戦で、捕えられたフランス軍の部将名が、総大将の国王の名を筆頭として、ずらりと約四十一名列挙してあります。一寸壮観であります。(cf. "Journal", p. 193—194.)

○

敗戦の報が伝えられたパリ市の模様は、次のように記録されています。

——上ニ述ベタルガ如キ潰滅ヲ蒙リ、捕虜ヲ生ジタル旨ガ、パリ市、最高法院、市役所ニ通達セラレタルハ、次ノ三月七日火曜ノコトニシテ、市当局モ市民モ、コノ上モナク動揺セシメラレタルハ当然ノコトナリ。サレバ、ソノ翌日、市門ハ、市民タチ、パリ市ノ射手隊士及ビ火縄銃隊士ラニヨッテ警備サレテ、市門ハ閉鎖セラレタリ。即チ、モンマルトル、サン・マルタン、タンプル、サン・マルソー、サン・ミシェル、及ビサン・ジェルマン・デ・プレ Mortnartre, Sainct Martin, Temple, Sainct Marceau, Sainct Michel, Sainct Germarin des Prez（＝Prés）ノ諸門ナリキ。尚五ツノ市門ハ開カレキタリ。即チ、サン・ドニ、サン・トノレ、サン・ジャーク、サン・ヴィクトール、サン・タントワヌ

Saint Denis, Saint Honoré, Saint Jacques, Saint Victor, Saint Antoine ノ諸門ニシテ、日毎、コレラノ射手隊士、火縄銃隊士及ビ市民ラニヨッテ警備サレキタリ。

上記ノ報知ガ到達スルヤ否ヤ、最高法院及ビパリ市ノ名ニヨリテ、ピカルディ地方ノラ・フェール La Fère ニ、ソノ母トトモニアリシパリ市大奉行ヴァンドーム殿（＝Vidame de Chartres, Jacques de Vendôme）ガ召喚サレタルガ、コノ殿ハ、三月九日ニ当ル次ノ木曜日ニパリヘ帰還セリ。…(cf. "Journal", p. 193.)

ヴァンドーム殿は、治安確保のために色々な手を打ったようですが、パリ帰来後八日目には、パリ市郊外東南のシャラントンからパリ市までの間は交通禁止としましたし、日曜および祝日には、寺院の勤行儀式が終るまでは、いかなる遊戯もしてはならないというようなことが、布告されました。（cf. "Journal", p.195.)『日記』の註（cf. p. 193, n. 4.）によりますと、パリ市内には、カルル五世とフランソワ一世との和議締結に反対し、その結果王を敗戦に追いこみ、多くの人々を死なせ、平和来を阻んだ責任者として、母太后ルゥーイズ・ド・サヴォワと大宰相アントワヌ・デュプラ（既出）とを問責する旨の檄文が現われたそうです。これ以外に、旧ノルマンディ公国の人々が、摂政太后の要求する奉納金を拒み、五百の槍騎兵と約八千人の歩兵とで防備を固めるというような、はなはだ不穏な情勢すら生れることになってしまいました。（cf. "Journal", p.195—196.）

一五二五年三月二十日には、摂政太后の命令で、コンシェジュリー牢獄から、何人もの印刷業者が釈放されましたが、これらの人々は、国外に大軍を進めて国内を顧ない国王を揶揄嘲弄するような文書を印行した廉で禁錮されていたのでした。この釈放は、恐らく、ルゥイーズ・ド・サヴォワ太后が、王の平安を祈る志から行った一種の大赦的措置とも思われますが、（cf. "Journal", p. 196.）次いで、太后は、パリ市当局に書面を送り、次のようなことを要求しています。すなわち、全市民は国王の安康と帰還とを、上天に祈るように、それと同時に、今度の事件は、国内に邪《よこしま》なことがはびこり、服装などが華美に流れすぎたことに対しての神の「天譴」であるから、各自は自粛自戒して、侵し来る敵軍を防ぎ、太后の指令にしたがってほしいという内容のものでした。(cf. "Journal", p. 197.)

また、一五二五年三月十一日には、摂政太后の名によって、パリ全市に次のことが布令まわられました。すなわち、神および聖母マリヤを冒瀆するような行為は厳禁するし、九柱戯《キーユ》や弾き玉《ビーイ》や投げ玉《ブウール》の如き遊戯もしてはならぬし、貴族たると平民たるとを問わず、市内で棍棒や大小の刀物を帯びることは許されないし、これに違反した場合には絞首刑に処するというのでした。(cf. "Journal", p. 197—198.) パヴィヤの敗北に「天譴」を見て取った母后が、市民に自粛自戒を要求したのが、こうした布告となったわけでしょうが、この布告のなかには、不穏な治安を取締る意図とともに、既に見られたような革新的宗教思想運動や、「異端者」を弾圧する人々にとっては都合のよい手がかりも秘められていたように思われます。これについては、後で触れねばなりません。

同じく三月十一日に、母太后は、フランス全土の奉行職代官その他の役人に向って、各地に出没する「悪漢」mauvais garsons (garçons) の非行を厳重に取締るように命令を出しています。(cf. "Journal", p. 197 *sq.* p. 413—415.)「悪漢《モーヴェ・ガルソン》」どものことは、既にたびたび『日記』に出てきていましたし、本書でも若干触れましたが、治安の紊れに乗じて、やくざどもがわが物顔に振舞い出した結果でもありましょうが、既に見られた如く、当時東西南北の地区へ出征中のフランス軍の脱走兵が野武士化した場合も、きわめて多かったように思われます。本来、急場を凌ぐために徴募した連中を駆り立てて軍隊を組織したことがしばしばあったわけですから、長期戦になったり敗色が見えたりしますと、脱走兵が続出するのも当然だったかもしれません。その上、国王までが捕虜になってしまったパヴィヤの大敗北は、国内に大きな衝撃を与え、混乱を引き起したことは想像できますから、各地のフランス軍は動揺して、その結果、「悪漢」どもは、雨後の筍の如く全国に生れ出たとも言えるでしょう。その外、宗教改革運動に属する人々の蠢動も、各地に見られたに違いなく、その動きが「悪漢」どもを刺戟したり、逆に「悪漢」どもに利用されたりしたこともあり得たわけですから、パヴィヤの敗戦後のフランスは、パリはもとより、全国に亘って、暗い世相を呈していたと申せましょう。

○

われわれが辿っている『フランソワ一世治下のパリ一市民の日記』について、その後の記述を追う前に、筆者が、限られた資料を用いて、粗雑ながら作りました略年譜を記すことにいたします。年表の次に述べますことと年表の事項中のあるものとが重複することを予め御承知置き下さい。

A 一五二五年三月二十九日＝「モーの集団」Groupe de Meaux（既出）に属するジャーク・プゥアン Jacques Pouent およびマチユー・ソーニエ Mathieu Saulhier が異端説を流布する者として、パリ大学神学部より告発される。

B 同年五月二十日二十一日＝パリ大学神学部、エラスムスの著作と、その仏訳（ルゥイ・ド・ベルカン Louis de Berquin〔既出〕による）とを告発し、神学者ノエル・ベダ Noël Béda は、エラスムスを批判した。

C 同年六月十日＝摂政母太后ルゥイーズ・ド・サヴォワは、教皇勅書（五月十七日附）を実行し、異端糾問を行うべき旨を命じた。

D 同年六月―八月＝「モーの集団」の一人マルシャル・マジュリエ Martial Mazurier は、再び転向声明を要求され、ピエール・カロリ Pierre Caroli は、パリ大学神学部により追及され、ギヨーム・ブリソネ Guillaume Briçonnet は、「モーの集団」の責任者として告発される。

E 同年八月十日＝フランソワ一世、イスパニヤのマドリッドに軟禁される。

F 同年八月二十六日＝パリ大学神学部は、再び仏訳聖書の出版販売を禁じた。―八月二十八日＝ルフェーヴル・デタープル Lefèvre d'Etaples（既出）の仏訳聖書の焼却命令が下される。

G 同年十月三日＝パリ最高法院は、カロリおよびジェラール・ルッセル Gérard Roussel の逮捕とルフェーヴル・デタープルの出頭とを命じた。

H 同年十月＝ルフェーヴルとルッセルとミシェル・ダルランド Michel d'Arlande（皆「モーの集団」の人々）とは、ストラスブゥールへ亡命した。

I 同年十一月十二日＝マドリッドへ軟禁中のフランソワ一世は、パリ最高法院へ親書を送り、「モーの集団」への弾圧中止を要求した。

以上の簡単な略年表には、国内の思想粛正に関する事項をのみ集めましたが、パヴィヤの敗戦を「天譴」と感じた（既述）摂政母太后ルゥイーズ・ド・サヴォワと、王の代理者たる母太后の心情に同感しながら、これを活用しようとした教会側（特にソルボンヌ大学神学部）との強行策によって、比較的穏和な改革運動である「モーの集団」が瓦壊せしめられたことが判ります。これは、思想問題に対して寛大な政策を時折取って、教会の権力を抑圧して王権を確立しようとしていた、今は軟禁の身のフランソワ一世に反撃を加えたことにもなりましょう。

なお**B**項中に出ておりますノエル・ベダという人物は、筆者の読みました限りの文献では、ソルボンヌ大学神学部の驍将として、旧教会の護持に努め、したがって、一切の改革思想を弾圧告発するために献身した人のようです。われわれの『日記』にも、二箇所（cf. "Journal", p. 319 *sq.*, p. 377.）に亘って、この人物に関する記述があります。

○

パヴィヤの敗戦後の世相のことを、われわれの『日記』が、どのように眺めているかを、今までのように辿ってみることにいたしましょう。

フランソワ一世が捕虜になってから、王は、カルル五世に親書を送り、敗戦の結果逮捕された以上、命令には服するが、一国の王として取扱ってくれと哀願しています。(cf. "Journal", p. 200.) この書面に対し、カルル五世がいかなる返書をしたためたか、文献がないので判りません。しかし、カルル五世は、フランス国摂政母太后ルゥイーズ・ド・サヴォワからの書面（この書面も未詳）への返事として、一種の慰問状を送り、息子フランソワ一世の身柄は、「世界平和」paix universelle のためにお預かりする旨を告げています。なお、カルル五世は、パヴィヤの戦数日前に和平接衡が行われたのにもかかわらず、フランス側がこれを蹴ったために、（第一三七頁以下を参照。）このような仕儀になったことに対する反省をも求めています。次のような文章です。

――御子息（＝フランソワ一世）ガ、折モ折、御自身ト拙者トノ間ノ、引イテハ、キリスト教国家間ノ平和ヲ意図セラレザリシコトハ遺憾ニゴザ候。コノ平和ヲ御子息ガ聴キ入レ下サレザリシニモ拘ラズ、拙者ガコレヲ欣求《ゴング》イタシタルコトハ、貴方ガ誰ニモマシテ御承知ノ筈ニ候。サレド人間ノ血ヲ守リ保チ給フ御神ハ、我ガ真意ヲ知リ給ヒ、御恵ミニヨリ拙者ニ勝利ヲ与ヘラレタルガ、拙者ハ、コノ平和ヲ恣意ニマカセテ用フルノ志ハナク、世界平和ヲ希フ善意ニヨリテ永続セシメント望ム者ニゴザ候。(cf. "Journal", p. 201.)

カルル五世の「世界平和」とは、当然カルル五世の世界征覇の別名でありましょうから、フランス側には承服できぬところもあるわけですが、現在のところは、フランソワ一世を捕虜としている勝利者の言葉として受け取らねばならなかったのでした。

一五二五年五月の項の『日記』には、次のような記述があります。

――一五二五年、五月、王（＝虜囚中ノフランソワ一世）ハ、母后摂政ニ通達シテ、ブゥルボン殿（既出）ト王トノ仲違ヒニ連座セル囚人タチ、即チ、ブゥルボン殿ニ荷担セル人々ヲ悉ク釈放セシメタリ。ソノ氏名ハ次ノ如シ……(cf. "Journal", p. 206—207.)

シャルル・ド・ブゥルボン元筆頭元帥の「反逆事件」についても、この人物がパヴィヤの戦で、カルル五世軍の指揮官の一人として活躍したことも、既に述べた通りですし、パヴィヤの戦直前に行われた和平接衝の折に、カルル五世側から、ブゥルボンの旧領地の返却という条件が持ち出され、しかも、この和平の試みが潰えたことも、前述の通りです。フランス王家としては、シャルル・ド・ブゥルボンを、フランスの大貴族の一人として、再び迎えるほどの勘忍も寛大さもないわけでしょうが、大事な国王が敵の掌中に握られている以上、何らかの緩和策も取らねばならず、上記のような措置が見られたのでしょう。これだけのことでは、シャルル・ド・ブゥルボンも満足する筈はありませんから、「ブゥルボン殿」は、今後も、――程なく戦死する時まで、――カルル五世に仕え続けることになります。

○

捕虜となったフランソワ一世の身柄は、前記略年譜 **E** 項で示しましたように、遠くイスパニヤのマドリッドへ送られることになりましたが、これに関して、われわれの『日記』の記述を辿ってみましょう。

——コノ一五二五年、五月末ニ、(五月十八日。cf. “Journal”, p. 209, n. 1.) フランス国王ハ、逮捕以来監禁サレキタルピスクトン(既出) (Pisqueton＝Pizzighetone) ヨリ、ブゥルボン殿、ナポリ副王、ペスキエール侯爵(既出)ラノ手ニヨリテ連レ出サレ、ソレヨリ陸路ニテビジェルム Bigerme (＝Voghera) ニ、マタ、ソレヨリジェンヌ(ジェノワ) Gennes (＝Gênes, Genoa) ニ (＝五月二十四日。cf. “Journal”, p. 209, n. 1.) 到リ、更ニ六月ノ初旬、海路ニテ、バルセロナへ連行サレ、(六月十九日。cf. “Journal”, p. 209, n. 1.) コノイスパニヤナルバルセロナヲ経テ、トレット Tolette (＝Tolède) ヨリ十里離レタル (＝実際は八里か? cf. “Journal”, p. 209, n. 3.) マドリッドへ移サレタリ。サテ、コノフランス国王ヲ連行スルニ際シ、王ハ、艦隊武将ヲ乗セテ海上ニ控へ居タル夥シキ数ノ艦船ヲ回航セシメラレタシト申出タリ。武将ラトハ、アンドリ・ドリー Andry Dory (＝Andrea Doria)、ベルナルダン殿 Messire Bernardin モン……殿 monsieur de Mont (＝Montmorency. cf. “Journal”, p. 209, n. 4.) ラヴェ Raver (＝Pedro Navarro. cf. “Journal”, p. 209, n. 5.) ソノ他ノ人々ナリキ。コレラノ人々ノ指揮スル船舶ヲ招カントシタルハ、コノフランス王ハ、捕虜ノ身分トナリタルト雖モ、逮捕サルル前ニハ、海上ニ強大ナル勢力ヲ持チヰタルガ為ナリ。ブゥルボン殿ソノ他上ニ記シタル人々(＝本引用文冒頭を参照。)ヲ介シ通ジテ、次ノ如ク王ニ返答セラレタリ。即チ、王ヲ連行スル必要上、王ノ艦船ヲ引渡サザル場合ニハ、皇帝 (＝マドリッドにゐるカルル五世) ノ許へ連行スルコトハアラザルベシト。王ハ皇帝ト談合セント考ヘタレバ、求メラルル通リニセリ。サレド、失望セリ。(cf. “Journal”, p. 209.)

フランソワ一世がジェノワから、海路、イスパニヤへ護送される際に、未だ健全なフランス艦隊を呼ぶことを敵側に要求したのは、海上で再び一戦交える考えだったのかもしれませんし、捕虜ながらフランス国王の威厳を示すために単なる警護艦隊を要求したのかもしれません。これは、『日記』の記述では判りませんが、翻刻版編者V・L・ブゥリーイーによりますと、フランス国摂政母太后ルゥイーズ・ド・サヴォワは、五月二十三日に、モンモランシー将軍に命じて、大艦隊を進発させているようです。そして、敵側と接衡の結果、僅か六隻の船が、警備のために敵の船舶団に加えられたとのことです。(cf. "Journal", p. 209, n. 4.)

上掲文に続く原文には、フランス王方の船舶が拿捕されたのみならず、フランス王はなかなかカルル五世皇帝に面会できるようにしてもらえなかったと記してありますが、拿捕された船とは、警備のために随行した六隻のフランス船かもしれません。その間のことは、さらに別な古記録に当りませんと、判別いたしかねます。

さらに、「ブゥルボン殿」その他の人々は、フランソワ一世といっしょにイスパニヤへ渡ったのではなく、依然として、ミラノにあり、いずれ、カルル五世が正式にフィレンツェおよびミラノで神聖ローマ・ドイツ皇帝として戴冠式を挙げにくるのを待機して待っていたと、上掲引用文の少し先に記してあります。これから考えますと、捕虜となったフランソワ一世が、ジェノワから海路で護送されるすぐ前に、上掲文に見られるようなフランス艦隊派遣交渉がなされたもののようです。しかし、いずれにせよ、捕虜の身分のフランソワ一世が、このような要求をしたことは、何かしら悠長な感じもいたします。

上掲文中のフランス艦隊の指揮官の一人、アンドリ・ドリー（アンドレヤ・ドレヤ Andrea Doria 1468—1560）とは、十六世紀で非常に有名な傭提督でした。ジェノワの名門の出でしたが、様々な戦果を挙げた後、今触れている「イタリヤ戦役」におきましては、先ず、フランソワ一世側に傭われ、一五二四年には、カルル五世の艦隊を、南仏プロヴァンス沖で撃破しています。これは『日記』には記してありませんので、詳しいことは判りませんが、恐らく、一五二四年に行われたカルル五世のプロヴァンス侵入（既述）とその挫折の時のことではないかと考えられます。ドリヤは、その後、フランソワ一世の約束不履行と王の側近の人々との不和から、一五二八年には、カルル五世側に傭われ、大いにフランス方を苦しめることになります。フランソワ・ラブレーは一五三五年から三六年にかけてイタリヤへ行っていますが、その際に書かれた『イタリヤだより』Lettres écrites d'Italie と呼ばれる数通の書簡中にも、既にカルル五世側の提督となっていたアンドリヤ・ドリヤの名が二箇所に亘って引用されておりまして、(拙訳出光書房刊第三〇頁第五五頁。) しかも、いかにも、フランスにとっては邪魔な人間とでも言ったような風に取扱われております。

○

『日記』によりますと、一五二五年六月二十一日(水曜日)に、パリ市当局は、警備隊を出動させて、パリ近郊地区で、フランス人やイタリヤ人の野武士たちが無態暴行を働いているのを征伐し断罪させたと記してありますが、「コレラハ、パヴィヤノ敗戦ノ日以来、山嶺(=アルプス)ノ彼方ヨリ戻リ来レル軍兵ドモナリキ」(cf. "Journal", p. 210.) とも附記してあります。既に述べましたように、イスパニヤへ護送されるフランソワ一世が、その威勢を示すためか頽勢を挽回する目的で一策案じたためか、無傷のままで残されていたフランス艦隊の出動を敵側に要求した恵まれた運命と、パヴィヤの戦へ駆り出され、敗戦の結果、野武士化した連中の悲惨な運命とは、「万骨枯れて一将の功なる」戦争の姿を如実に示してくれるような気もいたします。

○

フランソワ一世の姉に当り、フランス文学史文化史上にも輝しい名を残しているマルグリット・ド・ナヴァール Marguerite de Navarre (1492—1549) は、一五二七年にナヴァール公アンリ・ダルブレ Henri d'Albret と結婚するに先立ち、アランソン公 Duc d'Alençon (Charles VI) の妃となっていましたが、一五二五年に、アランソン公がパヴィヤの戦で戦病死を遂げてしまいましたので、弟（＝フランソワ一世）が捕虜となり、自らは未亡人となるという悲運に見舞われていたのでした。なお、アランソン公は、パヴィヤの戦で、若干見苦しい振舞いがあり、この戦におけるフランス側の敗戦の責任の一端を担わねばならないと評されていますが、あまり末梢に亘りますので、これには触れません。

さて、未亡人となったアランソン公妃マルグリット（後のマルグリット・ド・ナヴァール）は、戦乱の終熄と弟フランソワ一世釈放とのために積極的に乗り出し、一五二五年八月には、自らイスパニヤに赴いて、虜囚中の弟を慰問し、カルル五世に和平交渉をいたしております。先に述べたフランス軍敗残兵の暴状を思い出しながら、われわれの『日記』中から、マルグリット公妃のイスパニヤ訪問に関する記述を取り出してみましょう。

――一五二五年八月、先頭アランソン公ノ寡婦トナレルアランソン公妃ハ、イスパニヤヘ赴キタルガ、リヨンヨリ出発セリ。コノ町ニ、同妃ハ、摂政母太后ノ命ニヨリ、スベテノ随行ノ者ドモトトモニ滞留シキタルガ、摂政母太后ノ為ニ、マタ、ソノ名ニ於イテ、更ニマタ、件《クダン》ノ皇帝（＝カルル五世）ト和平シ、何ラカノ好マシキ取リキメ及ビ話合ヒヲナサンガ為ニ、且ツハマタ、コノ皇帝ノ姉ニシテ、ポルトガルノ今ハ亡キ王ノ寡婦タルエレオノール（既出）ト王（＝フランソワ一世）トヲ結婚セシムルコトニヨッテフランス国王ヲ取リ戻サンガ為ニ、マタソノ目的ニテ、皇帝ノ許ヘ赴クコトト相成リタリ。噂ニヨレバ、公妃ハ、三百騎ヲ伴ヒテ進発セルガ、ソノナカニハ、数人ノ権勢アル人々、即チ、司教、大公、貴族モ多数加ハリ、先導役トシテハ、官庁関係ノ人々ヲ従ヘタリト。マタ、件《クダン》ノ摂政母太后ハ、公妃ノ費用ニモト、一日五百リーヴルニ当ル総勘定額ヲ支給セルガ、一箇月ニ一万五千リーヴルニ上ルトノコトナリ。カクシテ公妃ハ、次ノ十二月ニ帰来シ……(cf. "Journal", p. 217—218.)

『日記』を綴ったパリの一市民の内心では、アランソン公妃やルゥイーズ・ド・サヴォワ太后の心情は判るとしても、豪勢な行列を作ってイスパニヤへ赴くために入用な莫大な金額に対しては若干不満があったらしいことが感じられます。既述の如く、戦争に駆り出され、敗戦の結果、生きる道を失い、辻斬り強盗に化した上に断罪される人々が沢山いましたのに、このような多額の金員を使うことに対しては、『日記』の筆者も、町人《ブウルジョワ》らしく、面白く思わなかったのかもしれません。

○

さらに、一五二五年の『日記』では、九月になりますと、独・英・仏間に休戦条約が結ばれたことが公示されますが、(cf. “Journal”, p. 218—219.) この休戦条約の内容は、少くとも『日記』だけでは詳しく判りません。しかし、次のような記述から見まして、およその見当はつくように思われます。

すなわち、「九月十八日」(正しくは九月二十二日の由。cf. “Journal”, p. 219, n. 1.) には、リヨンの町でも、右和平締結の報が布令まわられますが、フランス国王太子が英王ヘンリー八世の一人娘を娶ることとなり、フランス側からは莫大な金員をイギリス王家へ奉納せねばならなくなったという噂が流れ出しました。(cf. “Journal”, p. 219.) さらにまた、九月から十月にかけて、イギリス王家へ支払う金と、イスパニヤに幽囚中の国王フランソワ一世の身代金とを捻出するために、摂政母太后が、パリ市およびフランスの主要都市(ルゥワン、オルレヤン、トゥール、アミヤン、リヨン、ランス、ボルドー、トゥルゥーズなど)に供出金を要求したことが、パリ市最高法院で議題として論ぜられ、激しい反対を受けたという記録も残されています。(cf. “Journal”, p. 210—220.)

このような記述から察しますに、国王フランソワ一世がドイツ皇帝の捕虜になっている以上、フランス王家は、事態を収拾するために、ドイツ側イギリス側の様々な要求を、——それは「世界平和《ベー・ユニヴェルセル》」という名の下で突きつけられたものですが、――容れねばならぬ羽目に陥っていたように感ぜられます。そして、国と国との争いと言うよりも王家と王家との確執と言ったほうがよい当時の戦争渦中にあって、国民は必ずしも「総力戦」的な愛国心を示さずに、自国の王の身上については、一喜一憂はしながらも、戦争終結の条件に必要な金員の調達には反対の気勢を示していることも判ります。そして、国民が一人残らず、戸籍簿に登録され、したがって、国家の主権者（例えば天皇陛下）や政府の人々の命令通りに資財や生命を供出し、それと運命をともにするように強制され、これに背く時には、「非国民」として厳罰に処せられたような或る「近代国家」に比して、十六世紀当時の国民は、はなはだのんきだったとも申せましょう。

○

一五二五年十月の初め（五日。cf. "Journal", p. 220, n. 4.）マドリッドに軟禁中のフランソワ一世が重病にかかったとか死亡したとかいう噂がパリに伝わり、人心が動揺いたしましたが、これは誤報であり、前述の如く、アランソン公妃マルグリットがイスパニヤへ国王を訪れた際に、王が病床にあったために、それが誇大に伝えられたもののように思われます。（cf. "Journal", p. 220—221.）

なお、『日記』には、次のような記述があります。

――一五二五年、凡ソ十月八日頃、イギリスノ乗馬ガ二十乃至二十五頭、パリ市ヲ通過セルガ、コレハ、イギリス王ヨリ、ブロワナル王太子ニ送ラレタルモノナリキ。ソノ上、イギリス産ノ大イナル猛犬《ドーグ》ヲモ混ヘタル百頭乃至ソレ以上ノ数ノ夥シキ猟犬モ送ラレキタリタルガ、コレラハ、ブロワナル王太子ノ許ヘト引キ行カレタリ。（cf. "Journal", p. 221.）

これは、和平締結後、フランス王太子とイギリス王女との結婚にからまるイギリス側の行動でしょうが、王家同士の間で、このような見事な贈答のやりとりが行われているらしいことを見るにつけ、パヴィヤの戦に駆り出されたフランス軍兵が、敗戦後、生きる手段もなく、野盗に早変りして、暴行を働き、処刑されるというような別の記録（既述）を思い出さざるを得ません。所詮金力権力のある人々が、この世の幸福な支配者であり、下積みの人間どもは、悪を働かねば生きてゆけぬような場合もあるのかもしれません。「渇しても盗泉を飲まず」という心境の持主は、「衣食足りて礼節を知る」ことを体験した人々のなかからでないと出てきません。結論は自ら明らかな筈です。

○

フランスにとって、きわめて不幸な年だった一五二五年の秋から冬にかけての物情騒然とした世相については、既に若干触れましたが、なお二つ三つの小事件を、われわれの『フランソワ一世治下のパリ一市民の日記』から拾いあげてみましょう。次のような記述があります。

――コノ一五二五年、十月、パリニ於イテ、驚クベキ狂気沙汰ガ行ハレタリ。即チ、五六人ノ者ガ驢馬ニ跨ガリ、緑色ノ羅紗頭巾ヲ被リテ、市ノ四辻ヤ、特ニ、法院ノ大広場ノ大理石台ノ前ニ於イテ、巻紙ヲ持チ、叫ビ立テ、様々ナル道化タルコトドモヲ読ミアゲ、恰モ道化茶番劇ヲ演ズルカノ如キ有様ナリシガ、ソノ意図ハ他所ニアリタリ。コレラノ人々ハ、就中次ノ如ク呼バハレリ、「王ハ死シ、賢人ドモハコレヲ陰蔽シ、阿呆《フォル》 fols ドモハコレヲ暴《アバ》ク」ト。コレハ嘲弄揶揄トシテノコトナリキ。何トナレバ、イスパニヤニ監禁サレタル国王（＝フランソワ一世）ガ逝去セルコトヲ人々ガ陰蔽セリトイフ噂ガ、広ク流布セルガ為ナリ。サレド、ソノ後ニ及ビ、事実トハ違ヘル旨ガ判明シ、国王ハ逝去セザリシコトガ真実トナレリ。リヨンニ滞在中ノ摂政太后（＝ルゥイーズ・ド・サヴォワ）ハ、賚サレタル報道ニヨリテ、一切（＝パリに於ける前記事件）ヲ知ルニイタレリ。ソノ為、摂政太后ハ、パリ市副代官 lieutenant du baillif モラン Morin 殿ニ要請シテ、彼ラヲ裁キテ罰セントセリ。サレバ、件《クダン》ノモラン殿ハ、ソノ数名ヲ逮捕監禁スルヲ命ジタルモ、ソノコトハ些カモ行ハレザリキ。噂ニヨレバ、コレラハ最高法院ノ書記組合《バソーシュ》 la bazoche,（＝basoche）ノ書記筆生タチナリシトノコトナリ。(cf. "Journal", p. 226.)

この小事件は、十五世紀頃から、「阿呆祭」fête des fous を催したり、阿呆劇《ソチー》や茶番劇《ファルス》を上演したりしていたので有名な裁判所関係の書記筆生たちの組合の人々が、示威行動に出たというだけのことでしょうし、誤った噂（国王の死）を信じたまま、当局が国王の死をひたかくしにしていると思って、これに抗議したというだけの話で、やや筋違いなことだったわけでしょうが、中産階級および一般大衆の諷刺精神や反逆精神の一つの拠点でもあったこうした組合の人々が、過った噂を信じた結果だったとしても、「賢人ドモ」が、とかく事実を陰蔽して国民に真実を教えなかったことに対する抗議を行った例とはなるだろうと思います。「賢人ドモ」とは、王廷の人々や大貴族や一般政務に与る人々を指すことは明らかですし、「阿呆《フォル》」どもとは、彼らバゾーシュ組合の連中に外なりません。これは、われわれの『日記』には記してないことですが、この年の十二月二十九日に、パリ最高法院は、翌年一月十一日公現祭の折に行われる筈の茶番狂言の上演を禁止する旨を公布しています。右十月に行われた事件のようなものが度重なるのを恐れたためかもしれません。

○

われわれの『日記』によりますと、十二月九日（土）に、パリの四辻という四辻で、貴族たちは、フランドル人、ブゥルゴーニュ人たちと戦うために、三箇月内に、ピカルディ地方へ進発する用意を調えようということが布令まわられました。フランドル人やブゥルゴーニュ人は、勿論、ドイツ皇帝側乃至イギリス王側ですが、国王が捕えられているフランス側から戦をしかけようとしたのか、それとも逆に、国王不在のフランスが、敵軍からなおも追い撃ちをかけられることになったものか、その間の事情は、少くとも『日記』だけでは判りません。しかし、これも、物情騒然としていた当時のパリの素顔の一つと考えてよいでしょう。

○

冒頭に掲げました略年譜（第一四一頁以下を参照。）のなかに、「モーの集団」Groupe de Meaux に関する事項（**A・D・F・G・H・I**）をいくつか記述いたしました。この「モーの集団」は既に解散されていましたから、一五二五年の終り頃には、その後始末が行われていたもののようです。ややくどいようですが、この集団は、主としてルフェーヴル・デタープル（既出）を中心とする旧教会内の温和な粛正改革を目的としていたものでした。そして、一切の改革を忌避する旧教会の牙城パリ大学神学部の圧力は、フランソワ一世が捕虜となった事件を、「天譴」（比較的改革思想に対して寛大だった王に下された天譴）と見る「マス・コミ」を行い、この気運に乗じて、「モーの集団」を潰滅させてしまったのでした。こうした遣方が、相手（改革派）を激化させるにいたったことは、この「集団」のなかから、ギヨーム・ファレル Guillaume Farel（1489—1565）の如き激烈な改革運動家をいわば絞り出してしまった結果にも見られます。ファレルは、圧力下に忍苦する「モーの集団」を生ぬるしと見て、その解散前に脱退し、スイスへ逃れ、後年旧教会側からの同じような種類の圧力から宗教改革者として歩み出さざるを得なくなったジャン・カルヴァンの到来を待つことになるのです。寛容の精神を忘れた一つの狂信が、その敵に嚙みつく時、その敵も狂気に捕えられ、二つの狂信の血みどろで愚劣な格闘が始まります。フランス十六世紀後半における宗教戦争は、勿論宗教思想問題だけでは片附けられないものですが、その幾多の面において、二つの狂信の嚙み合いが現れているように思います。そして、「モーの集団」解散事件は、こうした悲劇の序曲となるように思われます。

われわれの『日記』には、一五二五年十二月クリスマス直前に起った事件として、左の如き記録が見られます。

——一五二五年クリスマスノ前日（=前々日二十三日。cf. "Journal", p. 233, n. 1.）モーノ町ノ一人ノ若者ガ、パリ・ノートル・ダム大聖堂前ニテ、無帽ノママ、燃エサカル蠟燭ヲ持チ、晒台《エシェル》 échelle ニ立チテ、懺悔告解ヲナセルガ、ルッター派ニ共鳴シテ言ヒ触ラシタルコトノ赦免ヲ、神及ビ聖母ニ叫ビタルナリ。マタ、コノ者ノ面前ニ於イテ、彼ガルッターニ組シタルガママニ、ラテン語ヨリフランス語ニ翻訳セル数冊ノ書物ガ焼却セシメラレタリ。彼ハ、コレラノ書物ヲ一語一語読ミテ、コレラハ佯リニシテ断罪スベキモノト明言セリ。カクシテ、コレラノ書物ハ、コノ者ノ面前ニテ焼カレタリ。マタ、本人ハ、囚人トシテ、セレスタン教団ノ牢獄ニ入レラレ、長期ニ亘リ、パント水トノミノ監禁生活ヲ送ラシメラルルコトト相成レリ。コレハ最高法院ノ法廷ノ裁決ニヨリ行ハレタルモノナリキ。モシカノ者ガ、自ラノ言ヒ触ラシタル言葉ト事ドモトヲ取消サザリシ時ニハ、火刑ニ処セラレタル筈ナリキ。コノ者ノ名ハ……(cf. "Journal", p. 233.)

『日記』には、……とありますから、このモーの若者の名前は、明らかではありませんが、この『日記』の翻刻者のV・L・ブゥリーイーによりますと、後に一五二六年八月二十八日に火刑に処せられるジャーク・ポーヴァン Jacques Pauvan だとのことです。(cf. "Journal", p. 233, n. 2.) 僅かばかり調べましたところによりましても、ジャーク・プゥアン Jacques Pouent という人物と同一人のようにも思われます。この人は、歴とした「モーの集団」の一人でしたし、上掲文に見られた通り一度前非を悔いましたが、後で再び初志に戻り、遂に一五二六年八月に焼き殺されることになりました。（拙著『フランス・ユマニスムの成立』第九一頁第九二頁を参照。）

なお、上掲文のすぐ後に、次のような記述が見られます。

――尚、特記スベキハ、モーノ大部分ノ人々ハ、ルッターノ誤レル教ヘニ毒サレタルコトナリ。マタ、人ノ語ルトコロニヨレバ、ファブリ Fabry ト名乗ル一人ノ司祭ガ、他ノ者ドモト学ビ居リシガ、コノ混乱ノ因トナリシモノナリト。……(cf. "Journal", p. 233.)

このファブリとは、ラテン語名ファベール・スタプレンシス Faber Stapulensis すなわち、既に何度もその名を挙げましたルフェーヴル・デタープル Lefèvre d'Etaples のことです。Faber, Fabri, Fabriy は皆同じ名であり、「モーの集団」の人々が、ファブリスト Fabristes（ファブリの徒）と呼ばれていましたのも、そのためでした。

「モーの集団」の解散は、フランス・ルネサンス期の目立たぬ重大な悲劇であるとともに、フランス・ルネサンスの性格を暗示するものでもありますが、われわれの『日記』の筆者は、恰も異端者なり「非国民」なりの妄動が弾圧されて、いかにもほっとしたというような気持で記録しているように見受けられます。

「モーの集団」に関する以上二つの記述は、一五二五年に起った事項に関するものでありながら、われわれの『日記』の一五二六年初頭に記された次のような文章の、すぐ後に見られます。（記述内容が、このように前後していることは、われわれの『日記』におきまして、しばしば見られます。）もし読者が、次の文章を読まれた後に、再び上掲の二つの引用文に戻られたら、一五二五年末から一五二六年にかけて、「天譴」説の流布が、いかに異端思想の糾問を推進していたかを判っていただけると思います。

――コノ年（＝一五二六年）二月五日月曜日（二月三日土曜日の誤記か？ cf. "Journal", p. 232, n. 1.）ノコト、最高法院ヨリ裁決ガ下サレタリ。コノ裁決ハ、同ジ日ニ、喇叭ノ音モ高ラカニ、パリノアラユル四辻ニ於イテ公布セラレタルガ、右法院ノ命ニヨリ、今後、ルッターノ著書ハ、イカナル形ニヨッテモ、一切印行スベカラザルコトト相成レリ。マタ、該著作ヲ所持セル者ハ、印行者タルト、シカラザル者トヲ問ハズ、八日間内ニ、右法院書記課ヘ持参スベク、コレニ悖ル者ハ、身柄及ビ財産ヲ逮捕没収サルベキコトトモナレリ。更ニマタ、聖パウロノ書簡、黙示録、ソノ他ノ書巻ニツイテ語ルコト、コレラヲ展示スルコト、コレラヲラテン語ヨリフランス語ニ飜訳スルコトモ禁断サレ、マタ、聖ナル教会ガ古来ヨリ決定シ来レルコト並ビニ件《クダン》ノルッターヲ打倒スル為ニナサレ来リシ数々ノコト以外ノコトヲ、教会ノ裁定ヤ聖画像ニ関シテ語ルコトモ厳禁サレタリ。（cf. "Journal", p. 232—233.）

こうした禁止内容は、単にルッターの「異端邪説」の流布を阻止するばかりか、エラスムスやルフェーヴル・デタープルの人文主義をも根絶やしにしようとするものであったことは明らかでした。国王が幽囚裡にあるのを奇貨として、また「天譴」説を巧みに利用して、一切の改革主義を抑圧しようとする動きが見られたと申せます。そして、こうした動きは、既に（第九七頁第一〇〇頁を参照。）触れましたルゥイ・ド・ベルカン Louis de Berquin を、再び犠牲者として登場させることになります。このことは、後述することにいたしまして、一五二六年初頭には、こうした思想方面における激動以外に、社会の治安維持方面の不安も色々あったのでした。

○

「悪漢ドモ」mauvais garçons と呼ばれる野武士たちのことは、既に何回となく、われわれの『日記』に出てまいりました。彼らは、主として戦列を離脱した徴募兵士や敗残兵たちでしたが、勿論この外に、各地のごろつき連中も、その仲間に加わっていたに違いありません。一五二六年の初頭において、われわれの『日記』には、「悪漢ドモ」に関して、少くとも二つの記録が見られます。

一五二六年一月二十八日（日曜）から約十二日間、パリ市内の「悪漢」狩が行われ、少くとも八百名強の「悪漢」が捕えられ、フランス海軍を率いてマルセイユで待機していたアンドレヤ・ドリヤ Andrea Doria（既出）のもとへ送られ、漕手として「活用」されることになった模様ですから、当時のパリ市内の治安は、あまり「泰平」の名にふさわしいものではなかったらしく思われます。(cf. "Journal", p. 229—230.)

また、次のような記述もあります。

――コノ一五二五年（=旧暦。新暦一五二六年）一月及ビ二月ニハ、自ラ野武士ト称スル多クノ悪漢ドモガ、各都市及ビ田野ニ出没セルガ、ソノウチニハ、騎乗ノ者ドモモアリテ、アラユルトコロニ赴キテ掠奪ヲ行ヒ、未婚既婚ノ婦女ヲ犯シ、殺傷シ、無数ノ悪行ヲナセリ。彼ラハ、シャルトル Chartres ノ城下町ノイクツカ及ビソノ周辺ニテ強盗ヲ働キタルガ、ムラン、プロヴァン、プリー Melun, Provins, Brie 及ビソノ他ノ地域ニ於イテモ、マタシカリ。騎乗ノモノ徒歩ノモノヲ含メテ、約六・七千人ニ達スルホドノ多勢ニシテ、止メ度モナク悪業ヲ重ネタルガ、彼ラ自ラハ、正規軍及ビ国王ニ所属セルモ、給料支払ハレザリキト言ヘリ。ソノ数莫大ナリシガ為ニ、処置スル術《すべ》ハナカリキ。(cf. "Journal", p. 232.)

「処置スル術ハナカリキ」とは、はなはだ心細い表現ですが、ある意味では、実感に溢れているとも申せましょう。パリ市の場合には、「悪漢ドモ」が、必ずしも敗残兵や脱走兵ではなく、あらゆる都会に見られるごろつきどもであった確率が多いわけでしょうが、後者の場合には、明らかに「華やかな」戦争の産み落した悲惨な「子供たち」が、少くとも中核となっていたように思われます。

○

ルゥイ・ド・ベルカンを再登場させる前に、マドリッドへ軟禁されていたフランソワ一世王の消息について若干触れる必要があります。なぜならば、既述の如く、第一回目のルゥイ・ド・ベルカン事件〔第七九頁を参照。〕において、フランソワ一世は、ベルカンの釈放に尽力し、パリ大学神学部および教会側の圧力を抑えて王権の確立の証拠を示そうとしましたが、今や、「天譴説」の行き過ぎを阻止せねば、即位以来擁護し強化してきた王権は、著しく後退する危機に見舞われる恐れがありましたので、国王は、今度のルゥイ・ド・ベルカン事件においても、教会側の弾圧を撥ねのけようとしたのでした。しかし、そのためには、どうしても王自らが、フランスへ戻る必要がありました。「モーの集団」の解散後、マドリッドから、フランソワ一世王は、この弾圧中止を書面で要求いたしましたが、〔既出。略年譜〔第一四二頁を参照〕中のI項。〕もはや後の祭だったことを思えば、ベルカンが助かるためには、王が釈放されねばならなかったわけでした。そして、事実王は、後述の如く一五二六年の春に帰国できるようになりましたが、われわれの『日記』中にも、その前触れのような記述が見られます。したがって、先ず、これに触れてから、ルゥイ・ド・ベルカンに再度の登場をさせることにいたしましょう。

われわれの『日記』の一五二六年二月一日の項には、王の健康を祈念し、またマドリッドで和平条約が締結されたらしいことと王の帰還の近いこととを祝うための祈願感謝の大行列が、ノートル・ダム大聖堂に集まった旨の記述があります。そして、その後に、王の釈放に必要な和平条件が列挙してありますが、これを全部ここに訳出するほどのこともありませんから、内容を左に箇条書にしてみることにいたします。なお、このマドリッド条約は、一月十四日に締結されていますが、二月一日頃には、パリでは、まだ正式には公示されていなかったようです。『日記』によりますと、二月十二日に、正式発表が行われています。

(cf. "Journal", p. 235.)

一　フランソワ一世は、ドイツ皇帝カルル五世の姉エレオノール Eléonore (1498—1559)（亡夫はポルトガル王エンマニュエル。一五二一年歿。）を娶り、ともに帰仏すること。（既述）

二　フランソワ一世は、身代金として、二百万エキュ・ソル Escus (=écus) sol を、カルル五世に支払うこと。

三　フランソワ一世は、ミラノ公国およびナポリ王国への権利主張を放棄すること。

四　フランソワ一世は、ブゥルゴーニュ公領およびマコン、オータン、オーソンヌ、オーセル Mascon, (Mâcon), Ostun (Autun), Aussonne (Auxonne), Auxerre の町々をカルル五世に譲り渡し、その代官として、シャルル・ド・ブゥルボンを任命することを認めること。

五　以上の条項が実施されるまで、フランソワ一世は、その二人の王子、当年八歳の王太子と、七歳のオルレヤン公とを人質として、カルル五世のもと（イスパニヤ）へ止め置くこと。

六　ブゥルゴーニュ公領は、将来、カルル五世の嫡男が、ブゥルゴーニュ公として、これを治め、子々孫々に伝えること。

七　フランドルおよびアルトワの伯爵領は、フランス王権下より離脱すること。

八　シャルル・ド・ブゥルボン元フランス国筆頭元帥は、そのブゥルボンネー公領その他の旧所領地を恢復すること。但し、シャルル・ド・ブゥルボンの存命中だけに限ること。また、これらの土地は、フランス王権下から離脱して、ドイツ皇帝の権力下に置かれること。
九 以上は、パリ最高法院において、貴族僧侶平民の三階層の代表者たちによって認められねばならない。(cf. "Journal", p. 230—231.)

敗戦の結果とは申せ、はなはだ苛酷な条件が列挙してあることは、右に要求された土地がどこにあるかを調べてみれば直ちに感ぜられますし、特に、フランス王家と仲違いをしてドイツ皇帝側にまわったシャルル・ド・ブゥルボンに関する条項は、フランソワ一世にとって、残酷な復讐と言ってもよいかもしれません。しかし、これらの条約中、実際にフランソワ一世によって直ちに守られたのは、主として第一と第五との条項だけだったと伝えられていますから、結果としては、フランソワ一世が、カルル五世をぺてんにかけたと同様の仕打ちをしたことになるとも申せましょう。したがって、雙方にとって、後味の悪い和平条約となってしまい、お互いの確執はさらに深まり、「悪漢ドモ」を産み出す戦争は、その後もさらに続行されることになるのです。

フランソワ一世が釈放されたのは、三月十七日のようですが、われわれの『日記』の上記二月一日の記述の終りには、恐らく王の釈放後に書き加えたものか、次のような文章が見られます。

——サレド、フランスへ帰還後、件《クダン》ノ約束ハ、些カモフランス国王ニヨリテ守ラレザリキ。何トナレバ、理不尽ノ度ノ過ギタルガ為ナリ。(cf. "Journal", p. 231.)

『日記』の筆者は、流石に、フランス人だけあって、フランソワ一世に同情し、その違約を是認しているようにも感ぜられます。

○

既に触れました通り、エラスムスやルッターの翻訳者として知られていたルゥイ・ド・ベルカン Louis de Berquin（既出）の第二回目の逮捕事件が、一五二六年一月に起っています。われわれが辿っている『フランソワ一世治下のパリ一市民の日記』には、次の如く記してあります。

――コノ年一月、最高法院ノ命令ニヨリ、アッブヴィル Abbeville（＝ピカルディ地方の町）在ノバルカン Barquin（＝Berquin）ト名乗ル貴族ヲ逮捕スルガ為ニ人々ガ派遣サレタルガ、コノ者ハ、法院衛士マイイー Mailly ノ手ニヨッテ、パリ市裁判所ノコンシエジュリー牢獄へ連行サレタリ。カクノ如キ処置ノナサレシハ、コノ者ガルッター派ニシテ、嘗テ、ルッターノ教説ヲ支持シタルガ廉ニテ、法院ノ命ニヨリ捕縛サレシコトアリシガ為ナリ。カクテ、コノ者ハ、コンシエジュリー牢獄ニ監禁サレタルガ、コレヨリ逃レ出デタリ。ソノ故ハ、摂政母后ガ、是非ノ判別ヲ、王室会議《グラン・コンセイ》 Grand Conseil ニ移牒シ、身柄ノ引渡シヲ求メ、本件ヲ審議セシメ、コレヲ救ハントシタルガ為ナリ。サレバ、右ノ者ハ、件《クダン》ノ法院ニヨリ、告訴中ノ者トシテ引渡サレルニイタレリ。シカルニ、シバラク後、件《クダン》ノ王室会議《グラン・コンセイ》ニヨッテ、特ニ無罪ト断ゼラルルコトナシニ放免サレ、ソノ後、本人ハ、故郷ピカルディへ戻リ、尚モ頑強ニソノ志向ヲ守リキタリ。サレバ、カノ法院ハ、コノ者ヲ告発セントシテ、上ニ述ベタルガ如ク、コレノ逮捕ニ向ハシメタルモノナリ。カクシテ、件《クダン》ノ法院附衛士マイイーハ、パリ帰来後約八日ニシテ、法院ノ命ニヨリ、上ニ記セルアッブヴィル及ビソノ附近ニ再ビ派遣サレテ、コノベルカン Berquin ノ動静ヲ調べ、法規ニヨリ、コレヲ抗告スルコトト相成リタリ。ソノ後、法院ハ、本告訴事件ヲ審議シタルガ、委任セラレタル検察官ラガ、一般裁判《ジュスチス・レー》 justice laye ニ送達シ、異端者ト断ジタルガ為ニ、死罪ト決定セリトノ噂弘マリタリ。サレド、摂政母后ハ、件《クダン》ノ法院ニ、国王ノ帰来マデ、刑ノ執行ヲ猶予スベキ旨ヲ申入レタリ。ソノ後帰国セル国王ハ、件《クダン》ノ法院ニ対シ、本人ヲ死罪ニ処スルコトナク、フランスニ在ル限リ、軟禁スベシト要請セリ。(cf. "Journal", p. 234.)

ルゥイ・ド・ベルカンは、今度も救われたことになりますが、フランソワ一世一門の庇護が厚かったことは、想像以上と申さねばなりません。しかし、王が、ベルカンの思想や行跡をどのくらいに理解し評価していたかは不明ですが、少くとも、教会の勢力（特にパリ大学神学部）の圧力に拮抗して、王権を主張するために、ベルカン事件を活用した向きのあることは察せられます。なお上掲文中の王室会議《グラン・コンセイ》と申しますのは、ルゥイ十一世の御代《みよ》に作られたものであり、司法権におけるフランス王室の独立と権威との確保に寄与したものと言われておりますから、他の司法機関とたびたび対立したようであります。ベルカンの身柄に関する処置にも、それが現れています。この王室会議《グラン・コンセイ》は、十六世紀後半になりますと、はなはだ影が薄くなったとのことです。その原因は色々ありましょうが、ここでは触れる暇がありません。

また、われわれの日記の校訂者V・L・ブゥリーイーによりますと、ベルカンの著書（主として翻訳書）に対して、パリ大学神学部が詳細な検察報告を発表しましたのは、一五二六年三月十二日だとのことです。そして、パリ最高法院は、四月一日附のフランソワ一世王（恐らくイスパニヤより帰還途上の）の書簡（ベルカン事件に対する）を受け取り、これに服従の意を表しましたが、少くとも、十月まで、ベルカンをコンシエジュリー牢獄に監禁していたようです。しかし、王が十月に、再びベルカンの釈放を要請いたしましたので、最高法院は、詮方なく、十一月十九日に、ベルカンをルゥーヴル宮に送り届けたということです。(cf. "Journal", p. 234, n. 2 et n. 3.)

上掲拙訳文の冒頭には、「一月」とありますが、つまり、このベルカン事件は、一五二六年の一月から十一月まで、すったもんだしたことになるわけです。パリ大学神学部がベルカン有罪宣告（三月十二日）を下したのは、恐らく、ベルカンが摂政母后ルゥイーズ・ド・サヴォワ（既出）の力によって一度釈放され、さらに「八日後」再び逮捕された頃のことになるかもしれませんし、また、V・L・ブゥリーイーの考証は、上掲拙訳文末尾の叙述の補遺になるものと思われます。

○

ベルカンは、今度も生命拾いをしたわけですが、その救い主フランソワ一世は、『日記』によりますと、三月十八日に、仏西国境近くのバイヨンヌ Bayonne に、次いでボルドーに到着し、夏秋を経て、ようやく十一月六日（月曜日）に、パリ近くのヴァンセンヌ Vincennes の森へ仮泊いたすことになりました。そして、次の週の月曜には、サン・ドニ聖堂へ参詣し、無事帰国できたことを神に感謝しています。(cf. "Journal", P.236—237, p.239, p.251.)

三月にイスパニヤからフランスに這入り、十一月になってパリの近くまで到着したということは、昔のこととは申せ、少し悠々としすぎているように思われますが、無事帰国できる身となった国王が、道中各都市に挨拶めぐりをしながら、浩然の気を養っていたらしいと思えば、いたし方ないとも申せます。王は、七月に、中部フランスのトゥール Tours に滞在していたようですが、われわれの『日記』には、次のような記述が見られます。

――コノ一五二六年七月末、次ノ如キ報知ガ齎サレタリ。即チ、皇帝（＝カルル五世）ヨリ派遣サレテミラノ公国ニ駐屯セルイスパニヤ軍勢ハ、――彼ラトトモニコノ皇帝ノ代官タルブゥルボン殿モ控ヘヰタルガ、――フランス軍ノ到来スル以前ニ、教皇（＝クレメンス七世）及ビヴェネツィヤ、スイスノ軍兵ト大合戦ヲセリト。ソノ結果、イスパニヤ軍ハ、教皇及ビヴェネツィヤ軍ニ大打撃ヲ与ヘ、ソノ多数ヲ殺戮セリ。コノ為、イスパニヤヨリノ帰途、トゥール Tours

ニアリシ王（＝フランソワ一世）ハ、激怒セリ。(cf. "Journal", p. 241.)

マドリッドから釈放されて母国へ戻ってきたフランソワ一世としては、いくらマドリッド条約（第一五九頁以下を参照。）の条項で、ミラノ公国への野望放棄を誓ったとは言え、あまりにもわが物顔をするカルル五世の態度に激怒したのも当然かもしれません。

マドリッド条約は、既に記しましたように、二月十二日に、パリでも公示され、平和来を欣ぶ式典すら行われていたのですが、(cf "Journal", P.235—236, p.239.) 所謂「イタリヤ戦争」は依然として続けられていたことになります。これは、前に触れました通り、フランソワ一世が、マドリッド条約の重要部分を実行する意志がなかったらしかったからですし、宿敵カルル五世にしても、それくらいのことは恐らく百も承知で、「戦争ごっこ」の継続を計画していたからでしょう。こうした時期に、エラスムスやクロード・ド・セイセル Claude de Seyssel やラブレーが抱いたような「善い君主」のユトーピヤ的理想が生れたのも故なしとしないわけです。地上の権力者は、自らをさらに強大にするために、他の権力と争わなければ、権力者の座を下ることになるという悲喜劇が見られますが、これは、古今東西に通じることかもしれません。

上掲文に続いて、次のような記述も見られます。

——王ハ、コノ頃（＝トゥール滞在中、七月頃か？）狩猟ヲナシキタルガ、野獣ヲ駆リ立テツツ、ソノ馬ヨリ落チ、非常ナル危難ニ見舞ハレ、片腕ニ重傷ヲ負ヒタルガ為ニ、ソノ後十五日モ、腕帯ニテコレヲ支ヘキタリ。

同《イテム》ジク、王ハ、バイヨンヌ、ボルドー、アングゥレーム、ポワチエ、シャテルロー、コヤニック Bayonne, Bourdeaulx (Bordeaux), Angoulesme, Poictiers, Chastellerault, Coignac (Cognac) ヨリ帰来シテ、トゥールノ町ニ到着シ、聖母昇天祭ノ日（＝八月十五日）ニ、数人ノ瘰癧患者ヲ治癒セリ。(cf. "Journal", p. 241—242.)

『日記』の文体があまり荒削りなために、詳細なことは判りませんが、フランソワ一世が「瘰癧患者」を治癒したというのは、どういうことなのか、一寸判断に苦しみます。虜囚の身を脱して帰来途上の王とは言え、その側近には、医者がいたに違いありませんから、王命で、その医者が患者を治療したのでしょうか？ それとも、伝説風な一種の奇蹟めいたことが起った旨を、『日記』の筆者は感激して記し止めているのでしょうか？ いずれにせよ、――落馬の件は別として、――フランソワ一世は、至極悠々として、イスパニヤからフランスへ帰来したらしいことが、以上のような断片的記述にも窺われます。

○

このように悠々然とした帰還にもかかわらず、ルゥイ・ド・ベルカンは、命を助けられたことは既述の通りですが、王の不在中、あるいは、その悠々たる帰還の旅の間に、ベルカンほど有名でない人々が、処刑されています。皆、思想（宗教）上の罪に問われてのことでした。

二月十三日には、オーセール Auxerre の船頭で二十四歳になる男が、教会の聖体盒を盗んで売却したり、その他の瀆聖を行った廉で、パリのグレーヴ Grève 広場で火刑に処せられています。(cf. "Journal", p. 373.) これは、苛酷な刑罰ではありましょうけれど、単なる乱暴な窃盗の類に属し、思想的背景はないと思います。しかし、同じ月の十七日には、次のようなことが起っています。

――一五二五年（＝新暦一五二六年）、ラ・ロシェル La Rochelle 在ノ王命弁護士 Advocat du Roy ノ息子ギョーム・ユーベール或ハジゥーベール Guillaume Hubert ou Joubert ト名乗ル約二十八歳ノ法学士ニシテパリニ居住セル実務習得中ノ青年ガ、約十五日間ノミ監禁サレタル後、法院ノ命ニヨリ、二月十七日土曜日、松明祭《ブランドン》ノ前日ニ、獄吏ニヨッテ砂利車ニ乗セラレテ、パリ・ノートル・ダム大聖堂及ビ聖ジュヌヴィエーヴ聖堂ノ前ニ引キ立テラレ懺悔告解ヲ行ヒタルガ、神、聖母及ビ聖ジュヌヴィエーヴニ向ヒ容赦シ賜ハレト叫ビタリ。カク相成リシハ、ルッターノ教説ヲ遵奉シ、神、聖母、及ビ天国ニキマス諸聖人諸聖女ヲ悪様《アシザマ》ニ罵リタルガ為ナリキ。コノ者ハ、ソレヨリ、モーベール Maubert 広場ニ連行サレ、舌ヲ刺シ抜カレタル後、絞首ニサレ、焼カレタルガ、ソレニモ拘ラズ、悔悟ノ情ヲ明ラカニシ、正ニ死罪ニ値スルコトヲ認メツツ落命セリ。噂ニヨレバ、コノ若者ノ父ハ、莫大ナル金ヲ出シテ息子ヲ救ハントセルモ、如何トモナシ能ハザリキト。(cf. "Journal", p. 363.)

このギヨーム・ジュベールの火刑死は、ジョーン・ヴィエノ John Viénot によっても、新教徒の殉教者列伝に加えられているくらいですから、(cf. J. Viénot: Histoire de la Réforme française, Fischbacher, 1926, p. 97.) 注目してもよい事件かもしれません。また、次のような記述も見られます。

——一五二六年復活祭後ノ四月十四日土曜日、モー Meaux ニ居住セル一人ノ羊毛打工《フウロン》 foulon ガ、ルッター派ニ組シ、死者ノ為ニ祈ルベカラズトカ、聖水ヲ受クベカラズトカ、聖画像ヲ礼拝スベカラズトカ言ヒ触ラシキタルガ、法院ノ裁定ニヨリ、獄吏ノ手ニヨリテ、パリ・ノートル・ダム大聖堂及ビ法院ニ連行サレテ、拳ニ松明ヲ捧ゲ持チ、襯衣ノママニテ、懺悔告解ヲナセリ。次ニ、モーヘ引キ立テラレテ、大聖堂ノ前ニテ、同ジク懺悔告解ヲナシ、ソノ後、モーノ司教ノ牢獄ニ下サレ、七年間、ソコニテ水トパントノ生活ヲ送ラシメラレルコトト相成レリ。コノ者ハ危ク火刑ニ処セラルルトコロナリキ。(cf. "Journal", p. 363.)

「モーの人々」(既出) 潰滅後も、こうした苛烈な断罪が下されていたことが判りますが、この事件が行われた四月と言えば、イスパニヤから帰還途上のフランソワ一世王は、ピレネー山脈を越えて、ボルドーの町ぐらいに到着していた頃でした。

この外にも、犠牲者は数々ありますが、既に触れましたジャーク・プゥアン Jacques Pouent (＝Pauvan)（「モーの人々」の一人。本書第一五五頁参照。）は、八月二十八日に、とうとう、グレーヴ広場で火刑に処せられてしまいました。(cf. "Journal", p. 244, p. 245.)

ジゥベールも、このモーの羊毛打工《フウロン》も、ジャーク・プゥアンも、その他の人々も、ルゥイ・ド・ベルカンのように有名でなかったばかりに、したがって、王の国内政策に活用される価値が低かったばかりに、見殺しにされてしまったと申せるかもしれません。

われわれの『日記』には、何も記してありませんが、フランス国内のこうした非寛容な情勢に対して、デシデリウス・エラスムスは、三月六日にはパリ大学に対し、六月十四日にはパリ最高法院に向って、書簡を送り、思想弾圧の行き過ぎに反省を求めております。一つの暴は他の暴を激発せしめ、一つの狂信は他の狂信を蹶起させるという平明な事実が、心ある人々によっていくら説かれましても、施政者たちがこれに耳を藉さなかった結果は、フランソワ一世の治世の間にも、様々な形で現れてまいりますし、この王の死後、王の子・孫の治世、十六世紀後半には、血みどろな宗教戦争の姿を取るにいたったと申してよいかもしれません。

○

一五二六年十一月四日から七日にかけて、フランス王妃クロードの葬式が正式に行われました。(cf. "Journal", p. 248, p. 251.) クロード王妃は、既述の如く、(第一二五頁以下を参照。) 一五二四年七月二十六日に他界しておりましたが、宿命的なパヴィヤの戦へ出征しようとして準備に大童《おおわらわ》だった夫君フランソワ一世には、王妃に相応しい葬礼を行う暇がなかったのでした。したがって、一五二六年、捕虜の身分から自由になった王は、改めて、正式に葬式を行うことになります。

この葬式の模様は、約四頁に亘って、詳しく『日記』にしたためられてありますが、当時の風習として、国王の入市式などの場合と同じように、祭典の次第を描写記述した小冊子が印行上梓されているようです。(cf. "Journal", p. 251, n. 1.)

なお、われわれの『日記』の筆者は、この葬式の記述の最後に、次のように記しております。

——コノ善良ナル婦人（＝クロード王妃）ハ、生前モ、マタ死後モ、極メテ愛慕サレタリ。何トナレバ、コノ婦人ハ、実ニ善良、正直ニシテ、マタ良キ生ヲ送レルガ故ナリ。(cf. "Journal", p. 251.)

○

クロード王妃の葬式が正式に行われた直後、十二月には、またもや戦争が始まっています。

——コノ一五二六年、十二月、国王ガ、サンジェルマン・アン・レー Sainct Germain en Laye（＝ヴェルサイユ近くの町。王の離宮がある。）ニ在ル時、パリニ次ノ如キ報知到着セリ。即チ、コノ十二月四日、皇帝軍トフランス軍トノ大海戦行ハレタルコト、ナラビニ、皇帝ノ為ニ、イスパニヤヨリ二十七隻ノ艦船航行シ来リ、皇帝ニ代リテミラノニ在リシブゥルボン殿ヲ救援センガ為ニ赴キタルコトナリ。両海軍ハ苛烈ナル戦闘ヲ行ヒタル結果、皇帝側ノ三艘ハ海中ニ沈ミタルガ、コレハ、アンドレヤ・ドリヤ André Dorie (Andrea Doria)（既出）、プレジャン Prejean（＝Prégent）ノ甥ベルナルダン Bernardin 殿、ソノ他フランス国王方ノ者ドモニヨリテ撃沈セシメラレタルモノナリ。カクシテ残余ノ船舶ハ、件《クダン》ノブゥルボン殿ヲ救援助力スルガ為ニ進ミ行キヌ。マタ、陸路ニヨリ、皇帝側ノ軍兵一万三千ノドイツ傭兵ドモガ、コノブゥルボン殿ノ為ニ到来シ、ミラノ公国ニアリシコノ殿ヲ救ヒ出シ、ナポリ王国ニ赴カントセリ。彼ラノ到着スルヤ、フランス国王派ナル故レオ十世教皇ノ甥ニ当ルドン・ジャン Dom Jan (=Jean des Bandes Noires, †30 décembre.) ガ相当数ノ軍兵ヲ率キテ襲ヒカカリタルガ、戦死シ、ソノ部隊ハ四分五裂スルニイタレリ。ソノ故ハ、敵ニ抵抗スル力ヲ十分ニ具ヘザリシガ為ナリ。コハ極メテ遺憾ナルコトナリキ。何トナレバ、コノ人ハ、善良ナルフランス人ナリシガ故ナリ。マタ、ブゥルボン殿ハ危ク捕ヘラルルトコロナリキ。

噂ニヨレバ、ブゥルボン殿、ナポリ副王、及ビ皇帝側ノソノ他ノ将軍タチハ、フランス軍ニ対シテ更ニ容易ニ対抗セントシテ、ミラノ公国内ノ幾多ノ小サキ町々、及ビミラノ市ノ一部ヲ焼キ払ヒタリ。(cf. “Journal”, p.253.)

パヴィヤの戦で敗北し、カルル五世の捕虜として、イスパニヤのマドリッドへ軟禁されていたフランソワ一世が、マドリッド条約を、とも角も結んで、釈放されたのは、一五二六年の春でした。そして、ほとんど一年がかりで、フランス国内を悠々として旅行した後、出征前に亡くなったクロード王妃の正式な葬礼を取り行ったのは、十一月でした。そして、十二月には、再び、カルル五世との間に、戦争が始まっているのです。

○

フランソワ一世王は、帰国後、しばらく首都パリには姿を見せませんでしたが、一五二七年の四月十四日に甫《はじ》めて、パリ市民の前に現れまして、盛大な歓迎を受けたことは、われわれの『フランソワ一世治下のパリ一市民の日記』にも見られる通りです。(cf. “Journal”, p.266—267.)

しかし、それに先立って、一五二七年の一月には、次のようなことが起っている旨が『日記』に記されています。

カクシテ、王ハ、件《クダン》ノサン・ジェルマン・アン・レー Sainct Germain en Laye ニ久シク止マリテ、夜間ニアラズンバ、パリ市ヘハ来ラザリキ。

同《イテム》ジク、一月十一日金曜日、王ハ、虜囚中ニ祈願ヲ献ゲ居タルノートル・ダム・ド・リヤンス（＝リエース）Notre Dame de Liance (=Liesse)（＝現エーヌ Aisne 県ラーン Laon 近くの寺院）ヘ参詣ニ赴キタルガ、コノ旅ニ関シテ、次ノ如キ噂アリキ。即チ、王ヲ待チ受ケテ、ソノ到来ヲ窺ヒ、野原ニ伏兵セルフラマン人及ビ敵ノ軍兵ラノ為ニ、王ハ危ク捕ハレントセリトノコトナリキ。サレド、コレハ真実ナラザリキ。

既に記しました通り、一五二六年十二月には、マドリッド条約で和解した筈のカルル五世とフランソワ一世との間に、再び戦端が開かれている有様でしたから、上掲文に見られるような物騒な噂が流れるだけのことはあったのかもしれません。

なお、一五二七年一月三十日（水曜日）には、王姉マルグリット・ダングゥレーム Marguerite d'Angoulême（故アランソン公未亡人）と、ナヴァール公アンリ・ダルブレ Henri d'Albret, roi de Navarre との結婚が、サン・ジェルマン・アン・レーの離宮で行われていますが、前にも触れました通り、この王姉マルグリットこそ、今後、マルグリット・ド・ナヴァールと呼ばれて、単に『エプタメロン』Heptaméron の著者としてだけでなく、ルネサンス・フランス文化史と切り離せない閨秀となる女性でした。また、この結婚から、いずれアンリ四世の母親となるジャンヌ・ダルブレ Jeanne d'Albret が生れているのです。アンリ四世は、新教徒側の頭目として、十六世紀後半の宗教戦争の荒波を乗り切り、最後にはカトリック教に改宗して、フランス国王となり、有名なナントの勅令を発布して信教の自由を、一時的でも、（この勅令は、ルゥイ十四世によって破棄されたからですが、）樹立した人物であることは、詳しく説くまでもないでしょう。

○

一五二七年二月十七日から十九日にかけて、パリでは、ローマ教皇クレメンス七世の軍隊が神聖ローマ・ドイツ皇帝カルル五世軍を撃破したという報知に対して、盛大な祝賀感謝の祭典が催されましたが、（cf. "Journal", p.264.）これは、既に触れましたように、フランソワ一世の当時の対外政策として、イタリヤにおけるフランス勢力確保のために、教皇と結んでいた結果なのでした。つまり、味方（教皇側）が仇敵カルル五世を打ち破ったお祝いが、パリで行われたことになります。マドリッド条約の成立は、このような有様では、なし崩しになってゆくわけでした。われわれの『日記』には、教皇軍の勝利は、次のように記述してあります。

V・L・ブゥリーイーによりますとこの勝戦は、二月三日に行われ、二月十六日に、その報知がフランソワ一世の許に齎されたということです。（cf. "Journal", p.265, n. 1.）

――即チ、ユルサン家 Ursin ノ血ヲ引キ、フランス国王側ニツキヰタルイタリヤ人ランス Rance 殿、ロレーヌ殿ノ次弟ヴォードモン Comte de Vaudemont 伯、サリュース Saluces 侯ソノ他ガ、皇帝（＝カルル五世）ノ為ニガイエット Gayette（＝?La Gouleta, La Goletta, チュニスの港）ノ港ニ到着セル相当数ノ軍兵ヲ殲滅セルコトナリキ。コレラノ軍兵ラハ、ローマニ赴キテ教皇（＝クレメンス七世）ヲ捕ヘ、次イデナポリヘ進撃セントシタルモノナリシガ、アルコン Arcon 殿及ビオランジュ Aurenge（＝Orange?）公モ、騎馬徒歩ノ多クノ軍兵諸共ニ戦死セリ。
噂ニヨレバ、我ガ軍勢ハ、騎馬八百頭ヲ鹵獲シ、イスパニヤ兵（＝カルル五世軍）ノ夥シキ数ハ殺戮サレ、オランジュ

Orange 公ハ危ク捕ハレントシ、ナポリ副王ハ負傷シテ逃亡セリト、ブゥルボン殿（既出）ハ、コノ戦闘ニハ加ラズ、ミラノニアリキ。コレヨリ、我ガ軍勢ハ、ナポリ王国ニ進撃シテ、数個ノ町ヲ占領セリ。

噂ニヨレバ、我ガ軍兵ガ、ガイエットニ赴キタル理由《イハレ》ハ、教皇（＝クレメンス七世）ト国王（＝フランソワ一世）トノ意向ニヨルモノナリト……（cf. “Journal”, p.264—265.）

上掲文中、シャルル・ド・ブゥルボン元筆頭元帥が、この戦に参加していなかった旨の簡単な記述がありますが、もし戦闘に加っていたら、「ブゥルボン殿」も、敗軍の将として、戦死するか負傷するか、あるいは逃亡するかした公算が少くなかっただろうと思います。「裏切者」とは申せ、一種の悲劇の主人公たるこの「ブゥルボン殿」は、この度は無事だったのですが、この年、後述の如く、ローマで戦死することになります。なお、ガイエット Gayette を、一応、チュニスの港ラ・ゴレッタ（ラ・グゥレッタ）と推定いたしましたが、この港は、カルル五世の海軍の根拠地として有名だったからでもあります。

○

われわれの『日記』によりますと、三月四日（月曜）に、アンジュウ Anjou 生れの、三十六歳になる教皇秘書官 protonotaire で、フランソワ一世の宮廷へも出入していたリュカ・ダイヨン Lucas Daillon という人物が、キリストおよび聖母の神聖を汚すような暴言を吐いた廉で、グレーヴ Grêve 広場で焼殺されましたが、この者は、捕えられて後、パリのノートル・ダム大聖堂の前庭で懺悔告解を行うのを拒否までしたようです。（cf. “Journal”, p.265.）詳しいことは、『日記』では判明いたしませんが、やはり宗教改革の風潮に染まった人物だったのかもしれません。そして、このような事件は、やはり時代の暗流を感じさせます。

○

イスパニヤから帰国後、初めてフランソワ一世王が、パリへ公式に入市したのは四月十四日であることは、既に述べた通りですが、入市後、王は、カルル五世に支払うべき身代金を調達するためと称して、パリの市民、主として軍警関係の人々に賦税を課したという記録も、『日記』に記されています。(cf. "Journal", p.267.)

一方、イタリヤにおける戦雲は再び険悪となり、とうとう、ブゥルボン元フランス筆頭元帥の率いるドイツ皇帝軍のために、ローマが奪略され、教皇の味方として駐屯していたフランス軍も多大の損害を蒙ったという報知が、五月二十五日に、フランソワ一世の許へ齎されました。この戦は、史上で有名なシャルル・ド・ブゥルボンによる「ローマ掠奪」Sac de Rome でした。われわれの『日記』には次の如く記述されています。

——即チ、コノ一五二七年、五月六日、ブゥルボン殿及ビ皇帝ノ全軍ハ、サン・ピエトロノ町ヲ占領シ、コレヲ掠奪シ、コレラ焼キ払ヒ、出会フ者ヲ悉ク殺戮セルガ、驚クベキ損害ヲ生ゼシメタリ。何トナレバ、コレハ、ローマ市ノ最モ上流ノ地区ナリシガ為ナリ。(cf. "Journal", p.271.)

ローマ市は、フランス軍によっても守備されていたのでしたが、ドイツ皇帝軍は、城壁を打ち破って侵入してきたのでした。この折の略奪の激しさは、後述いたしますが、われわれの『日記』には、「ブゥルボン殿」の戦死を伝える次のような記述もあるのです。

――カクシテ、九千乃至一万人ニ上ルイスパニャ人ヤドイツ兵ガ戦死セリ。マタ、コノ戦闘ニ於イテ、商人タチガ住ヒ、大イナル商店ガ軒ヲ連ネタル大通リニ於イテ、カノブゥルボン殿モ戦死シタルガ、火縄小銃ニテ額ヲ撃タレ、脳漿ガ飛ビテ死セルナリ。サレバ、件《クダン》ノブゥルボン殿陣歿ノ結果、イスパニャ及ビドイツ軍ハイタク恐怖セリ。マタ、八千乃至一万名ノイスパニャ兵ガ殺サレタリ。マタ、十四名ノ枢機卿、約二万ト見積モラルル多数ノ男女幼児ノ市民タチモ殺サレタリ。(cf. "Journal", p.271―272.)

今まで、フランス王家の憎悪の的となっていたシャルル・ド・ブゥルボンは、こうして消え去ったわけですが、われわれの『日記』は、上掲拙訳の示す通り、きわめて淡々として事実を記すだけでありまして、別に、フランス王家のために欣ぶというような言葉は見当りません。元来、「裏切者」と言われるシャルル・ド・ブゥルボンに対して、『日記』の筆者は、当時の多くの人々と恐らく同様に、近代現代に見られるような「愛国的憎悪」は抱いていなかったように思われます。それは、シャルル・ド・ブゥルボンに向ってのフランス王家の仕打ち(第八七頁以下を参照。)が必ずしも正当ではないことを知っており、さらに国民と縁の遠い貴族どもの確執の結末と観じていたからではなかろうかと考えられます。

シャルル・ド・ブゥルボンの戦死の原因に関しては、様々な説がありまして、下腹部を弾丸が貫通したためだとか、『日記』の記述のように、額を射貫かれたためだとか、銃ではなくて大砲の弾に右の腹をもぎ去られたためだとか言われておりますが、当時実際に屍体を見た人の話では、傷が三つあったとのことです。(cf. "Vie de Benvenuto Cellini écrite par lui-même, traduite et annotée par Maurice Beaufretone, Crès, 1922, t. 1, p. 116, n. 2.)

なお、右参考文献『ベンヴェヌート・チェリーニ自伝』によりますと、この奔放で有名な金彫師チェリーニ B. Cellini (1500―1571) の率いる一群のローマの青年たちが、火縄銃で、シャルル・ド・ブゥルボンを射殺したということになっています。当時の版画で、この「ブゥルボン殿」の戦死を描いたものがありますが、それによると、城壁から真逆様に落ちた元筆頭元帥は、甲冑を身につけ、頭部にも腹部にも、特に別状はなかったように見受けられます。(cf. *op. cité* p. 112—113.) われわれの『日記』の叙述が、どの程度正確なのか判りませんし、戦死の真相も確かめられませんが、資料の一つとして、右チェリーニの文章を左に訳出してみます。『日記』の引用と区別するために、故意に、現代文訳にしてみました。

――ソコデ、私ハ、持ッテイタ火縄銃ヲ、戦士タチガ他所ヨリモ多ク犇キ合ッテイル一群ノ方ヘ向ケタ。ソシテ、丁度真中デ、一同ヲ見下スヨウニシテイタ彼ラノ一人ヲ狙ッタ。シカシ、塵ノ雲ガアマリ厚カッタノデ、コノ者ガ、馬ニ乗ッテイルノカ、ソレトモ徒歩ナノカ、見分ケルコトガデキナカッタ。スグサマ、アレッサンドロトチェキーノ（＝いずれもチェリーニの一味）ノ方ヲ振リ向キ、彼ラノ火縄銃ヲ発射セヨト命ジ、且ツ、攻城軍側ノ銃火ヲ避ケル方法ヲ教エタ。我々銘々ガ二回ニ亘リ射撃シタ時、私ハ、注意深ク、城壁越シニ眺メテミルト、敵軍ノナカニハ、異常ナ混乱ガ生ジタコトヲ認メタ。我々ノ射撃ノ一発ガ、ブゥルボンヲ殺シタノデアリ、彼コソ、一同ヲ見下スヨウニシテタ為ニ、正《マサ》シク、私ノ眼ニ止マッタ当ノ人物ダッタノデアッタ。コノコトハ、後々ニナッテ判ッタコトデアル。(cf. *op. cité*, p. 116.)

ベンヴェヌート・チェリーニは、中世やルネサンス期の芸術家に見られるような、若干奔放すぎる人物であり、その証言には、必ずしも信憑性があるとは思われませんが、先にも記しました通り、資料の一つとして、ここに収録いたしました。このシャルル・ド・ブゥルボンの戦死と、その指揮によって行われた「ローマ掠奪」Sac de Rome とは、われわれが考えている以上に重大な事件であったことは、多くのフランス史にも記されている通りです。

さて、この「ローマ掠奪」の実相を、われわれの『日記』の叙述によって辿ってみることにいたしましょう。左は、シャルル・ド・ブゥルボンの戦死に関する記述に続く文章です。

○

——クレメンス教皇ハ、直チニ後退シ、多数ノ枢機卿ヲ伴ヒテ、サン・タンジェロ城ノ砦ニ逃避セルガ、ランス殿（既出）モ、大勢ノフランス国警護兵ラトトモニ、コレニ難ヲ避ケタリ。

同《イテム》ジク、サン・ピエトロノ大宮殿ハ、悉ク焼カレ掠奪サレ、サン・ピエトロ聖堂モ然リ。カクシテ、一切ノ聖ナル装飾品モ書籍モ聖杯モ強奪サレ尽シテ、後ニハ一物モ残サレザル有様ナリキ。

同《イテム》ジク、件《クダン》ノ聖遺物ハ、ドイツ兵イスパニヤ兵ニヨリテ奪掠サレ、持チ去ラレタリ。

同《イテム》ジク、一切ノ聖堂、スベテノ司祭、乞食僧及ビ在家僧ラノ僧侶タチ、尼僧タチノ修道院ハ、一切合財焼カレ、殺戮サレタリ。

正《マサ》シク、驚クベキ残虐ナルコト行ハレタルナリ。

コレラノ仕業ハ、殆ド全部ルッター派ナルドイツ兵ニヨッテ行ハレタルナリ。

マタ、上ニ述ベタルコト、ナラビニ数々ノ残虐行為ヲ働キタルハ、クウロノワ Coulonnois（＝ケルン？）ノ人々ト、皇帝ノ味方トナレル人々トナリキ。

同《イテム》ジク、教皇、枢機卿ヤ、ランス殿ソノ他ノ人々ノ立テコモレルサン・タンジェロ城ハ包囲攻撃ヲ蒙リタルガ、向フ三ケ月ノ食糧ノ貯ヘアルノミナリキ。

噂ニヨレバ、教皇ノ身代金トシテハ、二十万デュカ ducats ト定メラレタリトノコトナリ。

同《イテム》ジク、ローマ包囲ヲ解カントシテ、スイス人ヨリナル大部隊ノ軍兵及ビ多数ノ警備兵ラガ、ローマヘ赴ケリ。

同《イテム》ジク、カノイスパニヤ人タチハ、件《クダン》ノブゥルボン殿ヲ、ローマノサン・ピエトロ聖堂ニ埋葬シタルガ、恰モ国王ニ対シテナサレ得ルガ如キ極メテ盛大ナル式典、栄誉アルコトドモガ行ハレタリ。

噂ニヨレバ、皇帝ハ、ブゥルボン殿ニ、ミラノ公国ヲ与ヘ居タレバ、ミラノノ人々ハ、ソノ死ヲイタク悲シミタリ。何トナレバ、彼ラニ、莫大ナル恩沢ヲ下サント約束シキタルガ為ナリ。(cf. "Journal", p. 272―273.)

この「ローマ掠奪」に関しては、数々の記録文献もあるようですから、(cf. "Journal", p. 273, n. 1.) その激しさは、当時の人々を驚かせていたに違いありません。

なお上掲拙訳中、「コレラノ仕業ハ、殆ド全部ルッター派ナルドイツ兵ニヨッテ行ハレタルナリ。」という箇所に、『日記』の翻刻者V・L・ブゥリーイーは、「イスパニヤ人たちは、町（＝ローマ）の奪掠において、ドイツ人たち以上に熱狂的に振舞った」と註記して、様々な文献名を挙げています。(cf. "Journal", p. 272, n. 1.) イスパニヤ人たちは、勿論神聖ローマ・ドイツ皇帝軍の兵士たちであり、カトリック教徒でしょうから、註記者は、『日記』の筆者の「ルッター派」嫌いの行き過ぎを軽く指摘しているように考えられます。戦闘とは、要するに、作りあげた「大義名分」に獅噛みつき、野獣性を正当化するのには打ってつけの場ですし、しかも、それが督戦的命令と群衆心理とによって行われるのですから、カトリック教徒であろうとルッターの徒であろうと、それは問題にならないでしょう。『日記』の筆者は、悪いことをするのはルッターの徒に限るという素朴で危険な先入見を持っているにすぎないように思われます。「鬼畜米英」だけが残虐なことをし、「皇軍の神兵」はそうでないと言われたのによく似ています。

後年一五三五年に、ジャン・デュ・ベルレー枢機卿にしたがってローマを訪れたフランソワ・ラブレーは、故国なる庇護者ジョフロワ・デスチサック Geoffroy d'Estissac 宛の書面で、当時の教皇パウルス三世が、カルル五世皇帝をローマ市に迎えるに際し、皇帝の軍兵のための寝台を調達するのに苦心した旨を書き記していますが、こう附け加えています。「それと申すのも、ドイツ傭兵の奪略以来、当市には品不足になっているからでございます」と。「ローマ奪略」は一五二七年ですが、それから七年ほどもたった一五三五年になりましても、戦禍の痕が生々しく見られていたことになります。（拙訳フランソワ・ラブレー『イタリヤだより』出光書店刊、第二五頁参照。）

○

少し話は外れますが、この一五二七年の四月から六月にかけて、雨が降りしきり、異常な寒さともなり、セーヌ河ロワール河その他の河川が氾濫して、パリもその近郊の町々も、大被害を蒙った旨の記述がありますし、洪水と寒冷とのために、果樹葡萄その他農作物が台なしになったという文章も見られます。これは、フランスだけを見舞った不幸ではなく、ドイツの海岸諸都市も、高潮のために水びたしになったようです。(cf. "Journal", p.273.)

○

ドイツ皇帝カルル五世軍のローマ侵略の報を受けて、フランソワ一世は、またもや軍をイタリヤへ進めることになりました。

――コノ一五二七年、国王ハ、ローマニ於イテカクノ如キ敗北ガ見ラレ、ローマノ町ハ占領サレ、マタブゥルボン殿ガ戦死セル旨ヲ知リ、大軍団ノ軍兵ヲ召集セリ。ソノ数ハ正ニ、歩兵三万一千、軽騎兵千八百、長槍兵四千ト見積ランタリ。カクシテ、ロートレック Lautrec (=Odet de Foix, vicomte de, 1485—1428) 殿ヲ派遣シタルガ、コノ人ヲ総司令官ニ任ジテ、山嶺（=アルプス）ノ彼方ヘ行カシメタルナリ。カクシテ、六月ニ、コノロートレック殿ハ、一大決戦ヲ敢行セント覚悟シテ、国王ノ居リシパリヲ出発シテ、征途ニノボリ、山嶺ノ彼方ノ地ヲ攻メント赴ケリ。(cf. "Journal",

p. 274.)

何とも勇ましいことですが、こうして再び「イタリヤ戦争」が始まってしまいました。上掲文中に出てくるロートレック（オデ・ド・フォワ）将軍は、翌一五二八年に、ナポリの戦で戦歿することになります。数万の軍兵たちのうち、イタリヤで、こうして死んだ人々の数は莫大だったでしょうが、将軍や王族でないために、その名すら伝えられておりません。

イタリヤの戦雲が急になりますと、フランソワ一世とイギリス王ヘンリー八世とは、勝ち誇ったカルル五世の巨大な勢力に対抗する策として、お互いに接近し始めました。王様方の「戦争ごっこ」の一面に外なりません。われわれの『日記』によりますと、一五二七年六月には、イギリス王の命を体した八十騎乃至百騎にのぼる特派使節一行が来仏し、パリにフランソワ一世王を訪問しました。フランス王太子とイギリス王女ウェールズ公女との結婚のための使節ということでしたが、政略結婚だったことは明らかである以上、この使節団の目的も明らかなわけです。六月九日には、フランソワ一世は王族貴顕をしたがえ、イギリス特派使節一行とともに、ノートル・ダム大聖堂に参詣し、ミサに与った後、「主ノ御聖体《コルプス・ドミニ》」にかけて結んだ盟約の厳守を誓ったとのことです。「コノ日国王ハ、ノートル・ダム大聖堂ニテ、数人ノ瘰癧患者ヲ治癒セリ」と、『日記』に記してあります。(cf. "Journal", p. 268.) 王が行ったこの種の奇蹟めいた行為は、既に一回『日記』に出てきましたが、(第一六五頁参照。) 事の真相は不明だとしても、『日記』の筆者が、何かにすがりつこうとしていることが感じられます。非常時には、国王は奇蹟を行わねばならぬわけなのでしょうか？

フランスとイギリスとの接近は、その後さらに強められ、八月二十一日には、英仏両国王間で既に結ばれていた「永久平和条約」（四月三十日）の批准確認が行われ且つパリで公布されています。(cf. "Journal", p. 270.) この外、六月には、イギリス・フランス両国王の名により、イスパニヤに滞在中のカルル五世に使節が送られ、フランソワ一世の身代金として金貨百万枚を支払い、カルル五世の姉エレオノール(既出)をフランス王妃として迎えるから、人質として差し出して置いた二人のフランス王子を帰還させてほしいが、これを拒んだら、英仏連合軍はカルル五世に宣戦するという旨を伝えさせました。この当時、カルル五世は、ローマ教皇やフランス王やイギリス王が結束して当らねばヨーロッパの「バランス」がとれないほどの強大な勢力を持っていたのでした。

第三章

フランソワ一世の雌伏。――ルゥイ・ド・ベルカンの刑死。――「貴婦人和議条約」。

マドリッド条約（一五二六年）（第一五九頁参照。）締結後、既に記しましたように、依然として「イタリヤ戦争」は続行されていたわけであり、われわれの『フランソワ一世治下のパリ一市民の日記』の残りの部分（自一五二八年至一五三六年）にも色々な形で、その記録が残されています。実際の合戦のことは勿論ですが、仏・独・英の三国の王の外交的戦略的接近離反の有様、またイタリヤで陰然たる勢力・軍力を持っていましたローマ・カトリック教の首長教皇の向背去就に対する右三国の王たちの懸引きなどについて、少くともフランスを中心として、目ぼしい事件が書き止められているように思います。「イタリヤ戦争」については、本書冒頭で、大体解説いたしましたが、父祖の「遺産」としてフランソワ一世の手に渡された頃の「イタリヤ戦争」と、フランソワ一世とカルル五世とヘンリー八世との角逐という姿に進展してしまった「イタリヤ戦争」とは、根本には、ミラノ王国ナポリ公国などの争奪があったとしても、規模の点でも、性格の点でも、かなり異ったものになっていたことは、今までの拙文をお読み下さった方には判っていただけたろうと思っております。そして、この「イタリヤ戦争」は、フランソワ一世の死後（一五四七年）、次の王アンリ二世（一五一九年—一五五九年）（フランソワ一世の息子）によって、再び「遺産」として受け継がれることになるのですが、このアンリ二世の晩年、フランス国内の思想的統制の急に迫られた点もあり、また宿敵カルル五世の退位も手伝いまして、カトー・カンブレシス Cateau-

Cambrésis の和議（一五五九年）が成立し、ようやく「イタリヤ戦争」に終止符が打たれることになるのです。しかし、その後、フランス国内には、「イタリヤ戦争」以上に酸鼻な「宗教戦争」が発生いたしまして、華やかなルネサンスに血潮を下垂らせることになります。「宗教戦争」は、われわれの『日記』とは直接関係がありませんけれども、決して無縁ではないのです。と申しますのは、今まで、フランソワ一世治下における宗教改革の風潮について、若干の例ではありましたが、主として『日記』に記された事実に則して記述解説してきたからであります。また、ジャン・カルヴァンは未だ出現しておりませんでしたが、マルチン・ルッターの説に組する人々やエラスムス流の批判主義によって現実是正を試みようとする人々の輩出が見られましたし、これらの人々が、フランス国内で、どのように遇せられたかの輪廓には、今まで特に注意して触れてきたつもりだからであります。

「イタリヤ戦争」の進展と「宗教改革思潮」の動向とは、われわれの『日記』を、ここに紹介するために選んだ二つのテーマ、二つの面であることは、本書の冒頭で述べた通りでした。

「イタリヤ戦争」は、一進一退して続けられましたが、マリニャーノの戦（第三八頁以下を参照。）だとか、パヴィヤの戦（第一二九頁以下を参照。）だとか、「ローマ奪略」（第一七三頁以下を参照。）だとかいう事件は、今後あまりありませんし、時代的史実として「イタリヤ戦争」に続いて「泰平」のフランスを悩ますのが、「宗教戦争」ですから、これからは、イタリヤおよびヨーロッパ各地で行われた「血湧き肉躍る」戦闘のことは省略し、「イタリヤ戦争」の別な面、各国の王たちが外交政治的戦略的な接衡だけに視界を絞り、記述の中心を、「宗教戦争」の母胎となったと考えられる「宗教改革思潮」に置くことにいたします。したがって、「ローマ略奪」事件（ブゥルボン元筆頭元帥陣歿を伴う）が、本書においては、「イタリヤ戦争」の「勇壮」な面の最後の記述になるわけです。しかし、「勇壮」な戦闘、つまり殺し合いの記録が、たとえ今後本書中に全く出てこないとしても、世のなかが、ただ王たちの外交的政治的戦略的な接衡だけで無事に治まるようになったのだとは、勿論考えてはならないわけです。『日記』の最後の年、一五三六年には、カルル五世軍の第二次プロヴァンス侵入（第一次は一五二四年。既出）が行われ、フランス側は、焦土戦術に出て、侵入軍を阻止していることでも判るだろうと思います。なお、この第二次プロヴァンス侵入のことは、われわれの『日記』には記録してないことを申し添えます。

このようなわけで、叙述の重点が、「イタリヤ戦争」よりも、「宗教改革思潮」のほうに移ることにもなるわけですが、われわれの『日記』の筆者は、やや視野の狭い人物らしく、ルッターを悪魔視（既述）していますし、デシデリウス・エラスムスの存在を恐らく知らないらしく、もし知っていたとすれば、ルッターと同一視して、これを呪詛しかねないような考え方しかできないと思われますし、「モーの集団」**Groupe de Meaux** の如き重要な存在をきわめて軽く見ているのですから、『日記』における「宗教改革思潮」に関する記述は、かなり偏破だとも考えられます。したがって、できるだけ補足的な説明はいたすつもりですが、われわれの『日記』に記録されたことだけが、「宗教改革思潮」の全貌だとは、申せないわけです。ただ私の稚拙な説明によって、十六世紀後半を、フランス・ルネサンス期の「秋」を黝《かぐろ》く染めあげる「宗教戦争」の母胎の姿を若干なりとも伝えられたら、幸甚とせねばなりません。

なお、本書第五章において、われわれの『日記』とは別な他の日記『パリ市民フランソワの日記』（**C**）**Journal de François, bourgeois de Paris** を紹介いたしますが、この『日記』（**C**）は、「宗教改革思潮」が「宗教戦争」に進展し、純粋な宗教改革運動よりも、国内の政治的権力闘争になってしまった末期の世相を伝えてくれるものでした。本書では、「宗教戦争」については詳しく触れられませんが、「宗教戦争」の結末の姿を、既に掲げました「略年表」（第一一頁—第一一六頁。）を参考しながら、第五章中に窺っていただけたら幸甚であります。

○

一五二七年の「ローマ略奪」に次いで起った事件で、われわれの『日記』に記し止められているものを、右に述べたような方針にしたがって拾ってみましょう。

同年、七月から八月にかけて、フランソワ一世王は、パリを離れ、東北フランス、ピカルディ地方の首都アミヤン Amiens へ赴き、イギリス王ヘンリー八世の特使トマス・ウルジー Thomas Wolsey（1471—1530）と会見しています。これは、既に触れた通り、カルル五世に対抗するためのフランソワ一世の親英政策の現れですが、四月三十日に結ばれた「永久平和条約」の批准確認を行うためのものでした。既述の如く、フランソワ一世とウルジーとの間で、右条約が、このように法的にも成立したのは、八月二十一日のことだったようです。(cf. "Journal", p. 269—270.) ついでに記しますが、このウルジーという人物は、ヘンリー八世宰相を勤め、イギリスの勢力を確立させるために貢献したのですが、後年、度重なる失費の結果国民の不評を招いた上に、ヘンリー八世の有名な離婚事件に際しては、ローマ教皇の許可を得ることに失敗し、王の不興を蒙り政界を引退いたしました。（一五三〇年）その後反逆罪に問われ、逮捕されて、護送途上病死しております。なお、われわれの『日記』には、「ヨルト Yort の枢機卿」とのみ呼ばれ、本名は記されていませんが、「ヨルト」というのは、「ヨーク」York の誤記に相違なく、ウルジーは、ヨークの枢機卿として知られていましたし、『日記』の翻刻者V・L・ブゥリーイーも、ウルジーその人であることを確認しています。(cf. "Journal", p. XXII.)

こうした英仏両王の接近も、「イタリヤ戦争」が、当初よりも、はるかに複雑になっていることを物語るものと申せましょう。

ウルジーの失脚より三年ほど前の一五二七年には、フランスにおいても、一人の高官が、反逆汚職罪に問われて刑死しています。われわれの『日記』にはこう記してあります。

○

――コノ一五二七年、八月九日金曜日、聖ローラン祭ノ前日、トゥール生レノ騎士ジャーク・ド・ボーヌ、サン・ブランセー殿 Jacques de Beaune, seigneur de Sainct Blançay ニ対シテ、次ノ如キ判決ガ下サレタリ。

サン・ブランセー Sainct Blançay とは、一四五七年頃生れたサンブランセー Semblançay のことですが、ルゥイ十二世王の時代から王家に仕えた老臣で、主として国庫や王家の経済を管理していました。サンブランセーは、所謂中産階級出《ブウルジヨワジー》の財務家金融家として有名で、十五世紀にシャルル七世王の経済的支援者だった富豪のジャーク・クール Jacques Cœur (1395?—1456) に類《なぞら》えられるくらいの勢力の持主でした。しかし、財力によって進出してきた新興階級の勢力者としてのサンブランセーも、嘗てジャーク・クールが受けたような、いや、それよりもはなはだしい抵抗を、貴族たちから示されたのでした。特に、サンブランセーは、同じくフランソワ一世の老臣であり宰相の位にあったアントワヌ・デュプラ Antoine Duprat (既出) と折合いが悪かったと伝えられています。そして、イタリヤへ出征するフランソワ一世の要求する巨額な軍費を調達することを拒んだために、王の不在中太后ルゥイーズ・ド・サヴォワ (既出) と前記デュプラとの合策により、王家の財産を横領したり管理を怠ったりしたという罪名をつけられて、以下に記すような判決を受けたのでした。この事件の正確な真相は判りませんけれども、貴族階級の人々から新興階級に対してなされた圧迫行為の一例であり、巧みに仕組まれた穽《わな》に、サンブランセーが陥れられたと解するのが通説となっています。刑死後サンブランセーは無実の罪で倒れたということが確認されております。死人には、いかなる名誉も、もはや不要であることを、人々は十分に利用したと申せましょう。サンブランセーは、『日記』によりますと、一切の栄誉権利を剝奪されて、モンフォーコン Montfaucon で絞首刑に処され、財産はすべて没収されてしまいました。(cf. "Journal", p. 255―256.)

サンブランセーは、毅然として死に赴いたらしく、当時の詩人として有名なクレマン・マロ Clément Marot (1495―1544?) は、次のような寸鉄詩《エピグラム》を残しています。

刑事奉行とサンブランセーのこと

地獄の判官マイヤールが、モンフォーコンへ、
サンブランセーの息の根を止めんと連行せる折、
さて、二人のうち、いずれが従容自若たりしかと、
思わるるや? その消息をお伝え申すべし。
マイヤールは、死地に赴く者の如き有様なりき。
またサンブランセーは、実に毅然たる老翁にして、
げに、モンフォーコンに、マイヤール奉行を
絞首《しめくび》にせんと連行したるかと思われたり。

(Œuvres choisies de Clément Marot, par Eugène Voizard, Garnier, p. 326―327 Epigramme XIV.)

マロの詩には、サンブランセーが無実の罪に陥れられたということが明らかに示されてはいませんが、この不運な老人に対する深い同情は、勿論汲み取られます。

サンブランセーの処刑後、その「一味」と目される何人もの金融業者に対して、追及が行われておりますが、実に苛酷をきわめています。(cf. “Journal”, p. 258—260.) この事件に連座した人々の名前は、われわれの『日記』に明記されていますが、あまり枝葉に亙ることですから、これには触れないことにいたしましょう。ただ、次のような記録で、全貌を察していただきたいと思います。

――マタ、トゥールノ弁護士ニシテ、エムリー・ロパン Aymery Lopin ト名乗ル者モ逮捕監禁サレタルガ、コノ者ハ、件《クダン》ノ未亡人(=サンブランセー夫人)ニ、ボーヌ Beaulne (=Beaune) (=サンブランセー)ノ死ニ関シテ上告シ、デュ・プラ (=Duprat) ト呼バルルフランス国宰相ヲ相手ドルヤウニ勧告シタルガ為ナリキ。噂ニヨレバ、コノデュ・プラノ故ニ、コノボーヌハ刑死セシメラレタリトノコトナレバナリ。(cf. “Journal”, p. 260.)

徹底的な弾圧策が強行されていたとも申せましょう。こうした一種の新旧の階級闘争は、経済的な問題をも含み、宗教戦争を誘発し、且つこれを複雑にしてゆくものと思われます。宗教改革運動に、新興の中産階級の人々が加っていたことは、様々な文献に見られますが、宗教闘争に階級闘争的な現象をも認めたものとして、十九世紀の小説家オノレ・ド・バルザック Honoré de Balzac の『カトリーヌ・ド・メディチ』Catherine de Médicis という歴史小説は、興味ある資料の一つとなることでしょう。

○

一五二七年十月二十六日土曜日には、ド・ラ・トゥール殿 monsieur de la Tour と呼ばれるポワトゥ出身の武士が、ルッターの邪説を流布した廉で、パリ近くの豚市場 marché aux pourceaux において火刑に処せられましたが、『日記』には、こうした記述に続いて、左のような文章が見られます。

——マタ、コレ（＝右ド・ラ・トゥールの処刑）ニ先立チ、ソノ（＝ド・ラ・トゥール）面前ニ於イテ、彼ノ召使ヒノ者ガ一人、荷車ノ後ニ繋ガレテ棍棒ニテ殴打サレ舌ヲ切ラレタルガ、ルッターノ党派ヲ支持セルガ為ナリキ。コノ者ハ、コレヲ悔悟シタルガ故ニ、命ヲ落サザリキ。(cf. "Journal", p. 364.)

○

一五二七年の秋から一五二八年にかけては、「イタリヤ戦争」が行われていますが、各地で見られた戦闘のことは、先に述べた方針により、省くことにいたします。

一五二八年に起った数々の事件中、所謂勇ましい戦闘の記述は別として、「イタリヤ戦争」に対処するためのフランソワ一世の外交政策の一例として注目すべきは、六月に行われたルネ・ド・フランスとイタリヤのフェルララ公との結婚のことでしょう。

ルネ・ド・フランス Renée de France (1510—1575)（第三〇頁以下を参照。）は、ルゥイ十二世の娘であり、フランソワ一世にとっては、義妹に当る女性でした。北イタリヤのアドリヤチック海に近い町のフェルララ Ferrara は、北にヴェネツィヤを南にボローニヤを望む重要な都市であり、十五世紀からエステ Este 公爵家の支配の下で栄えておりました。フランソワ一世は、イタリヤにおけるフランスの勢力の一拠点とするために、このフェルララの公爵エルコーレ・デステ Ercole (Hercule) d'Este II (1508—1559) と、ルネ・ド・フランスとを結婚させました。全くの政略結婚でしたと申せましょう。ルネ・ド・フランスは、特に美貌とは伝えられておりませんが、才気煥発の女性であり、フェルララ公爵夫人になってからは、その宮廷に、明るい自由な空気を導入したらしく、ルネサンス・フランスの文学史上でも、学芸の庇護者として、また特に、思想関係でフランスを亡命した人々(例えば、クレマン・マロやジャン・カルヴァンなど)に救いの手を伸べたことで有名です。良人のエルコーレは、どちらかと言えば親独的傾向が強く、夫婦仲はあまり円満ではなかったようでした。良人の死後は、フランスへ帰り、モンタルジスMontargis に住み、公然と新教を遵奉し、宗教改革運動に加っております。(Bourrilly: Le Cardinal Jean du Bellay en Italie, *dans* la “Revue des Etudes Rabelaisiennes, t. v. 1907 p.233, p.329. Brantôme : Recueil des Dames, I, 6. Œuvres complètes par P. Mérimée, Plon, t. X, 276 p. 276 *sq.*) この女性は、フランソワ一世の実姉に当るマルグリット・ド・ナヴァールとともに、ルネサンス・フランスの文化史では忘れられない存在と申せましょう。

やや後のことですが、ラブレーは、そのイタリヤ旅行の折に(一五三五年)その恩人ジョフロワ・デスチサック Geoffroy d'Estissac 宛の書簡中で、次のようなことを報告しています。

——今朝、ナポリなる皇帝(=カルル五世)の許へ行っておられたフェルララ公が当市(=ローマ)へ帰還されました。公の御領土の封地および認知問題に関し、如何妥結いたされたかは未だ存じませぬが、右皇帝の許よりきわめて満足して戻ってこられたとは思われません。フェルララ公は、その父君の残された財産を使い果たすような羽目に陥られるのではないかと存じますし、教皇(=パウルス三世)と皇帝(=カルル五世)とが、思う存分に、フェルララ公の毛をおむしり取りになることだろうと思いますが、これは特に、右フェルララ公が、皇帝側より色々な勧告や脅迫が行われましたにもかかわらず、皇帝方に就くことを六カ月以上も延引され、然る後甫《はじ》めて国王派(=フランソワ一世派)となることを拒否されたという事情があったから、なおさらでございましょう。……(中略)……ルネ様(=ルネ・ド・フランス)が、そのために憂目を見られる危険もございます。公は、公妃附女官ド・スゥビーズ夫人（=Michelle de Saubonne, dame de Soubise ルネにしたがってフェルララへ来ていた。）を罷免せられ、イタリヤ婦人たちを侍らせるようになされましたが、これは良い兆とは申せません。（拙訳フランソワ・ラブレー『イタリヤだより』出光書店刊、第二八頁以下。）

ラブレーの報告に窺えることは、一五三五年代になると、新たに教皇となった（一五三四年）パウルス三世とフランソワ一世との間が必ずしも従前通りに円滑にゆかなくなっており、宿敵カルル五世が、むしろ教皇に接近して、イタリヤに圧力を加えているという現象であります。また、小さな力しか持っていないフェルララ公爵は、いかにフランス王家出の妃の勧告があったとしても、フランソワ一世に背を向け、絶大な権力を持ったカルル五世の意を迎えざるを得なくなっていることも、如実に感ぜられます。

われわれの『日記』には、ルネ・ド・フランスとエルコーレ・デステとの結婚について、次のような記録が残されています。

――一五二八年六月二十八日日曜日、故ルゥイ十二世王ノ姫ニシテ、最近他界セルクロード殿（=第三二頁第一六八頁参照。）ノ妹君ニモ当ルルネ・ド・フランス殿ハ、イタリヤ人フェルララ公ノ長子ト結婚シ、パリ法院ノサント・シャペル寺院ニテ婚儀ノコト取リ行ハレタルガ、右フェルララ公ノ長子ハ、復活祭直後、コノコトノ為ニフランスヘ来タリ居レリ。……（中略）……コノ年九月ニ、コノフェルララ公ト、ソノ妃ルネ殿トハ、パリヲ発チテ、ソノ国イタリヤヘ赴ケリ。（cf. "Journal", p. 304―305.）

右掲文中の中略した箇所には、この結婚は宰相デュプラ（既出）の司会の下に行われ、盛大な披露宴が開かれたこと、および、フランソワ一世から、新郎新婦に対して、ジゾール、モンタルジスを含むシャルトル伯爵領および、莫大な年金が贈られた旨の記述があります。

この政略結婚も、先程ラブレーの書簡に見られた通り、結局あまり絶大な効果を発揮しなかったようですけれども、とも角も、北イタリヤの一角に、フランス王の義妹が公妃として存在することは、今後「イタリヤ戦争」を遂行するために、何らかの強みとなっていたことは事実でしょう。われわれの『日記』の記述には、こうした政略結婚の意味も、フェルララ公の立場についても、何も記してありません。

○

ルネ・ド・フランスの婚儀よりやや先に、次のような事件が起っている旨が、『日記』に記載されております。

――コノ年一五二八年、六月一日ニ当ル聖霊降臨祭ノ翌日、月曜日、当パリ市ニ於イテ驚クベキコト出来《シュッライ》セリ。即チ、数人ノ異端者アリテ、祭日ノ月曜ト火曜トノ間ノ夜、ソノ嬰児(＝キリスト)ヲ抱ケル石作リノ聖母像ヲ襲ヒタルナリ。コノ像ハ、プチ・サン・タントワヌ Petit Sainct Anthoine 寺背後ノ小サキ扉ト相対シ、ソノ辺ニ当ル町角ニ住ムボーモンノ領主ロイ・ド・アルレー殿 Seigneur de Beaumont, Maistre Loys de Harlay ノ屋形ノ壁ニ作リ附ケラレタルモノナルガ、コレラノ奴原ハ、コノ彫像ニ、短刀ノ数撃ヲ加ヘ、聖母ノ頭ト、ソノ幼児、我ガ主ノ頭トヲ毀チ去リタリ。サレド、コレラノ聖像毀損者タチノ何人《ナニビト》タルカハ、全ク不明ナリキ。(cf. "Journal", p. 290―291.)

この事件は、史上デ・ロジエ Des Rosiers 街事件として知られているようですが、(cf. Margaret Mann: Erasme et les débuts de la réforme française, Champion, 1934. p. 144.) こうした事件のために、

フランソワ一世王自らが乗り出して、贖罪行列を行いました。この種の贖罪行列は、六月十三日ぐらいまで、次から次へと、パリ市内で行われたという記述が『日記』に残されていますから、(cf. 'Journal", p. 291—294.) この事件がどのように大きな反響を呼び起したかが判ると思います。一五二八年頃のフランスは、パヴィヤの敗戦(既述)後の国内の混乱を何とか収拾せねばなりませんでしたし、国王フランソワ一世としても、こうした混乱に対して、自分の権力の濫用による敗戦に責任を当然感じていましたから、王の政策として、王権の確立に邁進する志は棄てなかったとしても、教会側の圧力に対して、一時後退せざるを得なかったもののように思われます。この聖母像毀損事件は、「異端者」の仕業であったとしても、また、それが何者の手によってなされたものであったとしても、王としては、旧教会に対し、王の支配する国民中から、かくの如き「不逞の徒」を出したことに対して、「深甚なる遺憾の意」を表する必要があったわけでした。

なお、後年にも、同じような「不敬事件」が起っておりますが、「宗教改革思潮」の展開を如実に物語るように思われます。

○

さらに『日記』を眺めてみますと、約三頁に亘って、(cf. "Journal", p. 313—314, 422.) クリストフル・ビュエッグ Christofle Bueg という二十歳ぐらいの青年が、モーベール広場 Place Maubert で絞首になり、絶命したと思われましたのに、息を吹き返して大騒ぎになった事件(九月十九日)が記述してあるのに気がつきます。この青年の罪状は明らかには説明されておりません。ただ、リヨンの司教からの追及を受けたと記してあるだけです。しかし、教会関係の人から追訴されているのですから、もしかしたら、宗教改革運動に連座した結果なのかもしれません。

また、一五二八年十二月の項には、次のような記録が見られます。

——一五二八年十二月十五日水曜日、セーヌ河ノ舟子ニシテ、モー Meaulx (=Meaux) 生レノ男ガ、法院ノ裁決ニヨリ、パリノグレーヴ Grève 広場ニテ火刑ニ処セラレタルモ、コレハ、コノ者ガ、聖母マリヤハ、ソノ画像同様ニ無力ナリト揚言シ、画像ヲ取リ、コレヲ愚弄シテ破棄セルガ為ナリ。(cf. "Journal", p. 364.)

この場合は明らかに宗教改革運動に関する事件ですが、既に弾圧され潰滅せしめられた「モーの集団」(既出)の影響が、未だに、このような形で残っていたことが判ります。本来温和な改革思想を中心とした「モーの集団」が弾圧されたために、かえって激烈な(例えば、ギヨーム・ファレルやジャン・カルヴァンの)宗教改革運動を誘発するようなことになるとともに、他方では、恐らく、「モーの集団」の指導者たちの意に添いかねるような行き過ぎが、潰滅以前においても、貧しい人々の逸《はや》り気から既に生れており、潰滅後の一五二八年においても、上述の如き犠牲者を出していたことが窺われますが、改革運動が、順調に、社会の歪みを是正する道を進むことが、きわめて困難であることを、われわれに伝えてくれると申してよいかもしれません。

○

一五二九年の一月から、フランソワ一世王は、パリ市民から、貧富を問わずに、十五万リーヴルの金員を徴発いたしましたが、『日記』の筆者は、「甚ダ過度ナルコトドモナリキ。噂ニヨレバ、王ハ、全王国ニ亘ッテ、百十万黄金エキュ escus (écus) d'or ヲ徴用セシメラレタリ」(cf. "Journal", p. 316.) と、多少恨めし気にも記しております。

四月十日（土曜）には、最高法院の裁決により、一五二六年以来逮捕されていた八人のパリ市民に、罰金および職業停止などの刑が下されておりますが、この八人のパリ市民は、司祭、弁護士、商人という階級の人々であり、マドリッドへ捕虜になっていた王の身代金の献上を命ぜられた折に、それに反対した廉で捕えられていたのでした。八人の姓名は判明しておりますが、煩雑ですから省略いたします。（cf. "Journal", p. 316—317.）これらの小事件は、いずれも、フランソワ一世の治世の底流を垣間見せるものを持っているように思われます。

○

同じく四月には、フランス文学史には記載されるのを常とするルゥイ・ド・ベルカン Louis de Berquin (Louis Berquin) の火刑事件が起っています。ベルカンのことには、既に触れておりますから、（第二章を参照。）詳説を避けますが、この人物は、ルッターやエラスムスの翻訳者として知られており、自己過信という欠点はあったとしても、果敢な啓蒙運動家であったことだけは認められます。このベルカンは、一五二三年にも一五二六年にも、異端糾問当局の手によって投獄され、一五二六年の場合には、死刑宣告まで受けておりましたが、二度とも、フランソワ一世の尽力によって、釈放されていたのでした。度重なる身辺の危機にもかかわらず、また、デシデリウス・エラスムスからの心のこもった自重勧告にもかかわらず、ベルカンは、依然として自説を曲げずに、公然とパリ大学神学部に抵抗する態度を取り続けましたので、一五二九年三月、王のパリ不在中に告発され、四月十六日には終身刑を言い渡され、翌十七日に、死刑宣告を受けて、直ちに火刑に処せられてしまったのでした。このルゥイ・ド・ベルカン事件については、拙著『フランス・ユマニスムの成立』（岩波書店刊）中で、一章を割いて、比較的詳しく記述いたしましたから、興味を抱かれる方は、右旧著について御批判願うことにいたしまして、本書中では、われわれの『日記』に記されたかなりの量のベルカン事件の記録文を、適当に選び、これを訳出解説することにします。

——一五二九年復活祭後ノ四月二十六日（十六日が正しい。〔cf. "Journal", p. 317, n. 2.〕）準騎士ロイ・ベルカンLoys Berquin（=Louis de Berquin）ニ対シ、教皇及ビ国王ノ命ニヨル委員会ノ裁決ガ下サレタリ。コノ者ハ、件《クダン》ノ土地（=ベルカン Noord Berquin=Vieux Berquin）ノ領主ニシテ、ピカルディ地方ノアッブヴィル Abbeville ノマルグリット・ド・フランドル Marguerite de Flandres 所領ナルランビュール Rambuzes（=Rambures）ノ封領地ニ住ヒ、ソコニ領地及ビ資産ヲ持チテ、年ニ約五百リーヴルニノボル収入アリトモ伝ヘラレタルガ、実ハ、パリ近クノパッシーPassy（=現在はパリ市内）ニ生レタル者ナリ。コノ者ハ、復活祭ヨリ約三週間前ニ逮捕サレテ、法院附属ノコンシエジュリー牢獄ニツナガレタルガ、ソハルッターノ徒タリシガ為ナリシガ、未婚ナリキ。（cf. "Journal", p. 317.）

以上が、われわれの『日記』中におけるベルカン事件に関するかなり長い記述の書き出しですが、ベルカンが、とも角も貴族のはしくれであったらしいことは判りますし、『日記』の筆者の、気に入らぬ者はすべて「アカ」と判断するという素朴な筆致によれば、このベルカンは、ルッターの徒、言い換えれば、宗教改革運動に奔走した怪しからぬ人物であることも判ります。上掲文中に「教皇及ビ国王ノ命ニヨル委員会」とありますのは、クレメンス七世教皇がフランス宰相アントワヌ・デュプラ（既出）と相談して組織した特別査問委員会を指すように考えられます。既に二回にも亘って問題になりながら王室の庇護を受けていたベルカンのことでありますし、その仕事が、主として、エラスムスとルッターとの著書の紹介翻訳でしたから、ベルカンの処分が、大きな波紋を起すに違いないことを見越して、このような特別査問会が作られたものではないかと思います。

われわれの『日記』には、上掲訳文に続いて、次のようなことが記されていますが、少々長い文章ですから、要旨のみを述べることにいたします。

既に一五二六年一月に、ベルカンは、ルッターの徒という嫌疑の下で逮捕されましたが、（第一六一頁以下を参照。）王母摂政太后（ルゥイーズ・ド・サヴォワ）の口添えで釈放されたのにもかかわらず、「ソノ後、故郷ピカルディ地方へ隠退シテ、ソコニ於イテ、尚モ、ソノ邪《ヨコシマ》ナル意図ヲ頑《カタクナ》ニモ貫キ通シタリトノコトナリ。」(cf. "Journal", p. 318.)

それから後、ベルカンの身辺は監視され、査問委員会でもすったもんだした揚句、とうとう、今度のような処置が改めて下されたのでしたが、われわれの『日記』には、この最後の査問が行われている間に、ふしぎな事件が起っているとして、次のような記述が残されています。

――サテ、ココニ、当時奇蹟ノ如キモノト思ハレタルコトガ起リタリ。即チ、件《クダン》ノ訴訟中ニ、彼（＝ベルカン）ノ召使ニシテ、ソノ用件ヲ足ス為ニ走リマハレル者アリタルガ、コノ者ニ、ベルカンハ、サル親シキ友人宛ノ数通ノ書簡ヲ托シタリ。コノ書簡ニヨッテ、草草《クサグサ》ノコトヲ言ヒ送レルウチニモ、特ニ、パリノ××（＝原文欠字、不明）ニ構ヘシ部屋ニ置キタル書物ヲ取リ出シテ、コレヲ焼却サレタシト書キ送リタルナリ。……コノ召使ハ、コノ書面ヲ携ヘテ、宛先ヘ届ケンモノト出発シ、ソノ為ニ、オ・シャンジュ橋 Pont au Change ヲ渡レリ。トコロガ、……」(cf. "Journal", p.319.)

ところが、このオ・シャンジュ橋上に建てられており、すぐそばのノートル・ダム橋にも近い一軒の家に掲げられていた聖母マリヤの像の前まできますと、この召使は、胸が苦しくなり、気絶して、倒れてしまったのでした。（なお、この当時、パリの橋上には家屋が建ちならんでいたということは、古版画によっても古書によっても認められます。）これを目撃した連中は、この召使を助け起したわけでしょうが、持っていたベルカンの書簡が、人々の眼に触れ、さらに、それがジャコバン宗の一人の神学者から、既にその名を挙げたこともありますパリ大学神学部の驍将ノエル・ベダ Noël Béda の手に渡り、それから勿論法院へ提出されてしまったというのであります。(cf. "Journal", p.319—320.)

こうした「奇蹟」は、正《まさ》しく、ベルカンにとって大変な不利な結果となったわけでした。つまり、いわば謹慎中の身でありながら、禁じられた研究を続けていた証拠となる書物の在所を検察当局に告白してしまったことになるからであります。この事件の記述の信憑性には論議の余地がありましょうけれども、われわれの『日記』の筆者が、ベルカンを恐れ且つ呪咀し、「天は悪人を見逃さぬ」というような筆法で、この挿話を記し止めていることだけは、直ちに感ぜられます。

このような事情から、ルゥイ・ド・ベルカンは、不謹慎・再犯のゆえに、もはや逃れられなくなってしまったとも申せましょう。事実、われわれの『日記』には、続いて次のように記されております。

――法院ハ、コノ書面ヲ見タルガ、程ナクシテ、コノベルカンハ、サル塔ニ幽囚サレルコトトナリ、コレマデ常トシタルガ如クニ、内庭ヲ往来スルコトモカナハヌ身ノ上トハナレリ。ソノ後、上ニ記シタル委員会ノ人々ニヨリテ、ベルカン査問ノコトハ、大至急ニ取リ行ハレタリ。カクシテ、復活祭後ノ一五二九年四月十六日金曜日ニハ、ラテン語ニテ、裁決ガ下サレタリ。(cf. "Journal", p. 320.)

この裁決によれば、最高法院および裁判所へ、ベルカンは無帽のまま、燃えさかる蠟燭を手にして出頭し、前非を悔いた旨を、またルッターの徒党に組し邪《よこしま》な書物を作り、神および聖母の光栄を傷つけたことを深く後悔し、神および国王、裁判官の慈悲にすがる心持になった旨を大声で叫ぶことが、先ず命令されていました。さらには、ノートル・ダム大聖堂の前庭で、同じような懺悔告解を行い、その次には、「一生涯ソコニ留メラルル為ニ、二ツノ石ノ壁ノ間ニ閉ヂコメラレルコト」が裁決されていたのでした。なお、「更ニ読書スル為ノ書籍、書ク為ノ墨汁及ビ鵞筆ヲ与ヘラルルヲ禁ゼラレタリ」とも記してあります。(cf. "Journal", p. 320.)

ルゥイ・ド・ベルカンは、大胆にも、こうした裁決に対して控訴すると公言いたしましたし、求められた署名をも拒否しましたので、そのままコンシエジュリー牢獄に留め置かれました。その翌日四月十七日になり、最高法院の議長が色々と奔走しましたが、ベルカンはあくまでも控訴する意志を翻しませんでしたので、遂に、死刑の宣告が下されてしまいました。

――遂ニ、最高法院ニヨリテ、死罪ノコトガ取リ決メラレ裁定サレタリ。サレバ、コノ日、一五二九年四月十七日土曜日朝、九時ト十時トノ間ニ、〔ベルカンハ〕死刑ヲ宣セラレ、パリノグレーヴ広場ニテ生キナガラ焼カルベキコト、及ビ、ソノ死ニ先立チ、当人ノ面前ニ於イテ、件《クダン》ノ場所ニテ、ソノ著書ガ焼棄セラルベキコトト相成レリ。コノコトハ、同日、大急ギニテ取リ行ハレ処理イタサレタルガ、コレハ、国王及ビブロワ城ニアリシ摂政太后ヨリ救助ノ手ノ来ル暇《イトマ》ナキヤウニセムトノ計ヒナリキ。蓋シ、〔ベルカンヲ〕朝ノウチニ、法院ヨリ刑事奉行ト死刑執行人ラノ手ニ委ネテ、ソノ刑ヲ執行セシメントシタルガ故ナリ。昼飯後直チニ、刑事奉行ハ、射手隊士、弩弓隊士、ソノ他裁判所関係ノ代理者ヲ伴ヒテ、〔ベルカンヲ〕件《クダン》ノグレーヴ広場ニ連行シテ、ソコニ於イテ、上ニ述ベタルガ如ク、下サレタル宣告ハ、欠クルトコロナク実行ニ移サレタリ。件《クダン》ノバルカン Barquin（＝ベルカン Berquin）ハ、約五十歳ニシテ、平生、天鵞絨ト繻子トダマス布ト金鎖ニ飾ラレタル衣裳ヲマトヒ居リ、身分モ高貴ナル出ニシテ、学問ニ長ジ、利発ニシテ、極メテ優レタル学者ナリキ。サレドモ、ソノ物ノ考ヘ方ニ於イテ過チタルナリ。サハ言ヘドモ、彼ハ後悔シテ死セリ。(cf. "Journal", p.321—322.)

われわれの『日記』の余録に記された文章によりますと、既に四月十六日に、ベルカンが公式に懺悔告解をするのを眺めようとして、二万人 xxmil personnes が集まっていたということですから（cf. "Journal", p. 427.）この事件が、当時のパリでは、かなり大きな反響を呼び起していたことが判るように思います。

当時無名作家の作った詩篇で『一五二九年四月十七日土曜日パリにて焼き殺されしルッターの徒ベルカンを罵る』Contre Berquin Leutherien (=Lutherien) bruslé (brûlé) à Paris, le samedi XXIII (=XVII) jour d'Avril mil V^{c} XXIX というものが残されていますが、この詩のなかでは、ベルカンは、「信義なき」男だったから、「大地もその埋葬を拒んだ」とまで極言してあります。（cf. "Journal", p. 322, n. 1.）われわれの『日記』の筆者の意見をさらに激しくしたものであり、当時の一般大衆の眼に映じたベルカンの姿の一面を示してくれるように考えられます。ここで、ルゥイ・ド・ベルカン論をする暇も意志もありませんが、あらゆる人々からベルカンが罵倒されたのではなかったことについて、若干私見を記すことにいたしましょう。

カトリック教の権力が強いフランスで、宗教改革めいた論議を宣伝することが良いか悪いかは別の問題といたしましても、ルッターやエラスムスのフランスにおける紹介者であったベルカンは、その自負心やその軽卒さの点では咎められる理由があったと考えられますが、やはり、不寛容な空気の犠牲者であったように思われます。フランソワ一世も母后ルゥイーズ・ド・サヴォワも、終始一貫ベルカンの助命のために尽しましたのに、教会側の圧力は、王家の人々の干渉のおよぶのを恐れて、その不在中にベルカンを急いで死刑に処してしまったことも、——また、ベルカン査問委員会には、時世の欠陥を痛感していたギヨーム・ビュデ Guillaume Budé（既出）の如き国王側近の学者も加っていたために、なかなかベルカンの断罪が定められなかったことも、われわれの『日記』の筆者や上述の無名詩人のような人々とは別な見方で、ベルカンが評価されていた可能性があることを暗示していると思います。

一五二九年七月一日附のエラスムスの書面（カルル・ウテンホーヴ Karl Utenhove 宛）は、ベルカンの刑死を慨き、憤りに充ちた筆致によって、ベルカンの最期を描き出しています。

「あのように超然とし、あのように冷静なベルカンを見た場合、貴君は、自分の書庫なり寺院の丸天井の下なりで、気高い冥想に耽っている人間だとお思いになるでしょう。彼の眼差しには、その良心の清らかさが、はっきり現れていますし、自分が擁護した主張を、彼は、今なお正しく且つ神聖なものと思っていることも明らかでした。（中略）彼を乗せた荷車がグレーヴ広場に到着し、下りるように命ぜられると、彼は躊躇せずに下り、棒杙に縛りつけられる間も、平然としていました。最後の瞬間に、彼は群衆に話しかけようとしましたが駄目でした。周囲にいた人々は、ベルカンの声が聴えないようにせよと命令されていましたので、彼を取り巻く連中の凄まじい怒号が起り、殉教者が何を叫んでいたのか、誰にも聞きとれませんでした。このようなことが行われた以上、彼が言いもしなかったことを、あるいは、言ったこととは反対のことを、彼が言ったということにしてしまうのは実にわけもないことだったのです。」(cf. Henri Guy : Histoire de la poésie française du XVIe siècle, Champion. t. II, p. 173—174.)

なお、エラスムスによれば、ベルカンが息を引き取るまで、一人の修道士が附き添っていまして、ベルカンは結局前非を悔いたと証言していますが、これはすべて教会側の小刀細工に外ならないということです。エラスムスが、どのような資料にもとづいて、右のような記述をしているのか、調査方法の全くない私には、到底究明できぬことですが、多少の誇張があるとしても、エラスムスは、ベルカンを、一個の不幸な犠牲者と見ていることだけは確かです。そして、エラスムスの記したことが正しいとするならば、上掲訳文中に「後悔シテ死セリ」と記したわれわれの『日記』の筆者は、教会側の小細工のために欺された「無邪気な人々」の一人ということになりましょう。ベルカンの如き存在の正しい評価は、十六世紀においても困難であった以上、近代ではさらに困難になりますが、十六世紀において、いずれ新教会に不寛容な態度に出ることを強制したとも思われる旧教会側の不寛容の実情が、歴史研究によって明らかになるにつれて、ルゥイ・ド・ベルカンの性格や偏癖は別としても、彼を旧教会側の不寛容の下に倒れた不幸で且つ勇敢な犠牲者と見る論が多いように思われます。例えば、ロマン・ロランの『ルゥイ・ド・ベルカンの最後の訴訟』Le dernier procès de Louis de Berquin (*dans* les Mélanges de l'Ecole française à Rome, 1892) が、その代表的なものでしょう。

○

一五二九年の四月以後のこと、麦の価値が暴騰してリヨンでは暴動が起るにいたったという記録が、われわれの『日記』に記されています。(cf. "Journal", p.322—323.) なお、このリヨンの暴動の際に、フランス文学史上「リヨン詩派」Ecole lyonnaise と深いつながりのある詩人（あるいは医学者）のサンフォリアン・シャンピエ Symphorien Champier (1471—1537? 1539 ?) が、家財を略奪され、危く殺されそうになったということが、『日記』に見られます。(cf. "Journal", p. 322.) 文学史文化史の上でも、さまで有名でもないシャンピエの名が、どうしてわれわれの『日記』の筆者の記憶に残されたのか全く不明ですが、少くとも当時、シャンピエは博学有能な医者として、フランソワ・ラブレーの作品 (cf. Rabelais : Pantagruel Chap. VII.) にも出てきていますから、一時は世に知られた存在だったのかもしれません。そうだとすれば、リヨンの暴動事件は、ベルカン事件に劣らず、人々の耳目をそばだたせたことになると思われます。

同年六月五日には、ポワトゥ地方出の四人の貴族たちが、窃盗を働き婦女子にはなはだしい暴行を加える常習犯として、斬首の刑に処せられています。(cf. "Journal", p. 364.)

このような生活の困窮と風俗の紊乱との記録は、「イタリヤ戦争」の「華々しさ」と併行して、「明君」と呼ばれるフランソワ一世の「泰平」の治世の記述中に収められねばなりません。

なお、これは、われわれの『日記』には載せられてはおりませんが、この一五二九年には、パリ大学神学部が、エラスムスを糺弾する態度を明らかにしていますし、ギヨーム・ビュデの大著『ギリシヤ語考』Commentarii lirguae graecae が上梓されていますし、フランス印刷史語学史上恐らく劃期的な、ジョフロワ・トーリー Geoffroy Tory (1480?—1533) の『万華園』Champfleury も上木されています。そして、フランスの新教会（カルヴィニスム）の首長となるべきジャン・カルヴァンは、この年、真面目な学徒、真剣な求道者として、オルレヤンの大学からブゥルジュの大学へ移り、少しずつ、自らの進むべき道へ近づきつつあったのでした。この頃、カルヴァンは、二十歳でした。

○

この年（一五二九年）には、『カンブレーの和議』が成立いたしました。カンブレー Cambray は、東北フランス地区の町です。この「和議」は、マドリッド条約（既出）以後も打ち続く独仏両国間の抗争を調停しようとして、フランソワ一世の母后ルゥイーズ・ド・サヴォワ（既出）が、神聖ローマ・ドイツ皇帝カルル五世の伯母に当るオーストリヤのマルグリット Marguerite d'Autriche 太公妃に働きかけて開かれた和平交渉でした。今記しました二人の貴婦人の外に、フランス側からは、フランソワ一世の姉に当るマルグリット・ド・ナヴァール（既出。一五二七年にアンリ・ド・ナヴァール公 Henri d'Albret, roi de Navarre と再婚。）も加っていましたから、この和議条約は、『貴婦人の和議』Paix des Dames と、多少揶揄的に呼ばれています。これは、この「平和条約」が、一五三六年頃になると他愛もなく破られてしまったことにも関係があるかもしれません。

われわれの『日記』に記してあることを紹介する前に、アンドレ・モロワ André Maurois の評言を引用してみましょう。

「一五二九年に、優れた調停者だったルゥイーズ・ド・サヴォワは皇帝の伯母でオランダの総督夫人であるマルグリット太公妃との間に、『貴婦人の平和《ペー・デ・ダーム》』と呼ばれたカンブレーの平和を結ぶことに成功した。フランスの二王子（＝フランソワ一世の身代りにマドリッドへ軟禁されていた。）は、父親のもとに帰され、二百万金エキュの償金を支払わされた。王子たちは、スペインでの待遇がきわめて悪かったと語った。そして、王（＝フランソワ一世）の恨みはさらに増大した。しかし、カンブレー条約の一条項は、フランソワ一世をカルル五世の義兄弟とすることになった。（＝既出、マドリッド条約の項、本書第一五九頁以下を参照。）皇帝には、ポルトガル王の寡婦で三十二歳だった姉エレオノール・ドートリッシュ（既出）があった。彼女は、フランソワ一世と結婚する命令を受諾した。この従順で控え目で操正しい王女は、フランスの宮廷で全く人目に立たずに十七年間を過した。彼女は再度、寡婦になった時、カルル五世の許に帰って暮した。」（平岡昇・中村真一郎・三宅徳嘉・山上正太郎諸氏共訳『フランス史』新潮社版第一六八頁）

○

われわれの『日記』には、次の如く記してあります。

――……数日後、摂政太后（＝ルゥイーズ・ド・サヴォワ）ト全王廷ノ人々ハ、ブロワ Bloys（＝Blois）ヲ出発シテ、ロモランタン Romorantin 及ビオルレヤンヲ過ギテ、次デフォンテーヌブローニ赴キ、更ニコレヨリ全員パリニ来リ、ココニテ約八日間滞在セリ。次ノ水曜日、六月十六日、一行ハ、パリヲ出発シテ、ピカルディ地区へ、即チ、コンピエーニュへ赴キタルガ、摂政太后ハシュフォール Suffort 公（＝イギリス貴族サフォーク Suffolk 公）及ビ多数ノ供奉ヲ伴ヒ、ソノナカニハ、宰相及ビデュ・セルヴァ du Selva（＝Jean de Selve）〔最高法院〕筆頭議長モ加ハリ居レリ。マタ、ソノ他諸問職関係ノ人々ガ、カンブレーノ町へ赴キ、皇帝ノ伯母マルグリット殿ニ謁シ、皇帝側ト、コレラノ使節トハ、遂ニ和平ヲ取リ結ビタリ。(cf. "Journal", p. 324.)

上掲文中、シュフォール公とあるのは、サフォーク公のことでしょう。フランス王故ルゥイ十二世の妃のマリ（イギリス女性）は、王の死後、かねてより愛していたイギリス貴族チャールズ・ブランドン Charles Brandon duc du *Suffolk* の妻となったことも、またこの美貌の女性を旋って、フランソワ一世およびカルル五世の名が見られたことも、既に（第一一三頁以下を参照。）述べた通りです。このサフォーク公は、カンブレーの和平会談が行われる直前に（五月二十五日）(cf. "Journal", p. 323.)、イギリス王の命を受けて来仏し、フランソワ一世その他に会っていますが、勿論外交折衝のためだったろうと思われます。カンブレーの和議に際し、摂政太后とともに現地へ赴いた理由は全く判りませんが、旧フランス王妃を妻とする人物として特別な待遇を与えられていたのかもしれませんし、一種の「オブザーヴァー」として列席したのかもしれません。なお、宰相とあるのは、既にたびたびその名を挙げましたデュプラのことでしょう。またデュ・セルヴ（セルヴァ）筆頭議長は、既述のサンブランセー事件を裁き、ルゥイ・ド・ベルカン事件の折にも査問委員の一員でした。「貴婦人たち」の会談とは言え、フランス側は、謂わば一家総出で談判に臨んだように思われます。摂政太后一行がカンブレーへまで出向いたとは、『日記』に記してありませんが、恐らく初めコンピエーニュへ行き、次いで、北上して、ベルギーに近いカンブレーで、フランス側全委員と落合ったのではないかと思います。マルグリット・ド・ナヴァールが、カンブレーに到着したのは、「七月五日夕方七時」という記録もありますから、摂政母后の到着も、これに準じてよかろうと思っています。(cf. Pierre Jourda: Marguerite de Navarre, Champion, 1930, t, I. p. 155.) それは、とも角として、上掲引用文の続きを読んでみることにいたしましょう。

――カクシテ、続ク八月五日ニハ、コノカンブレーノ町ニテ、和議ノコトハ誓約サレ、締結サレ、認知サレルニイタリ、ソノ旨ハ月曜日(＝六日)ニ、コノカンブレーノ町ニ於イテ、喇叭ノ音モ高ラカニ布令マハラレタルガ、国王(＝フランソワ一世)ハ、当時サン・カンタン Saint-Quentin (＝カンブレーより約五十キロ南方の町)ニアリキ。次イデ件《クダン》ノマルグリット(＝太公妃)殿ハ、摂政太后(＝ルゥイーズ・ド・サヴォワ)トトモニ、サン・カンタンヘ来リテ、王ト会見シ、極メテ鄭重ナル待遇ヲ受ケタルガ、ソノ人質トシテ、王ノ姉ニ当ルナヴァール公妃(＝マルグリット・ド・ナヴァール)ガ派遣サレタリ。(cf. "Journal", p. 324.)

この記述から見ますと、確かに摂政太后もカンブレーへ赴いて、恐らく、フランス側の首席全権格で、マルグリット太妃と折衝していたらしく、和議が調ってから、二人揃って、サン・カンタンで待機中のフランソワ一世と会ったように考えられます。その際、上掲文末に見られるように、『エプタメロン』の作者たるマルグリット・ド・ナヴァールは、マルグリット太公妃がサン・カンタンのフランス側の陣営にいる間、人質として、恐らくカルル五世側の人々が多数いたに違いないカンブレーへ行っていたことになります。

こうした役割は、裏切り行為が決して稀ではなかった時代においては、当然だったかもしれませんが、決して楽しいものではなかったに違いありません。常に弟国王の身上のことを心配し、また国内の思想問題にも心を痛めていたこの王女が、このような役目についたということを知る時、この王女の肖像画の表情に漂う一種の哀愁の色を思い出します。

幸いにも事件らしい事件は全く起らず、フランソワ一世と摂政太后とマルグリット太后とは、次いで、カンブレーの町へ赴いて、和議成立の祝典を催したり、金銀を、窓から民衆に投げ与えたりしました。そのため、「アマリノ人出ノ結果、コノカンブレーニ於イテハ、人々及ビ馬匹ヲ宿ラシムル場所ヲ見出スコト能ハザルホドナリキ」(cf. "Journal", p. 324.) という有様でした。このお祭り騒ぎは、八月十日まで続けられ、十二日になりますと、独仏両国の人々は、固い友誼を誓って別れました。(cf. P. Jourda : *Opus cité*, ibid. p. 156.)

○

このカンブレーの和議の内容は、根本において、パヴィヤの敗戦によりカルル五世の捕虜となったフランソワ一世がイスパニヤのマドリッドで結んだマドリッド条約(既出)の再確認再強制に外ならないのですが、若干変化もあったようですから、われわれの『日記』にかなり詳細に記してある資料を左に要約してみることにいたします。(cf. "Journal", p. 326―328.) 既述のマドリッド条約の諸条項(第一五九頁以下を参照。)と比較してみていただけたら幸甚であります。(なお左表中、各条項末の括弧内に記しました**1・2・3**……は、マドリッド条約の大要を箇条書にしました折の番号**一・二・三**……に対応し、＝**1**とありますのは条項の内容が同じことを示すものと考えていただきたいと思いますし、次の記述は、『日記』の叙述の順序にしたがっていることをも申し添えます。)

一　フランソワ一世は、マドリッド条約の定める通りに、身代金として、二百万エキュ・ソル escus sol を支払うこと。ただし、既に百二十万エキュは支払い済みであるから、残りは、八十万エキュの額になる。(＝2)

二　この八十万エキュを支払うまで、フランソワ一世は、フランドル、リュクサンブゥール地方にあるフランス領地区を、カルル五世に担保として差し出すこと。

三　フランソワ一世は、カルル五世の姉エレオノールを娶ること。(＝1)

四　フランドルおよびアルトワ伯爵領は、フランス王権下を離脱すること。(＝7)

五　故シャルル・ド・ブゥルボン(既出)の所領は一切、その後嗣に与えられるべきこと。(＝8)

六　フランソワ一世は、ナポリ王国ミラノ公国および全イタリヤへの権利主張を放棄すること。(＝3)

七　ナヴァール公アンリ・ダルブレ(＝マルグリット・ド・ナヴァールの良人)に、ナヴァール王国への野望を棄てるように強制すること。――〔これは、一五一二年に、カルル五世の外祖父に当るイスパニヤ王ヘルナンド五世(＝Ferdinand V, le Catholique)(既出)が、ナヴァール王国の大半を、当時この王国の支配者であったジャン・ダルブレ Jean d'Albret から奪い取り、ピレネー山脈北側の部分だけしか与えなかったという事実があり、したがって、ナヴァール公アンリ・ダルブレは、事毎に旧領地の恢復を希い、フランソワ一世にも、それを訴えていたのでした。したがって、この条項は、マドリッド条約になかった新しい要求であり、こうして、フランソワ一世の指先までも縛ろうとしたものとも申せましょう。〕

八　フランス側に捕えられたドイツ側の捕虜は釈放されること。戦歿者には賠償金を与えること。

九　マコン Mascon (Macon) 伯爵領その他の領地を、新王妃エレオノールに与えること。

十　今後カルル五世がイタリヤ旅行をする際には、フランソワ一世は、その旨通達あった後二箇月間内に、指定の港にフランス海軍の艦船を待機せしめて、海路の便を計ること。

十一　フランソワ一世は、カルル五世の要求により、六箇月の期限附きで、五百人のフランス軍兵と砲兵の一隊とを、無償で貸与すること。

十二　この条約公布後半箇月後には、フランソワ一世軍およびその同盟軍軍兵は、ナポリ王国の各都市各城砦より退去すること。

十三　全条約が完全に履行されるまで、フランス王太子とオルレヤン公とは、人質になっていること。

（=**5**）

この条約内容が、マドリッド条約とほとんど同一であることは、結局、フランス側で、今度の和議までマドリッド条約を実行しなかった証拠にもなります。しかし、恰もフランソワ一世を臣下の如く見下していると言ってもよいこの条約が、フランス側によって、よくも受諾されたものだと、今さらながら感心もしますが、この条約が、今後も決して完全には履行されずに、結局は、再び戦端が開かれることになるのですから、さまで感心する必要もなさそうです。

第**十**項できめられたことは、この一五二九年の十一月に、直ちに実行せしめられ、カルル五世は、威風堂々と、バルセロナ近くのパラモスの港から出発し、イタリヤに赴き、先ず、ミラノ公国における己の地歩を固めるという行動に出ました。われわれの『日記』は、こうした事実を、全く他人事《よそごと》の如く実に淡々と記録していますが、フランソワ一世としては、泣くに泣けぬほど口惜しかったに違いなかっただろうと思われます。

先に引用しましたアンドレ・モロワの文章中には、人質となったフランス王子らが帰国したことが記してありますが、後述の如く、これらの王子たちの帰国は、翌一五三〇年に行われます。しかし、この帰国は、フランソワ一世がカンブレーの和議条約を全部履行した結果ではなく、莫大な身代金をカルル五世に支払ったためなのでした。王の身代金と王子たちの身代金とは、フランス全国に強制課税されたようですが、既に、こうした特別徴税に対する不満は、『日記』の筆者によって洩らされていましたのにもかかわらず、(既出)カンブレーの和議で、とも角も、束の間でも平和の時期を迎え得たという欣びのためでしょうか、今度は、少くとも表面には、不満の言葉は現れていません。しかし、パリでは、貸家を持っている人人の収入の三分の一が一年間に亘り徴収されること、貴族も平民も、その土地の収入額の四分の一を、同じく一年間納税せねばならなくなり、「人頭税 tailles ハ種々様々ナル方法ニテ取リ立テラレタリ」(cf. "Journal", p. 328.) と記してあります。

○

カンブレーの和議が締結されました一五二九年の八月二十九日(木曜)には、故ジャン・ルニョー Jean Regnault の息子で、羅紗商を営み、妻もある者が、グレーヴ広場で火刑に処せられていますが、神および聖母マリヤを冒瀆した廉で追訴された結果でした。『日記』によりますと、こう記してあります。

――……或ル日ノコト、コノ者ハ、骰子遊ビニテ無一文ト相成リ、薪或ハ蠟燭ニ火ヲ点ジ、ソノ上ニ乗リ、「神様聖母様、御気ノ毒!」ト叫ビ、己ガ衣ニ放火シタルトノコトナリ。(cf. "Journal", p. 368.)

これは、賭博で負けて自棄になった男の乱暴かもしれませんが、これだけの罪で、火刑にされたところを見ると、検察当局が、思想悪化の風潮に対するみせしめとして、この羅紗屋を火焙りにしたのかもしれません。このように考えてもいたし方ないようなことも、次の月に起っています。

——コノ年九月二十三日、パリノ四辻トイフ四辻ニ、王命ニヨリ、射手隊ヲ率イタル市奉行立会ヒノ下ニ、喇叭ヲ吹キ鳴ラシテ、次ノ旨ガ布令マハラレタリ。即チ、今後、何人《ナニビト》タリトモ、神ノ御名ヲ冒瀆シ罵倒シ或ハ否認スベカラズ。コレニ違フモノハ、初犯ノ場合ハ、罪金六十ソルノ刑ヲ科サレ、再犯ノ折ニハ、脣ヲ割ラレ、第三回目ニハ、舌ヲ断タレ、第四回目ニハ、絞首ノ刑ニ処セラルベシ、ト。(cf. "Journal", p. 365.)

前記羅紗屋の場合は、全く水面に現れた氷山の一角かもしれず、「不敬な異端思想」が、この時期に目立ってきていたのかもしれません。中世期では、民衆の間でも、また民衆の興味を惹く必要から説教壇の上からでも、また物語作家においても、不敬冒瀆と思われるような言葉がしばしば用いられはしていましたが、さして問題にならなかったように思います。これは、教会側に十分な自信があったためでしょう。ところが、ルネサンス期にあっては、イタリヤから流入しつつあった異端哲学思想やドイツやフランドル地方から伝ってきた宗教改革思潮が、治安当局を動揺させ刺戟する結果を招来していましたから、中世期ならば看過され得たような言辞も、思想粛正・統制の必要から、問題になったとも言えます。クレマン・マロやフランソワ・ラブレーの筆禍事件の半面には、こうした事情が確かにあったように考えられますし、羅紗屋の事件も、上述の布告も、同じ事情によると申せるかもしれません。

この種の治安維持の方策は、今後も、たびたび採られることになりますが、それに比例して、所謂思想(宗教)的な面での事件も数を増してゆくように思われます。そして、こうした情勢は、国内の政治面における数々の問題——王家対諸王族の問題——と絡み合って、十六世紀後半の宗教戦争の母胎を徐々に作りあげてゆくように感ぜられます。

○

一五二九年九月以降の項で、われわれの『日記』から、注目すべき事件を拾いあげれば、先ず、同年十月に、一五二七年に刑死した老臣サンブランセー（第一八七頁以下を参照。）の冤が濯がれて、その息子に赦免が与えられたことだとか（cf. "Journal", p. 263—264.）、十一月に、教皇クレメンス七世が、イタリヤのボローニャで、神聖ローマ皇帝としての正式な戴冠式を行うことを要求していたカルル五世に会見したことだとか（cf. "Journal", p. 330.）、十二月に、宰相デュプラが、教会に対する今までの「忠勤」を認められたものか、ローマ教皇特派使節に任命されていることだとか（cf. "Journal", p. 336.）です。

この年の後半期においては、フランソワ一世は、カンブレーの和議が調ったせいもありましょうが、今まで通りの雌伏状態を続け、低姿勢を示しつつも、カルル五世のイタリヤ訪問や教皇との会見を、やきもきしながら眺めざるを得なくなっていたようです。何しろ、フランソワ一世の二人の王子が、まだ人質としてイスパニヤに軟禁されていましたし、固く誓い盛大に祝われたカンブレーの和議の条項は、そう簡単に破棄するわけにもゆかないわけでした。この時、フランス国の宰相デュプラがローマ教皇特派使節に任命されたということは、それまでカルル五世と事毎に衝突していたクレメンス七世教皇が、一ぽうでは、今や権勢を誇るカルル五世にボローニャで接近し、他ほうでは、昔馴染みのフランソワ一世との友情を固め、さらにフランス国内に現れ始めた異端思想の検察をデュプラに托そうとする方針の現れとも言えるかもしれません。いずれにせよ、フランソワ一世は、しばらくの間は、いわば受身のままで、すべてを甘受し、局面を打開するための新しい機会を待っていなければならなくなっていたようです。そして、打開された局面とは、後一五三六年の春、フランソワ一世軍のイタリヤ侵攻として現れ、その結果、再び、カルル五世との間に戦端が開かれることになってしまうのです。われわれの『日記』は、この一五三六年の事件のことについて、ただ戦雲が急になったらしいという記録を僅か一頁ほど残しているだけです。したがって、これからの記述（一五三〇年からこの一五三六年までにいたる）も、専らフランソワ一世治下の国内社会情勢の解説に終始せざるを得ません。『日記』の内容が、そのようなものだからです。しかし、本書の二つの主題、㈠「イタリヤ戦争」と㈡「宗教改革思潮」という主題のうち、後者の姿が、今までよりも、はっきりと浮かびあがってくることにもなります。これまでのわれわれの『日記』におきましても、この二つの主題が常に交錯しておりまして、その叙述の方法に苦しむほどでしたが、一五二九年から一五三六年までの間は、新たな「イタリヤ戦争」の準備のためにフランソワ一世が採用した外交政策の一つ二つは別としまして、「イタリヤ戦争」という主題は一時消え去り、主に宗教改革思想の波にもまれるフランスの情勢だけの記述が主として見られます。

○

前述の所謂「貴婦人の和議《ペー・デ・ダーム》」と呼ばれる仏独両国間と申すよりも、両国元首たちの間で結ばれた和議について、独仏両国民が、どのように考えていたかは、知る由もありませんが、われわれの辿っている『フランソワ一世治下のパリ一市民の日記』の文面に現れている限りにおいては、『日記』の筆者とは、あまり関係のない重大事件として、——しかし聞知した重大ニュースとして、——淡々と記述していたように思われます。現在のように、「マス・コミ」とか「P・R」だとかいう奇妙な日本語的英語乃至英語的日本語の内容となるものが、活字やラディオ（=ラジオ）やテレヴィジョン（=テレビ）を通じて「国論の統一」をはかろうとしている時代には、一寸ばかり合点のゆかぬ事態もあり得たのではないかと思います。もっとも、現代でも、お上《かみ》のお豪方《えらがた》たちのことは己に関係はないと、好き勝手なことをし、且つ、そうできる場合もありましょうけれど、一旦、お上のお豪方《えらがた》たちが、新政策を強行しようとしたり、原子核兵器で

「自由の敵」を討伐するというようなことをきめ、そのために「マス・コミ」や「P・R」なるものによって、国民を「洗脳」いたしましたら、そんなことには関係ないと言っている人々でも、もはや、好き勝手なことはできなくなることは、大体経験で判っている筈です。早い話が、第二次大戦の頃日本のことを知っている方なら、同感していただけるような気がします。あの時代には、電車のなかで、横文字の本を開くことが、一種の抵抗であると同時に、「非国民」と呼ばれる資格を与えられる危険を冒すことでもあり得たのでした。しかし、このような御談義は、もっと見解の広い方々のなさるべきことです。私は、『フランソワ一世治下のパリ一市民の日記』を辿らねばなりません。そして、いくら酷薄無残なことがありましょうとも、十六世紀のフランスには、現代よりも、かなりのんきなところがあったような感じもいたします。しかし、その間のことも、さらに詳しく述べられ、さらに詳しく調査されねばなりますまい。本書では、このような重大なことに触れるべきではありますまい。

○

一五三〇年になりますと、われわれの『日記』には、所謂「イタリヤ戦争」に関する記述はほとんどなく、フランス国内に起った事件、——特に、宗教改革運動に絡まる事件の記録が多くなってきています。一月二十八日（木）、夜の九時と十時との間に、パリ市上空に、巨大な箒星が現れた旨の記載があります。(cf. "Journal", p. 336—337.)『日記』の筆者は、直接何とも記していませんが、何か不吉な予感を感じているらしいようにも思われます。

次いで、四月十七日には、雨乞いのために、パリでは、盛大な行列が見られた旨の記述がありますが、(cf. "Journal", p.337.) これも、あまり好ましくない前兆として、何かの不安を、われわれの『日記』の筆者が感じていた証拠となるかもしれません。もっとも、筆者自身は、何も申してはおりませんけれども。

こうした不安危惧を裏附けるかのようにして、五月二十一日には、聖母マリヤ像に対する不敬事件が起っています。

○

一五三〇年のこの事件と同種の事件は、既に一五二八年にも起っていましたが、（第一九三頁を参照。）われわれの『日記』は、次のように、これを記述しています。

――コノ年五月二十一日土曜日、夜半前約二時間ニ、数人ノルッター派ノ者ドモハ、聖母及ビソノ嬰児（＝キリスト）ノ画像ノ眼ヲ抉リ抜キ、ソノ心臓部ヲ刺シ貫キタル上ニ、コレニ短刀数撃ヲ加ヘタルガ、更ニ、聖ロック上人及ビ聖フィヤクル上人ノ画像ニモ同様ノコトヲナセリ。コレラノ画像ハ、サル毛皮商人ノ住ヘル家ニ添ヒテ描キツケラレ、ソレニ作リツケラレタルモノナルガ、コノ家ハオーブリー・ル・ブゥシェ Aubry-le-Boucher 街ノハヅレノ町角ニアリ、コレヨリ、聖マルタン Sainct Martin 街ニ達スルトコロナリキ。而シテ、何人《ナニビト》ガ、カクノ如キコトヲナセルモノカ皆目不明ナリキ。（cf. "Journal", p. 366.）

この記述中、初めは、「数人ノルッター派ノ者ドモ」と指定して置きながら、最後では、「何人《ナニビト》ガ、カクノ如キコトヲナセルモノカ、皆目不明ナリキ」と記してあることは、『日記』の筆者が、どのくらい、宗教改革派の人々を恐怖していたか、どのくらいこれを外道視していたかを示すものとも申せましょう。誰が下手人なのか判らぬのなら、何も、「ルッター派」の連中と、最初に記す要はありますまい。もっとも、下手人の姓名が判らないということだけのことでしたら、何も申すことはありません。ただ、平地に乱を起し、権勢者たらんとする人々に有利になるような小刀細工をする人々がいつの世にもいることを、いつの間にか教えられてしまった被害妄想狂的な私としましては、一五三〇年の聖母毀損事件の下手人を、われわれの『日記』の筆者のように、そう易々と、「ルッター派」の連中だけに限るわけにはゆかぬように思われてなりません。勿論、ルッター派のなかには、是が非でも、事を起さねば気がすまない狂信者がいたことは認めなければなりませんが、古い伝統と組織と、多くの「知慧者」を持っていた旧教会側に、とんでもない策士がいても変ではないと考えるのは、全くの妄想でしょうか？　私は、妄想であることを希っています。

この二度目の聖母像毀損の事件の後始末は、前回に劣りませんでした。次の週の土曜日五月二十八日には、例によって、瀆罪行列が行われましたし、次の水曜日には、パリの四辻で、「主キリストヲ冒瀆スルコトアルベカラズ。コレヲ犯スモノハ、初犯ニ於イテハ舌ヲ断ラレ、最後ニハ絞首刑ニ処セラルベシ」と布令まわられました。(cf. "Journal", p. 366.) 次の土曜日になりますと、さらに、次のような布告が発せられたのです。

――秘カナルルッター派ノ者ドモヲ知レル者ハ誰ナリトモ、最高法院ニ、コレヲ告発スベク、告発者ニハ、金二十エキュヲ賜ルコト。サモナクシテ、彼ラヲ匿《カクマ》フ者ハ、火刑ニ処セラルベシ。(cf. "Journal", p. 366―367.)

このような布告は、上記のような事件の結果なのでしょうか？　それとも、このような布告を発するために、上記のような事件が仕組まれたものなのでしょうか？　とも角も、一見「進歩的」に見えた国王フランソワ一世が、その間、何も意志表示をしていないらしいことは、ふしぎと言えば、ふしぎ、当然と申せば、当然かもしれないように思われます。何しろ、フランソワ一世王は、あらゆる面で、雌伏状態にあったからです。

一五三〇年二月二十四日にはフランソワ一世の宿敵、神聖ローマ・ドイツ皇帝カルル五世は、若干の曲折を経て、ボローニャで、正式に、神聖ローマ皇帝の戴冠式を行っています。(cf. "Journal", p. 330—331.) これは、パヴィヤの敗戦後、雌伏状態にあるフランソワ一世を、さらに雌伏せしめる事件に違いなかったろうと思います。何しろ、数年前に、(第五六頁以下を参照。) フランソワ一世はカルル五世と、神聖ローマ皇帝の地位を争っていたのですから、これは当然と思います。

○

なお、これは、われわれの『日記』では全く触れてないことですが、この一五三〇年の春、一五一七年以来ギョーム・ビュデ Guillaume Budé (既出) の如きフランソワ一世王の側近の心ある人々によって提案されていた「王立教授団」Lecteurs royaulx が、ようやく結成されていたことは、注目すべきと思います。この団体は現在、フランスの最高研究機関である「フランス学院《コレージュ・ド・フランス》」Collège de France の最初の姿であるということになっていますが、十六世紀においては、ビュデのような人文学者たちが、旧弊な学問の牙城となっていたパリ大学、特に神学部(ソルボンヌ神学部)に対抗させる新しい学芸の機関として、国王に、その設立を一五一七年前後から勧告していたものでした。(既出) 初めのうちは、当時のヨーロッパの人文学者の王と仰がれていたオランダ人のデシデリウス・エラスムスを招聘しようとする計画(既出)もあったのでしたが、この計画は実現不可能となりまして、その後、すったもんだした挙句、一五三〇年に、「王立教授団」が辛うじて結成され得たのでした。辛うじて、と記しましたのは、フランソワ一世は乗気でなくなり、右「教授団」が講義をする専用の建物もなく、「教授」たちへの手当も、十分には支払われなかったからなのです。この団体の成立の歴史その他については、故アベル・ルフラン Abel Lefranc 教授の名著『コレージュ・ド・フランスの歴史』Histoire du Collège de France, Hachette, 1893 や、拙著『フランス・ユマニスムの成立』（岩波書店刊）を参照していただきたいと思います。

ただ、こうした計画が、フランソワ一世のもっとも雌伏していた時代一五三〇年に、とも角も軌道に乗ったらしいことは、色々なことをわれわれに暗示するようです。王としては、こうした計画を、フランス王の権力を華々しく飾るための道具と考えていましたが、この計画の精神には、反旧教会主義反絶対主義が潜んでいましたから、対外政策の結果、ある時には、ドイツ新教諸侯と結び、ある時には、ローマ教皇の意を迎える必要のありましたフランソワ一世としては、そう親身になって、この計画に心血を注ぐつもりはなかったようにも感ぜられます。これは、あらゆる時代の権力者が学芸に対して示す態度と共通していますから、少くとも驚くことはありますまい。これよりも、驚いたほうがよいことは、フランソワ一世王のもっとも失意の時代に、王が道具として使おうと思っていたものが、とも角も誕生したということでしょう。そこには、時代の恐るべき流れとともに、正しい学芸は、世のなかに必然的に許容され受け入れられるものだということが見られると思うからです。一五三〇年と言えば、フランス文学史では、フランス・ルネサンスの開花期ということになっております。フランソワ・ラブレー（既出）の『パンタグリュエル』(Pantagruel, 1532) 第八章に見られる新時代謳歌・ルネサンス讃歌が、フランス国王フランソワ一世の王としてもっとも失意の時代——すなわち、戦争もできず、さりとて旧教会の妄動を十分に抑えることもできずにいた時代に対して捧げられたらしいということは、はなはだ皮肉であります。そして、この皮肉は、世のいかなる権力者にも合点がゆかないものかもしれません。

○

『フランソワ一世治下のパリ一市民の日記』の一五三〇年の項を辿ってみましても、前記「王立教授団」のことなどには全く触れてありません。『日記』の筆者である「善良」なパリの一市民は、自分が生きていた時代に、いかなる変動が起りかけているかを少しも知らずにいたように思われます。「王立教授団」なるものを、実質以上に評価することは慎まねばなりませんけれども、このような研究機関の設立を招来した時代の趨勢は、フランス・ルネサンスの特質の一つだったという実証的な裏附けもあるのですから、われわれの『日記』の筆者は、何か狭い視野の持主であったような感じがしてなりません。これは、宗教改革運動に対する同じ筆者の態度にも窺われることです。しかし、よほどの天才でない限り、現に、自分の知らぬ間に、ひそかに起っている重大な事件の意味を理解することは不可能のようですし、われわれも全くその点では、『日記』の筆者と、大した変りがないかもしれませんから、『日記』の筆者を咎め立てすることはできますまい。それにつけても、われわれの生きている時代の動きを、正確に見きわめることが、どのようにむつかしいかということを、つくづく感ぜざるを得ません。

われわれの『日記』の一五三〇年代の項のなかで、前述「聖母像毀損事件」（五月二十一日）や、それに続いて行われた異端者やルッター派弾圧布告発令に次いで見られた主だった事項は、左の通りです。

——コノ一五三〇年、七月五日火曜日、真夜中後約二時頃、王ヨリ送ラレタル特使ガ、パリ市ニ、即チ、最高法院、及ビ市奉行職代官職ノ許ニ到着セリ。ソノ〔携ヘタル〕書面ニヨリ、王ハ、次ノ旨ヲ伝ヘタリ。即チ、王子ラハ釈放セラレテ、先週ノ日曜日ニバイヨンヌ（＝西南仏の町）ヘ帰来セリト。王子ラトハ、王太子及ビオルレヤン公ナリ。コノ時、王ハ、モンメルソー（＝モン・ド・マルサン Montmersault＝Mont-de-Marsan）（＝西南仏の町）ニアリタルガ、コノ町ハ、アルブレ Albret 公領ナルガ為ニ、ナヴァール Navarre 公ニ帰属セル小都邑ナリキ。カクシテ、王子ラハ、ソノ父、国王（＝フランソワ一世）ノ身代リトシテ、四ケ年ト四ケ月間ノ間人質トナリヰタル身分ヨリ戻リ来レルナリ。即チ、一五二六年、三月ノ初メニ、彼ノ地ヘ赴キタレバナリ。カクシテ、コノ日、朝ノ七時頃、……(cf. "Journal", p. 340.)

このようなわけで、一五三〇年七月五日の「朝ノ七時頃」、パリ市民たちは、パヴィヤの戦で敗れマドリッドへ軟禁されていた国王の身代りになり、敵地（イスパニヤ）へ人質として赴いていた二人の王子の帰国を、四辻で布令まわる役人たちの叫び声によって、知ったのでした。

われわれの『日記』には、こうした欣ばしい報知によって、パリの市民たちが、どのように感激し、且つこれを祝ったかが、事細やかに記述してあります。(cf. "Journal", p. 341—342.) 先に記した「カンブレーの和議」のうち、少くとも、二人の王子の釈放に必要な条件を、フランソワ一世は、カルル五世に対して充たしたものと考えられます。

一方、南仏にいたフランソワ一世は、正確な日附は不明ですが、イスパニヤから帰来した王子たちを迎えに自ら出かけています。われわれの『日記』には、次のような記述があります。

——件《クダン》ノ殿 Ledict seigneur (=フランソワ一世) ハ、騎馬行ヲ続ケ、附添ヒノ師傅《シフ》タチ及ビ衛兵ドモニ守ラレタル王子ラト逢フニイタリ、王ハ、彼ラニ接吻セルガ、安堵セル為ニ、語ル言葉モナク、長々ト、王子ラヲ抱擁セリ。(cf. "Journal", p. 342.)

帰国した王子らが、フランソワ一世に、何を物語ったかは、われわれの『日記』からは、何も知ることができません。前述（第二〇五頁を参照。）のアンドレ・モロワによりますと、王子たちは、マドリッドで人質になっていた時に辛い思いをした旨を父王フランソワ一世に訴え、王は、いよいよ心平かでなくなったそうでありますが、それはとも角として、一五三〇年代の失意のフランソワ一世としては、パヴィヤの敗戦の後始末を、王子たちにもさせたことは、あまり愉快なことではなかったに相違ありません。しかし、フランソワ一世は、マドリッド条約によっても、また、カンブレーの和議によっても定められていた色々な条件を履行せねばならない立場にありました。

神聖ローマ・ドイツ皇帝カルル五世の姉に当るエレオノール（既出）を、寡夫となっていたフランソワ一世は王妃とせねばならぬという条件も、その一つでした。勿論、フランソワ一世は、この条件、――この政略結婚――を実行いたしました。そうせざるを得なかったのでしょう。ついでに記しますが、新しいフランス王妃となるエレオノールは、既に述べましたように、未亡人でありました。この王妃とフランソワ一世との間には、子供もできず、王妃は王の乱行にも眼を閉じ、王の死後、イスパニヤに陰棲しましたが、「善き王妃」として讃えられています。

われわれの『日記』には、次のような記述が見られますが、一五三〇年の同じく七月の項に収められています。

――エレオノール殿ハ、イスパニヤ国大宰相及ビ大元帥ニヨッテ、国王（＝フランソワ一世）ニ引キ合ハサレタルガ、夫人ハ、古代風ニ作ラレタル刺繡ニ蔽ハレタル大イナル車駕ノナカニアリテ、イスパニヤ風ノ着附ケヲナシタル故国ノ貴婦人女官タチヤ貴公子高位僧職者タチヲ、華ヤカニ従ヘ居タリ。町（＝恐らくバイヨンヌの町）ノ聖遺物櫃ヤ、数々ノ聖遺物ガ、世ニモ荘厳ニ運バレ来レリ。王ハ、夫人ニ対シテ礼ヲシ、同ジク、夫人モ、王ニ対シテ、大イナル敬意ト歓喜トヲ示シテ、礼ヲ返セリ。七月七日木曜日、王ハ、夜半後二時ニ、クレー Claye（＝恐らくサント・クレール Sainte-Claire の誤記か？ cf. "Journal", p. 343, n. 4.）ナル尼僧院ニ於イテ、小人数ノ人々ノ立会ヒノ下ニ、エレオノール殿ヲ娶リタルガ、国王附大司祭タリシバイユー Bayeulx ノ司教（＝これも誤記か？ リジュー Lisieux の司教、ジャン・ル・ヴヌール Jern le Veneur が正しい由。cf. "Journal", p. 343, n. 5.）ガ、両人ノ婚儀ヲ取リ行ヒタリ。次イデ、荘厳ナル弥撒聖祭ガ行ハレ、新夫婦ハ休息ニ入リ、〔翌日の〕午後ノ二時ニイタレリ。カクシテ、コノ日モ、マタコレニ続ク数日ノ間モ、王ハ、件《クダン》ノ妃ト仲睦ジク、ボルドー市ヘノ入市ノ日ニイタルマデ、王ハ妃ヲ離レザリキ。(cf. “Journal”, p.343.)

政略結婚とは言え、一人身だったフランソワ一世は、こうして、新しい王妃を迎え、『日記』によれば、なかなか「仲睦しい」ように思われます。フランソワ一世は、新王妃と、イスパニヤから帰還した二人の王子たちとを伴って、ボルドー市に入市いたしますが、王は、ボルドーから一里ほど離れたトゥワール Thouare という村で、休息している母太后ルゥイーズ・ド・サヴォワ（既出）を見舞っています。(cf. “Journal”, p. 343.)

新王妃と帰国した二王子とを迎えたボルドー市の歓喜に充ちた有様は、われわれの『日記』にも、約一頁に亘って記されておりますが、(cf. “Journal”, p.344.) こうした祝賀の盛儀の様子は、当時の習慣として、小冊子に記し止められているようです。(L'Entrée de la Reyne et de Messieurs les enfans de France, monsieur le Daulphin et le duc d'Orléans en la ville et cité de Bourdeaulx à grans honneur et triomphe, le XXVIIe juillet. S. L. 1530. Bibl. Nat. Lb 30/55 Réserve.)

なお、国王一行が、ボルドー市へ到着したのは、七月十二日のようですから、(cf. “Journal”, p. 344, n. 1,-ibid., p. 345.) 右記欧文中の「七月二十七日」とあるのは、入市式の記録が印刷上梓された日附と見るべきでしょう。事実、国王・王妃・王子らの一行は、ボルドーの次に、アーグゥレーム Angoulême の町へ赴きましたが、それは七月二十四日のことでした。(cf. “Journal”, p. 345.)

新王妃エレオノールは、その後、恐らく単独で、フランス各地の重要都市を、恰も遍歴するようにして訪れ、一五三〇年の十二月十九日（月）に、ようやく、フランソワ一世が待っていたフォンテーヌブロー離宮へ到着しました。(cf “Journal”, p.352.)

七月に結婚した新王妃が、王と別れ別れになって、儀礼的な訪問を、フランス各地方の都市に行い、暮の十二月に甫《はじ》めて相会したということは、所謂上方《うえつがた》の世界では当然だったのかも知れませんし、特に、この結婚は、明らかに政略結婚でしたからなおさらだったと考えられます。その上、フランソワ一世は、既に、マドリッドから帰国後、母后ルゥイーズ・ド・サヴォワに仕える女官の一人、アンヌ・ド・ピスルー Anne de Pisseleu（後のデタンプ公夫人 duchesse d'Etampes 既出。第三三頁を参照。）を寵姫としていたのですから、新王妃エレオノールは、恰も、雛壇に飾られるお妃様として立てられていただけなのかもしれません。

○

一五三〇年は、このようにして、フランス国王フランソワ一世が雌伏を強いられ続けていた年のように思われます。王も、カンブレーの和議条項を、不十分ながら着々と実行して、濫りに兵を起すというようなことは慎んでいたらしく、「泰平」と申せば正に、「泰平」の時期のようでした。

われわれの『日記』によりますと、十月から十一月にかけて、ローマ市や、ベルギーのアンヴェール（アントワープ）市や、フランスのルゥワン市や、ロワール河々畔一帯が大洪水に見舞われたという記録が記されています。これに続いて、セーヌ河も氾濫して、「中の島」附近一帯は、水に浸けられてしまいました。（cf. "Journal", p. 347—349.）

こうした天変地異が、どうして起ったものか全く判りませんけれども、天文学者や気象学者には、あるいは、この一五三〇年における河水の氾濫は、何らかの資料となるかもしれないと思います。われわれの『日記』の筆者は、若干の不安な感情を抱いたかもしれませんが、淡々として、この出水の惨事を記し止めていました。

一五三〇年の項について、われわれの『日記』から、特に取りあげる史実としては、既に記しましたイギリスの宰相ウルジー Wolsey が他界した報知が、十二月にパリへ到着したということくらいです。(cf. "Journal", p. 349—350.) ウルジーは、この年十一月二十九日に他界しているのですが、この人は、英王ヘンリー八世の離婚に反対して、追放同然の身となり、その上、反逆罪に問われ、ロンドンへ護送中殺されたことになっています。これから五年後の一五三五年に、『ユトーピヤ』の作家たるトマス・モーワが、同じくヘンリー八世のために斬首されていることを思い出したら、一五三〇年代におけるイギリスの社会の一端を窺えるかもしれません。

○

一五三一年について、われわれの『日記』は、次の二つのことしか記録していません。

一つは、九月二十二日に、フランソワ一世の母である太后ルゥイーズ・ド・サヴォワが他界し、その葬式が、十月に行われたこと (cf. "Journal", p. 352—353.) です。

もう一つは、フランス中部のポワトゥー地方が饑飢に見舞われ、多くの人々が死んだことです。(cf. "Journal", p. 370 *sq.*)

○

少くとも、われわれが辿っている『フランソワ一世治下のパリ一市民の日記』によりますと、フランソワ一世は、文字通り、失意のうちに雌伏していたように思われます。本書の主題の一つとしての「イタリヤ戦争」は、フランソワ一世が、カンブレーの和議の条項を、一つ一つ実践しているらしいこと（例えば、エレオノールとの結婚）にしか、その余音が感ぜられないほどです。

しかし、こうしたフランス王室の動静とは別に、われわれの『日記』には記してないことですが、次のような史実があったのでした。すなわち、一五三〇年には、嘗て「モーの集団」（既出）の一人だったギヨーム・ファレル Guillaume Farel（既出）が、同年秋に、ヌーシャテルで宗教的改革運動に成功し、いずれ指導すべきジャン・カルヴァンの亡命を待っていました。当時カルヴァンは、フランス各地を浪々としていましたが、一五三一年には、パリに現れ、「王立教授団」の講義を聴講していました。また、一五三〇年には、フランソワ・ラブレーが、モンペリエの大学で医学を学び始めていますし、翌一五三一年には、いずれ一五五三年に、カルヴァンによって焼殺されるミシェル・セルヴェ Michel Servet（1511—1553）が、『三位一体誤謬論』De Trinitatis erroribus を発表しています。

われわれの『日記』には、出てこない人物の名前、ジャン・カルヴァン、ミシェル・セルヴェ、フランソワ・ラブレー、ギヨーム・ファレルなどの名を右に記しましたが、いずれも、フランス・ルネサンス期に、様々な、そして重大な役割を演ずることになる人々でした。われわれの『日記』は、一五三六年の項までしかありませんから、これらの人々の動静を、『日記』のなかに窺える筈はありません。しかし、これらの人々の出現、これらの人々の活躍を要求したかに見える時期の記録として、われわれの『日記』は、色々なことを、われわれに物語ってくることは否めません。

なお、フランス・ルネサンスの大詩人たるピエール・ド・ロンサール Pierre de Ronsard は、既に一五二四年に生れていますし、ルネサンスの歓喜と苦悩とを味い尽し、生きる知慧を、その『エッセー』に記し止めてくれたミシェル・ド・モンテーニュ Michel de Montaigne は、一五三三年に生れていることを、最後に附記いたします。

第四章

「檄文事件」から「イタリヤ戦争」再開まで。

1559年（アンリ二世の晩年）におけるフランス王国

(L. Mirot による)

・白地の箇所以外の地域がフランス王領．（別掲第260頁の“1610年におけるフランス王国”と比較）

一五三二年という年は、フランス文学史では、若干華やかな年だったように思われます。クレマン・マロ（既出）の『クレマンの青春』Adolescence Clémentine も、フランソワ・ラブレー（既出）の処女作『パンタグリュエル』Pantagruel も、ロベール・エチエンヌ Robert Estienne の『ラテン語宝典』Thesaurus linguae latinae も、この年に上梓されているからです。なお、マロの『クレマンの青春』というのは、主として一五二六年以前に創作された彼の詩編を一巻にまとめたものですが、詩人としてのマロの最良のものが、この詩集に現れているとは申せませんけれども、ルネサンス前期の詩人として今後活躍するに違いないことを約束するものを数々含んでいた作品集でした。ラブレーの『パンタグリュエル』は、彼の大作『ガルガンチュワとパンタグリュエル物語』（全五巻）のうち最初に公表されたものであり、筋の上から申せば、一五三四年に上梓される『ガルガンチュワ』の続編となるものですが、作者ラブレーが、人文学者としての立場を守り通し、中世伝来の荒誕な物語に想を借りながらも、また、道化た叙述や博大な学識にたよりながら説いた社会諷刺・思想批判を行っている点で、フランス・ルネサンス前期の文学の典型とも言えるものでした。また、ロベール・エチエンヌの『ラテン語宝典』は、既にギヨーム・ビュデ（既出）やルフェーヴル・デタープル（既出）によって開かれた人文学研究途上の見事な道路標の一つと考えることができます。史上に名を止めているエチエンヌ家の人々は、ほとんど全部、人文学者であり出版業者であり、且つ新教を奉じておりましたが、先に挙げましたロベールとその息子アンリ（二世）とが、ルネサンス文学史では特に有名です。この外、一五三二年には、イギリス宰相トマス・モアが辞任（三月）していること、人文学者としてのジャン・カルヴァンが、セネカの『寛容について』De Clementia を翻刻註解して上梓（四月）していることも附け加えて置いてよいかもしれません。『ユトーピヤ』の作者は、この年から断頭台の道を辿り始めたわけですし、若き日のカルヴァンは、この年頃から、フランス社会一般に漲る不寛容の波に対して抗議を申立て始めたとも申せるでしょう。

○

われわれの辿っております『フランソワ一世治下のパリ一市民の日記』の一五三二年の項には、フランソワ一世がヘンリー八世と会見したこと以外には、ほとんど特記するに値する記述はないように思われます。

フランソワ一世とヘンリー八世との会見は、十月に、東北フランスのブゥローニュ・シュール・メール Boulogne-sur-Mer で行われました。『日記』の筆者は、「スベテ友好裡ニ行ハレタルガ、彼ラ（＝フランソワ一世とヘンリー八世）ガ、トモドモニイカナルコトヲナシタルカハ知ル由モナシ」(cf. "Journal", p. 354.) と記しております。しかし、フランソワ一世が、この会見に托していた希望は明らかでした。すなわち、雌伏中の王は、イギリス王に近附き、カルル五世に対する反撃体制の素地を作ろうとしたのでした。これは、この時分から、フランソワ一世がドイツの新教諸侯と結んで、カルル五世の背後を脅そうという政策に出始めていることと軌を一にするものと申せましょう。

○

一五三三年になりますと、フランソワ一世の外交的布陣は、さらに強化されます。王は、十月に、ローマ教皇クレメンス七世（メディチ家出）と、南仏マルセイユで会見しています。そして、この会見の結果生れたとも言える王太子オルレヤン公（後のアンリ二世）とカトリーヌ・ド・メディチ Catherine de Médicis (1519—1589) との結婚も行われることになるのです。フランソワ一世とクレメンス七世との接近は、フランソワ一世がヘンリー八世に友誼を求めたことと同様に、雌伏時代のフランス王の臥薪嘗胆振りの現れと言うこともできましょう。フランソワ一世は、教皇クレメンス七世に、フランス国内の異端弾圧を約束する一方、ミラノ公国に対するフランスの野心を黙認するように要求したのでした。そして、マルセイユの会見直後行われた王太子とカトリーヌ・ド・メディチとの婚儀は、この女性が、十六世紀後半、自分の腹を痛めた三人の子供（フランソワ二世、シャルル九世、アンリ三世）の治世を通じて、顕著な働きを示すことになるだけに、ほとんど宿命的と言ってもよいような事件にも思われてきます。しかし、われわれの『日記』には、きわめて簡単に、次のような記述が残されているだけです。

――一五三三年五月、国王ハ、パリヲ出発シテ、プロヴァンス国ハマルセイユナルクレメンス教皇ノモトニ赴ケルガ、教皇ハ、コノ地ニキタルナリ。

国王ト王妃トハ、道中、リヨンヲ通過セルガ、王妃ハ、コノ町ニテ入市式ヲ行ヘリ。

コノ旅行中、次ノ十月ニ、王ノ第二王子オルレヤン公殿ト教皇ノ姪ニアタルウルビノ公姫 duchesse d'Urbin （＝Catherine de Médicis）トノ婚儀ガ取リ行ハレタリ。

オルレヤン公とカトリーヌ・ド・メディチとの結婚の話は、以前から既に問題になっていたらしく、教皇クレメンス七世が、自らその姪（カトリーヌ）を伴って、マルセイユまでやってきたわけなのでした。

『日記』の文面には、王太子オルレヤン公が、フランソワ一世らと行をともにして、マルセイユへの旅に出たらしい記述は全くありませんが、五月二十六日に、王太子がリヨン市で入市式を行い、同月二十七日には、新王妃（エレオノール）の入市式が行われた旨を伝える別な記録もあるのですから、(cf. "Journal", p. 354, n. 3.) オルレヤン公も、新太子妃を迎えに南下したものと考えてよいと思います。なお、この時の結婚は、旅行中に行われたらしいことは『日記』の文面でも判りますが、マルセイユの町で挙式されたものかどうかは未詳です。われわれの『日記』の翻刻者たるV・L・ブゥリーイーによれば、この婚儀は、一五三三年十月二十七日に取り行われたということです。(cf. "Journal", p. 354, n. 4.)

われわれの『日記』の一五三三年の項には、この外に本稿の主題（一、「イタリヤ戦争」、二、「宗教改革運動」）とつながりのある記述は、全くありません。少し話が傍道へそれますが、この年の十一月に、宰相デュプラ（既出）の方針から、パリの一切の職業組合 confréries も、それが定期的に催す盛大な集会も認可されなくなり、また、一定の職業の「師匠」maistre となるためには、国王に十リーヴルを支払わねばならなくなりました。(cf. "Journal", p. 386.) これは、中世からの伝統を持った職業組合の強固な地盤に対して、新しい国家権力としての王権が、他の方面におけると同様に、中央集権化に乗り出した動きの現れとも申せましょう。

また、月日は不明ですが、恐らく一五三三年の末に、ブロワの町で、獣姦 sodomie 常習のイタリヤ人が火刑に処せられているという記録が『日記』に残されていますが、(cf. "Journal", p. 396.) その記述にすぐ続いて、翌一五三四年の一月、フィレンツェ生れのイタリヤ商人で、同じく獣姦常習者が捕えられて、パリで裁判にかけられて、罰金を支払い、辛ろうじて生命をまっとうしたという記録も見られます。(cf. "Journal", p. 396.)

この種の変態性犯罪は、中世からフランスにも行われていたことは、多くの文献によっても判りますが、イタリヤの姫君が王太子妃に迎えられたという記述の後で、選りにも選って、二人のイタリヤ人の獣姦犯罪事件を記録していることは、空想好きな私には、余計な妄想を抱かせる可能性もないでもありません。もっとも、われわれの『日記』の筆者は、終始一貫、全く無表情に、淡々として、見聞した事件を記録しているだけです。

○

一五三四年には、われわれの『日記』の記述は別として、ラブレーの『ガルガンチュワ』が上梓されていますし、イギリス王ヘンリー八世がその結婚問題のために、教皇クレメンス七世から破門を予告されていますし、トマス・モアが遂に下獄していますし、イグナチウス・デ・ロヨラ Ignatius de Loyola (1491?—1556) が、パリ・モンマルトルにおいて、同志とともに、旧教会の親衛隊となるべきイエズス会の中核を作るために誓約しております。さらに、この年には、『日記』中にも記録されている『檄文事件』(後述) が起り、既に浪々の身となっていたジャン・カルヴァンは国外への亡命を強いられることになりました。文化史的に見て、この一五三四年は、きわめて多様な渦巻きを秘めていた年のように思われます。

本稿の主題に照らした場合、先ず、同年夏に、フランソワ一世は、一五一五年 (マリニャーノの戦) 以来、フランス軍の一部であった (第四三頁を参照。) スイス傭兵隊を解散して、フランス国内から兵員を募り、各地で閲兵を行っているという記述が目に止まります。(cf. "Journal", p. 388 *sq.*) これは勿論、「イタリヤ戦争」という主題に関連するものであり、依然として雌伏状態にあっても、既述の如く様々な外交的な手を打っていたフランソワ一世王が、徐々に、頭を擡げてきたことを示すものだろうと思います。そして、その結果は、再び、戦争開始となって、二年後の一五三六年に (われわれの『日記』の最後の記述の年) 現れ出ることになるのです。しかし、一五三四年には、もう一つの主題「宗教改革運動」に絡まる事件のほうが沢山に起っています。

八月三十日に、ル・マニフィーク・メーグレ Le Magnifique Meigret という人物が捕えられて、パリ、ノートル・ダム大聖堂前庭において、襯衣一枚で、手に蠟燭を持ったまま、懺悔告解をいたしましたが、それは、「コノ者ハ、ルッター派ニシテ四旬節ノ折、金曜日ニモ土曜日ニモ、肉食セルガ為」でした。そして、「ソノ財産ハ国王ニ没収サレ、今後五箇年間、王国ヨリ追放サレタリ」と記してあります。(cf. "Journal", p. 374.)

このメーグレなる人物は、既述のエーメ・メーグレ Aimé Meigret（第一三二頁を参照。）ではないようですが、もしかしたら、これはわれわれの日記には記してありませんが、一五三二年に同じような罪状で起訴されたローラン・メーグレおよびルゥイ・メーグレという人物のいずれかであるかもしれません。(cf. J. Vienot : Histoire de la Réforme française, Fischbacher, 1926, p. 108, 137—138, 167.)

これは、右記J・ヴィエノの著書にも記してあることですが、詩人のクレマン・マロも、右二人のメーグレとともに、既に一五三二年に、同じ罪に問われて下獄したことがありますから、一五三〇年以降、宗教思想方面の監視は、かなり厳しかったのかもしれません。一五三二年にセネカの『寛容について』を翻刻註解したジャン・カルヴァンが、翌一五三三年になると、ニコラ・コップ Nicolas Cop 事件に連座して、パリから姿をくらますというような急速度の変化が、社会にも、また個人の身の上にも起っていることも、この時期の潮流の激しさを物語ると言ってもよいでしょう。因に記しますが、このニコラ・コップ事件と申しますのは、パリ大学総長たるコップが、一五三三年の十一月に、新学年に際して行った演説を、検察当局が「新教臭」あるものと認めて、コップを逮捕しようとした事件ですが、カルヴァンが、これに連座しましたのは、彼が、コップの演説の草稿を綴った人物と見倣された結果なのでした。

一五三四年になりますと、既に記しました「メーグレ事件」より先に、パリ大学神学部は、「王立教授団」Lecteurs royaulx が聖書を自由解釈するとして、これを非難していますし、一五三三年に、フランソワ一世の命で追放されていましたパリ神学部の「驍将」ノエル・ベダ（第二四八頁以下を参照。）も、元の地位に復帰するようになっていましたから、この一五三四年は、一波瀾なしにはすまされぬような情勢を胚んでいたとも申せます。

○

この年の九月二十五日に、教皇クレメンス七世は病死し、（『日記』には毒殺と記してあります。）（cf. "Journal", p. 357, n.2.）新たに、パウルス三世が教皇として選出されました。パウルス三世は、ファルネーゼ家の出で、一四六八年生れですから、六十六歳で教皇位に就いたわけです。われわれの『日記』には、「八十歳ソレ以上」（cf. "Journal";）と記してありますが、少しばかり誇張があるようです。ついでに申しますが、このパウルス三世は、新教徒弾圧のために旺んな熱意を示しましたし、既に教皇クレメンス七世によって警告されていた通りにイギリス王ヘンリー八世を破門に処してしまいました。このパウルス三世を相手に外交交渉をし、傍らヘンリー八世のために弁じて、その友誼を保とうとしたフランソワ一世は、ジャン・デュ・ベルレー Jean du Bellay 枢機卿を、再度ローマへ派遣いたしましたが、フランソワ・ラブレーは、この使節の侍医として、その都度、行をともにしていたようです。

○

一五三四年に起った最大の事件は、既に触れました「檄文事件」Affaire des placards と通称されるものでした。

この事件は、狂信的な新教徒の妄動の結果起されたものなのか、あるいは、旧教会側の小刀細工的なでっちあげなのか、その真相は、決して明瞭ではないようですが、あらゆる意味で、フランスの宗教改革運動の「曲り角」となるものだったように思われますし、史書にも、常に、重要な事件として記述されることを常といたします。ジャン・カルヴァンも、この事件後、国外へ逃亡して、難を避けつつ、己の信念をさらに尖鋭化いたしましたし、フランソワ・ラブレーもクレマン・マロも、事件後、暫く姿をくらましております。こうした情勢は、かかる事件の発生によって、フランスの思想検察当局（主としてパリ大学神学部）が、宗教改革思想を初めとする「異端」思想の弾圧を行う恰好の口実を捕えたこと、王権確立の必要上また対外政策上、「進歩的」な態度を取らざるを得なかったフランソワ一世も、いわば愕然として、パリ大学神学部の圧力に少くとも一時は屈せざるを得なくなったこと、さらにまた、フランス国内に既に胎動が感じられていた宗教改革運動が、恰も外科手術を受けたかのように、血まみれになって躍り出て、己の新しい生命を守るために激しく絶叫し果敢に行動するようになったことを示しているように思われます。そして、この情勢は、今まで、宗教改革運動の一端にあって、「微温的」ながら、批判と検討のみによって、悪弊の除去と、根本義を忘れた無益な対立の解消・協和とを希望していた人文主義（ユマニスム）的な福音主義 Evangélisme に属する人々が、この「檄文事件」を境として、もはや、その発言も行動も封殺されるにいたったことをも暗示しているかもしれません。一例として、福音主義に同調したラブレーの場合を挙げますと、一五三四年、「檄文事件」の直前に『ガルガンチュワ』を上梓し、しかも自ら姿をくらました彼は、その後一五四六年に、『第三之書パンタグリュエル』を発表する時まで、約十年間、沈黙を守らざるを得なくなるのです。

　このような意味で、「檄文事件」は、十六世紀後半の苛烈でもあり愚劣でもある宗教戦争の道を開いたとも言えるかもしれません。この事件が起った年の一年前、一五三三年に生れたミシェル・ド・モンテーニュ（既述）が、いずれ一五八〇年代において、呟くようにまた物語るようにして述べた教訓は、「檄文事件」から「宗教戦争」にいたるまでの幾多の悲喜劇によって説明されねば、われわれ凡俗の心を動かさぬ点もありますけれども、少くとも、「檄文事件」のために発言も行動も封殺された貴重なものが、忍苦して生き続け、狂信と愚昧との迷夢から人間を醒めさせる力を伝えてくれた例証が、モンテーニュにあることを認めねばなりますまい。ただ、その間、全く無益な流血や、憎悪や、怒号が、何十年も繰り返されたということは、「人類は己の利害を超越している」というヴィリエ・ド・リラダン Villiers de l'Isle-Adam (1838—1889) の皮肉を想い起させるだけであります。そして、モンテーニュの教訓は、十六世紀の思想相剋を解決する道を暗示したばかりでなく、現代においても、決して無価値になっていないように思われる旨を記さねばなりません。

○

われわれの『日記』には、次のように記されています。

——一五三四年十月二十四日頃（誤記か？＝十七日夜から十八日朝にかけて。cf. "Journal", p. 378, n. 1.）異端者ドモニヨリ、御聖体及ビ諸聖人ノ栄誉ヲ毀損スルガ如キ檄文ガ貼布サレタリ。コノ事件ノ報ガ最高法院ニ達スルヤ、法院ノ大理石台ニテ、二人ノ喇叭手ニヨリ、次ノ旨ガ布令サレ知ラシメラレタリ。即チ、件《クダン》ノ檄文ヲ貼布セル一人或ハ数人ノ者ヲ、確証ヲ以ッテ指示シ告発シ得タル者ニハ、何人《ナニビト》タリトモ、法院ヨリ、百エキュヲ下サルベシ。サモナクシテ、コレラノ犯人ラヲ匿ヘルヲ発見サレタル者ドモハ、火刑ニ処セラルベシト。カクシテ、神ノ覚召シ通リニ、事態ハ明ラカトナリ、ソノ結果、ソノ後直チニ、何人《ナンニン》モノ者ドモハ逮捕セラレテ、シャトレ牢獄ヘ送ラレタリ。

而シテ、次ノ木曜日（＝二十二日）ト日曜日（＝二十五日）トニハ、大贖罪行列ガ行ハレタルガ、コレニハ御聖体《コルプス・ドミニ》ガ捧持サレ、街路ハ敷布《シキヌノ》ニ蔽ハレタリ。(cf. "Journal", p. 358.)

われわれの辿っています『日記』の別な箇所には、上記の訳文中に見られた事件は、「パリノ広場及ビ街頭ニ貼布サレタ」(cf. "Journal", p. 378.) という記述のみならず、次のような記録も残されています。

――噂ニヨレバ、件《クダン》ノ檄文ハ、当時国王ガキタルアンボワーズ城ニモ掲ゲラレ、王ハ、最高法院及ビ刑事奉行ニ、厳重ナル裁断ヲ下スベキ旨ヲ通達セリ。(cf. "Journal", p. 379.)

以上が、われわれの『日記』に記された「檄文事件」の叙述ですが、上掲文中に見られるように、直ちに「事態ハ明ラカニ」されたとも限りませんで、かなり長い間この事件の「真相」は不明だったようです。今日までに判明しております事件の内容を若干略述しまして、『日記』の叙述を補うことにいたしましょう。それと申しますのも、この事件が、奇怪であり、且つまた文化史的に見ても重大だと考えるからです。パリの街頭は勿論のこと、ロワール河畔のオルレヤン、ブロワの町々、アンボワーズの王城内の王の寝室の入口や、「王が手帛を入れていた皿」のなかにまでも、(cf. J. Viénot : Histoire de la Réfome française, Fischbacher: 1926, p. 124.) 上に記したような瀆聖的な檄文が、ほとんど時を同じうして置かれていたということは、一体いかなる組織を背景にした事件なのでしょうか？　現在の段階におきましてはV・L・ブゥリーイー、N・ウェース共著『ジャン・デュ・ベルレー。新教徒とラ・ソルボンヌ（パリ大学）』(V. L. Bourilly et N. Weiss: Jean du Bellay, les Protestants et la Sorbonne (1529—1535) *dans* le Bulletin historique de la Société : le Protestantisme français, mars-avril 1904) という研究が発表になって以来、この事件は狂信的な新教徒の妄動であるということになってはおります。そしてこの犯人の名は、マルクゥール Marcourt と言い、初めリヨンに住んでいましたのが、一五三〇年三一年頃に、スイスのヌーシャテルへ亡命せねばならなくなった人物だとのことです。また、檄文の文面も判明しています。(cf. Ernest Lavisse-H. Lemonnier: Histoire de France, t.V, 1ère partie 1492—1547 Hachette. *s.d.*, p. 376—377.)

新教派の史家として貴重な『フランス宗教改革史』(既出)を残したジョーン・ヴィエノも、かくの如き事件を起した当の犯人の行為を、「きわめて拙劣」fort maladroit と評しているくらいですから、(cf. *Opus cité* p. 124.) 新教派の人々も、同教の狂信徒の暴挙であることを認めているわけでしょう。恐らく、事の「真相」を、これ以上には突き止められますまい。今から四百年も前に起った事件ですから、今さらどうしようもないからです。ただ、前にも記しました通り、ほとんど同時に、フランス各都市に、国王の寝室の入口にまで檄文が配られたということは、マルクゥールという人物一人だけではなし能はぬわけでしょうから、かなりの数の「同志」が組織されていたらしく思われます。暴をもってすれば暴をもって報いられるというほとんど物理的な或いは動物的な人間事象を知悉している人々が、新教徒側にも当然いた筈でしょうから、全くマルクゥールの一味は、「大事を破る暴走の徒」となるわけですし、その証拠には、後述の如く「檄文事件」後におけるフランス国内の旧教側からの弾圧の激しさを思えば十分なのです。ジャン・カルヴァンが、この事件後、スイスへ亡命して、ジュネーヴの独裁者となる道を歩み出し、自己防衛のためとは申せ、不寛容な態度を堅持して、フランス国内の旧教徒に抵抗し、新教徒を激励して、宗教戦争に突入させたとも言えることは、この「檄文事件」の重大さを、別な面から窺わせてくれると申せましょう。

マルクゥールのごとき狂信徒がいたからこそ、フランス国内では、新教徒が激しく迫害されるという結果になったと言えば、正に、ジョーン・ヴィエノの評言通り、「きわめて拙劣な」行為でありますが、それが、カルヴァンを踏み切らせる動因となったと考えれば、文化史上重要な役割を演ずるカルヴィニスムの確立は、マルクゥールのお蔭だとも申せます。しかし問題は、その間同じキリスト教徒である多くの人々が憎み合い殺し合ったという悲惨な事実にあります。この観点に立つならば、一切の狂信者は愚劣であり、非人間的と言わねばなりません。そして、これと相似のことが、十六世紀以降現代にいたるまで、繰り返され続けているということは、全く人間の悲喜劇と考えざるを得ません。

その上、スパイや逆スパイやプロヴォケーターなどが横行する近代社会の裏面を、色々な事件で暗示されているわれわれは、多少被害妄想的な先入感からであることは勿論ですが、一五三四年に起った「檄文事件」の裏側に、——マルクゥール一味の組織の中核に、何があったものか判らないというような気持もいたします。つまり、この事件には、新教徒に罠《わな》をかけるための旧教側の奇怪な手が動いていたかもしれないなどと妄想してしまうわけです。これは、流行の「推理小説」に毒された筆者の譫言にすぎますまい。しかし、それにしても、現代のわれわれの周囲には、「人間不信」を奨励するような、あまりにも奇怪な事件が頻発しすぎるようです。

○

先に掲げました『日記』からの引用訳文末にもありましたように、「檄文事件」が起りますと、贖罪行列が行われましたし、それと同時に、「異端者」糾問迫害も激化されたようです。われわれの『日記』によりますと、一五三四年十月から翌一五三五年にいたるまで、「異端者」(=新教徒、ルッター派)として逮捕され、告発され、投獄され、追放され、また火刑に処せられた人々の数は実に莫大でありまして、これを詳しく、ここに記述することは到底不可能なくらいですが、われわれの『日記』の第三七九頁から第三八五頁までの記録を恐らく主として材料としたように思われる次のような現代史家の文章は、その間の消息を要領よく伝えてくれると信じます。

「最高法院とパリ大学とは、非常措置を要求した。贖聖行為に抗議するために、贖罪行列をなすべき旨が、あらゆるところで告げられた。次に、追及と処刑とが行われ、あらゆる階級の人々が、火刑台に導かれた。靴屋のバルテルミー・ミロン別名ベルトロ Barthélemy Milon, dit Berthelot や、石工のアンリ・ポワィユ Henri Poille や、パリの商人デュ・ブゥール Du Bourg や、生徒たちに「めでたし聖寵満ち充てるマリヤ」を唱えることを禁じた廉で告発された女教師や、ジャコバン派の修道士などである。さらに一月(＝一五三五年)には、三十八人のルッター派が火刑に処せられ、三百人もの人々が逮捕されたと噂された。「パリ内ニ於イテハ、各地区ニ樹テラレタル数々ノ絞首台ガ見ラレルノミニシテ、コレラノ絞首台ト処刑トヲ目撃セルパリ市民及ビ他ノ都市ノ人々ハ、イタク恐怖セリ。」しかし、多くの人々は、逃亡するのに成功した。」(cf. Lavisse-Lemonnier : *Opus cité* p. 377.)

こうして、幸いにも逃亡した多くの人々のなかには、詩人クレマン・マロもおりますし、「モーの集団」(既出)の一人であったピエール・カロリ Pierre Caroli も、カルヴァンも、ラブレーもいたことになります。われわれの『日記』には、当時におけるマロとカロリとの消息が記録されています。(cf. "Journal", p. 381—382.)

このような情勢は、国王フランソワ一世の対教会の態度を軟化させざるを得ないことになりました。つまり、教会を抑えて、王権の確立を企てたフランソワ一世は、教会権力の対抗馬として、しばしば新教徒や、その同調者たちを利用し、これらの改革派の連中を庇護していたわけでしたが、「檄文事件」が起りますと、事の重大さの故に、教会の主張を阻止するわけにゆかず、したがって、「異端者」弾圧を指令せざるを得なくなったもののようです。

これは、われわれの『日記』には、特に記してないことですが、一五三四年十二月九日に、フランソワ一世は、宰相デュプラ（既出）に向って、「異端者」を急遽処罰すべきこと、また、ルッター派が、絶対に、王国内には根を張れないようにすることとを書面で通達しましたし、同年同月二十一日には、フランソワ一世の命により、パリ最高法院内に、異端糾問のための特別委員として、十一人の人々が任命されています。（cf. William Heubi : François 1er et le mouvement intellectuel en France, 1515—1547, F. Rouge 1913, p. 67.）（拙著『フランス・ユマニスムの成立』岩波書店刊、第六章をも参照。）

○

「檄文事件」後、バーゼルへ亡命したジャン・カルヴァンは、一五三五年八月に、『王に捧ぐる書簡』Epistre au Roy という文章を綴っていますが、これは、いずれ一五三六年三月に公表される大著『キリスト教教程』Institutio religionis christianae の序文となるものでした。そして、この序文において、カルヴァンは、フランソワ一世に向って、「檄文事件」後の新教徒迫害が、どれほど理不尽なものであるかを説き、その結果、「絶体絶命の状態に投げこまれた」新教徒が何をし出かすか判らないことを述べて、王の反省を求めておりました。（拙著『フランス・ユマニスムの成立』第一四九頁以下を参照。）セネカの『寛容について』（既出）を翻刻註解したカルヴァンとしては、これが最後の寛容要求となったらしいことは、実に痛ましいと思います。その後、カルヴァンは、新教会を守るために、やむを得ず「不寛容」な態度を採るようになりますが、それにつけても、「檄文事件」の重大さが判るような気がいたします。なお、われわれが辿っています『日記』の筆者は、ジャン・カルヴァンの存在を、全く知っておりません。これは、一五三四年代のカルヴァンのことを思えば当然でありますが、われわれはわれわれの知らぬ間に、われわれの運命をゆさぶるような人物の出現に気がつかないことがあるという悲しい事実を、今さらのように感じます。

○

記述の都合上、一五三五年に起ったことにも、若干触れてしまいましたが、一五三五年全般に関する記述は後に譲ることとして、一五三四年、「檄文事件」後に起ったことについて、われわれの『日記』を追わねばなりません。

われわれの『日記』によりますと、フランソワ一世は、「イタリヤ戦争」の継続として、ドイツ・神聖ローマ帝カルル五世に対して手を打つことを忘れず、ヨーロッパの諸王の――特に、ドイツとフランスとの元首たちの確執に漁夫の利を求めようとしていたトルコ帝国の勢力に向って、親近策を講じていたらしいことが判ります。(cf. "Journal", p. 357.)

その外、宰相デュプラの息子を暗殺しようとした小事件があったことも窺われます。

――コノ一五三四年十二月、降誕祭前ノコト、教皇使節（既出）デュプラノ長子ナントゥイエ Nantouillet (＝Antoine Du Prat, *Duplat*) ハ、トゥールヨリ帰還途上ノ父ヲ迎ヘニ赴キタル時、パリトロンジュモー Longemeau (＝Longjumeau) トノ間ニテ、強盗ドモニ襲ハレ暴力ヲ加ヘラレタル結果、危ク殺害サレントシ、事実、ソノ下僕ハ殺害サレタリ。強盗ドモハ逮捕サレ、法令ニ基キ、刑事奉行モラン Morin ノ判決ニヨリ、火刑ニ処セラレタリ。(cf. "Journal", p. 375.)

王権確立のために尽しながらも、フランス国内の思想統制に乗り出していた宰相デュプラに対する怨恨が、その息子の身の上にまでおよんだ事件なのか、それとも単なる強盗の仕業なのか、『日記』によるだけでは何とも判明いたしません。しかし、これも、数々の「推理小説」事件に毒された私の妄想になりますが、「檄文事件」後の新教徒迫害の結果、逆上した新教徒たちが、宰相一族に対して加えようとした暴力が、この小事件となったと「邪推」したくなるほどです。繰り返して記しますが、これは、私の全くの空想であることは勿論なのです。

われわれの『日記』の一五三四年の項には、以上の記録以外に、特に、ここで取り扱うに値するものは全くありません。

○

既述のルゥイ・ド・ベルカン火刑死や、二回に亘る聖母像毀損事件や、そして、「檄文事件」など、その各々の真相の是非は別といたしまして、十六世紀後半の「宗教戦争」の母胎が、徐々に作られていることが感じられます。人間は、行くところまで行かねば判らないし、そこまで行ったら、もう遅すぎるのだがというような感慨を、私は、われわれの『日記』を繙きながら抱きますし、さらに、われに返って、現在の世のなかを眺めつつ、同じような気持になることは、あまり楽しいことではありません。しかし、それでもなお、人間は信じなければならないと、自らに言い聞かせざるを得ないのです。

○

われわれの『日記』の一五三五年一月の条には、先ず次のような記載があります。

――一五三四年（＝旧暦。五年に当る。）一月十一日月曜日ニハ、パリ滞在中ノ国王ノ命令トシテ、パリ各所ノ四辻ニテ、シャトレ刑事裁判所附刑事奉行並ビニ数人ノ警吏員ラノ立会ヒノモトニ、五ツノ喇叭ノ音モ高ラカニ、次ノ旨布令マハラレタリ。即チ、国王ノ下知ニヨレバ、今後、強盗ヤ殺人犯ハ絞首ノ刑ヤ火刑ニ処セラルルコトハナク、ムシロ、四肢ヲ打チ砕カレ打チ断タレテ、シカル後、刑車《ルウー》 roues ノ上ニ縛ラレタルガママニ放置サレテ、懊悩シ得ル限リ懊悩シテ絶命スルヤウニナスベシトノコトナリ。(cf. "Journal", p. 376.)

この原文の記述はあまり明快でなく困却いたしましたが、所謂車責の刑 La Roue のことらしく、この刑は、横に置かれた車輪の上へ、犯人が四肢を伸ばしたままで、仰向けにくくりつけられ、鉄棒などで四肢の関節その他を打ち砕いて、そのまま放置される刑のようです。フランソワ一世が、なぜ急に、絞首刑や火刑の代りに、こんな残酷な処刑を命令したものか全く判りませんが、「檄文事件」が突発した結果騒然としてきた世情を鎮めるために、治安対策を強化したことを示すものかもしれません。強盗や人殺しを赦せと申すのではありませんけれど、フランソワ一世が若干逆上しているような感じすらいたします。

上掲文に直ちに続いて、次のような記述もありますが、これもまた騒がしい世相を物語るとともに、フランソワ一世が周章している姿を垣間見せてくれるとも申せましょう。

――コレト時ヲ同ジウシテ、国王ノ名ニヨリ、喇叭ノ音モ高ラカニ、パリ市ニ次ノコトガ禁止セラレタリ。即チ、何《ナニ》人《ビト》モ、長剣短剣、ソノ他隠蔽セル兇器ヲ帯行スルコト能ハズ。コレニ背ク者ハ、王廷出仕ノ貴族ナラザル限リ逮捕サレ罰金ヲ科サレ、職能徽杖喪失ノ刑ニ処セラルベシト。(cf. "Journal", p. 376.)

同じ年の一月二十一日には、「檄文事件」の発生について責を負い、上天の神に贖罪する意味で、盛大な行列が、ノートル・ダム大聖堂に向って、パリの各地区から繰り出されましたが、教会関係の人々は勿論、フランソワ一世を初めとする王室の人々も、この行列に加わり、王は、「自ラ、燃エサカル蠟燭ヲ手ニ持チ、無帽ノママ、徒歩ニテ、コノ上モナク恭々シク、御聖体(=サン・ジェルマン寺院から運ばれてきたもの)ノ後ニ従ヘリ」(cf. "Journal", p. 359.)と記してあります。この御聖体を運ぶに際しては、フランソワ一世の王子らが、天蓋の支柱を捧持したという記述(cf. "Journal", p. 359.)もありますから、きわめて盛大な行列だったらしく、われわれの『日記』にも、比較的詳しく記述してあります。(cf. "Journal", p. 358—359, 382.)

この贖罪行列の行われた日に、六人のルッター派が逮捕され、火刑に処せられていますが、(cf. "Journal", p. 359.)既に若干触れました通り、一月二十五日には、パリから逃亡した七十三人のルッター派の人々に出頭命令が出されるにいたりましたし、これらの人々のなかには、ピエール・カロリ(既出)もクレマン・マロ(既出)もいたと、われわれの『日記』は記しております。(cf. "Journal", p. 381—382.)

それのみならず、これも前に触れたことですが、二月から五月にかけては、多量の「異端者」が処刑(火刑・追放・罰金)されています。ここに、これを詳しく記述する必要はないと思いますが、われわれの『日記』には、数頁に亘って、(cf. "Journal", p. 382—385.)犠牲者の名と、その受けた刑罰とが記してありまして、前回の記述中において触れた一五三四年末から三五年初頭へかけての被処刑者の数を合せると、百をもって算える数にのぼるほどでした。

これらの「犠牲者」たちの身分は雑多のようですけれども、金銀細工師、靴屋、染物商、小間物商などを職業とする人々のことが、かなり頻繁にわれわれの『日記』に記載されていることは、若干注目してよいかもしれません。宗教改革運動が、色々な必然的現実条件によって、単なる宗教思想の分野に納められ切れなくなり、階級的経済的な性格を帯びるにいたったことを示すかもしれぬと思うからです。十六世紀後半のフランスを四分五裂する宗教戦争の側面に、階級問題があったとも思われますから、「檄文事件」の処理において見られた「犠牲者」の身分を詳しく調査することによって、宗教戦争の母胎の一面に光明を当てられるかもしれません。見解の是非は別として、オノレ・ド・バルザック Honoré de Balzac の歴史小説『カトリーヌ・ド・メディチ』Catherine de Médicis に見られた宗教戦争の分析は、階級問題の一点に絞られていました。この小説の主人公は、新教（カルヴィニスム）を奉ずる新興中産階級の毛皮商人父子でした。革新思想は、現実の欠陥から生れ出ることが常であるとするならば、現在に不満な人々は（虐げられた人々も、さらに権力を握ろうとする人々も、）とかく革新思想に走るのは当然かもしれません。しかし、現実の欠陥の是正を目的とする革新思想が、現実を是正する義務と能力とを持つ権力者には少しも省られずに、現実に不満を持つ人々だけを興奮させる傾向が多いために、革新思想は、貴重な「思想」としての宿舎を見失い、現実破壊運動の旗印となって硬化することがしばしばあるようです。そして、十六世紀におけるルッターやカルヴァンの教義も、ほぼこうした道を辿ったように思われますし、旧教徒の一部から示された狂信に呼応して、新教徒の一部から振りかざされた狂信の盾の由来も判るような気がいたします。人間が自ら産み出した「思想」を消化し切れずに、「思想」の故に狂信の徒となるくらいの悲喜劇はないでしょう。

○

一五三五年の六月頃には、誤伝だったことが後々判明していますが、既に、神聖ローマ・ドイツ皇帝カルル五世側に寝返りを打っていた元フランス海軍の提督格だったイタリヤ人アンドレヤ・ドリヤ Andrea Doria (André Dorie)（既出）が、トルコ軍を撃破して、ロードス島を奪還した旨が、われわれの日記に記載されています。(cf. "Journal", p. 377, et note 1.)

この記述の真偽は別問題として、「イタリヤ戦争」（既述）の継続としての独仏両国の元首間の対立が、一五三五年度においては、フランス国王の臥薪嘗胆的雌伏にもかかわらず、ドイツ皇帝側からは、勢力拡大確立という形で依然として維持されていたことを暗示するかもしれません。フランソワ一世王も、ほどなく、いたたまれなくなって、後述の如く、手を打たざるを得なくなるのでした。

所謂「イタリヤ戦争」に関することは、目下のところ、われわれの『日記』では、記述も少いのですから、一応棚上げということにいたしますが、右記誤伝ながらアンドレヤ・ドリヤの活躍を叙述した文章の直後に、われわれの『日記』は、パリ大学神学部の驍将として、一切の革新宗教思想の弾圧に大童であり、あまり過度な遣方が禍して、一時、フランソワ一世の命で追放され、前年一五三四年の一月に赦免されて復帰していた神学博士ノエル・ベダ Noël Béda が、「ソノシタタメタル数通ノ書簡ノ故ニ」懺悔告解を命ぜられた旨の記述があります。(cf. "Journal", p. 377.)

この小事件の真相は知るよしもありませんが、「檄文事件」の発生を奇貨として、ベダが、革新思想を庇護したフランソワ一世を、必要以上に、非難した書状を書いたとか、あるいは、王を怒らせるような文字を連ねた書面をしたためたとかいうことがあったのかもしれません。しかし、いずれにせよ、「檄文事件」は、前にも記した通り、ジャン・カルヴァンを踏み切らせた事件ともなったと同時に、旧教会側、特に、この場合に限れば、ノエル・ベダに、革新思想そのもの、および、その同調者たちに対する過激な意志表示と断罪とを、天下晴れて行わせるにいたったと申せるかもしれません。こう考えれば、ベダが罰せられたという小事件の記録は、旧教会側の後退乃至敗北であるどころか、逆に、「檄文事件」を契機にして一段と活潑になった旧教会側からの「反撃」運動の一角を示すものとも申せるでしょう。既に記しました通り、この一五三五年八月に、ジャン・カルヴァンは、『王に捧ぐる書簡』Epistre au Roy (後に一五三六年版の『キリスト教教程』の序文となる。) を綴っていますが、彼は、絶体絶命の悲劇的状態に追いこまれた新教徒たちが、今後、正に窮鼠猫を嚙むような行動に出ることもあり得る旨を、フランソワ一世に訴え、その善処を要望したのでした。この『書簡』は、さらに、ベダの行動が、フランソワ一世の意に反してまでも、旧教会の激しい攻勢の一端となっていたことを側面から示してくれるような感じがいたします。

なお、このベダに関する小事件が起った月日に関して、色々面倒な考証問題があるようであります。われわれの『日記』には、「一五三五年三月六日日曜日のこと」(cf. "Journal", p. 377.) と記してありますが、『日記』の翻刻者たるV・L・ブゥリーイーによりますと、「三月六日は土曜日だった。……二月の最後の日曜にあったことらしい」ということになっています。(cf. "Journal", p. 377, n. 2.)

この種の考証になりますと、興味こそ唆られますが、少くとも私には、手のつけようもないような厄介な調査を要する問題があるように思います。私としては、どうにもならぬ以上、右のように記す以外にいたし方ありません。

○

一五三四年 (=旧暦による。新暦ならば一五三五年に該当。) 三月二十五日木曜日に、王命によって、次のようなことが、布令まわられました。すなわち、生活してゆくに必要な金もなく、学校で勉強するのに入用な経済的支持もないような貧乏学生は、全部パリ市から退去すること。また、これらの学生たちは、街頭の聖画像の前で歌を唄ったりしてはならない。これは、とかく今まで、学生たちが歌に托して不敬なことを口にすることが多かったからである。また、貧乏学生たちは、家々を訪ねて、布施をもらってはならない。……(cf. "Journal", p. 377.)

革新思想は、現実に不満な人々に、もてはやされるばかりでなく、若者たち、特に貧しい青年たちの支持を受けるものでしょう。ほんとうは現世の権力者や老人たちからこそ、理解されねばならぬものなのでしょうが……。

したがって、上に述べた記録は、当時、学生たちのうちで、経済的に困窮していた人々が、とかく「異端思想」に追いこまれ易いから、これらをパリから追放したほうが治安も保ち得るかもしれないという風に、国王も司直の人々も考えたという風にも解釈できます。

なぜ貧困な学生を追い払うのか、その理由は、われわれの『日記』には記してありませんが、恐らく、こうした貧困な学生どもは、革新思想にかぶれ、治安を擾乱する有力な勢力となりかねなかったからかもしれません。暗愚な施政者は、こうした挙に出て、「無自覚」な人々をも、恰も駆り立てるようにして、所謂「敵陣」に加わらせてしまうことがたびたびあるように思われます。

○

次のような記述も見られます。

——コノ一五三五年、五月十日、パリニテ、四人ノ喇叭手ノ吹ク音モ高ラカニ、ジェノワ産ノ一切ノ絹布類、天鵞絨ニセヨ、繻子ニセヨ、ダマス絹ニセヨ、琥珀絹ニセヨ、マタソノ他ノ絹布ハスベテ禁制トナレル旨ガ布令マハラレ、今後コレラヲ販売スルコトハ御法度トナリ、コレニ違反スルモノハ、ソノ絹布類ハ没収セラレ、体刑ニ処セラルルコトト相成レリ。カクノ如キ禁令ハ、全王国ニ亘ッテ発布サレ、王（＝フランソワ一世）ハ、コノ勅令ヲ冒ス者ドモヲ告発シ来レル人々ニ、没収物品ノ半分ヲ与フルコトトセリ。(cf. "Journal", p. 389.)

この事件の真相は判りませんが、程なく再開される「イタリヤ戦争」と何か関係があるようです。「非常時」を控えての単なる奢侈禁止令ばかりではないようです。恐らくイタリヤのジェノワの町が、フランソワ一世の外交政策にとって不利な態度を取ったために、一種の報復手段として、このようにジェノワ産の絹布販売の禁令が出されたのかもしれません。しかし、詳しいことは一切不明です。

フランソワ一世が、対外政策において、右の如く強硬な態度を取ったとすれば、所謂軍備を整えるためにも、数々の演習も行っていたようです。何となく戦雲急を告げるような感じが、次の文章に出ています。

――王ハ、件《クダン》ノ数（四万八千。cf. "Journal", p. 388.）ノ歩兵ヲ動カシテ二回ニ亘ッテ大演習ヲ行ヘリ。即チ、アル部隊ハオルレヤン方面ニ於イテ、（＝恐らくノルマンディ地区軍団がルゥワンに行った演習を指す。V・L・ブゥリーイー。cf. "Journal", p. 389, n. 2.）他ノ部隊ハ、ピカルディ地方ノ王自ラ出陣セルアミヤン方面ニ於イテ。コレラノ演習ハ、一五三五年五月ニ行ハレタリ。（＝ピカルディ地区軍団の演習は、六月二十日に行われた由。cf. "Journal", p. 389, n. 3.）

同ジク王ハ、類似ノ大演習ノ数々ヲ、シャンパーニュ地方、ランス周辺ニテ行ヒ、王自ラモ参加セリ。コレラノ歩兵タチニハ、大イナル特典ヲ与ヘラレタリ。即チ、彼ラハ、人頭税ヤ王ニ対スル献納金ヤ前借金ヲ免除サレヰタリ。コノ時、ドイツ皇帝ハ、降誕祭前ニ、ローマヘ赴ケリ。（cf. "Journal", p. 389.）

以上の文章末に、動員徴募された兵士たちが、数々の税金を支払わないですむことになったらしいことを記し、われわれの『日記』の筆者は、若干羨望の念を洩らしているように思われます。いかにも、「パリの市民」たる『日記』の筆者らしい文章でしょう。しかし、戦場に駆り出されて戦死するか、あるいは、既にたびたび『日記』に出てきたような「悪漢」強盗（mauvais garçons）どもになるのが落ちの哀れな兵士たちが、一般市民には与えられない「特権」を享受してもいたし方ないわけです。もっとも、おいしそうな餌がなければ、人民を動かせないことが多いし、おいしい餌さえあれば、人民の首に縄をつけることも可能だということを、フランソワ一世は、よく知っていたという風に考えますと、あまり羨むこともないのかもしれません。恐らく「降誕祭前ニ」という指定についてでしょうが、V・L・ブゥリーイーは「不正確」inexact と註記しています。(cf. "Journal", p. 389, n. 4.) 時期のことはとも角として、このような動きが見られたことは異とするに当りますまい。ジェノワの絹布類が御法度になった小事件も、こうした世相の一端を示すように思われます。

ドイツ皇帝というのは勿論、フランソワ一世の宿敵カルル五世のことですが、今まで雌伏を続けてきたフランソワ一世が、大演習など行って、そろそろ動き出し始めた時、カルル五世は、イタリヤへ赴いたという記述は、何となくあわただしいものを感じさせます。

○

この年の六月に、ローマ教皇パウルス三世は、フランソワ一世があまり苛酷な刑罰を「異端者」たちに加えていますので、宥め役を買って出たという挿話があります。少し長い文章ですが、これまで記しました数々の「異端者」糾弾を思い出していただくために、次に訳出してみます。

――ココニ記スベキハ、一五三五年六月、次ノ如キ噂ガ流布サレタルコトナリ。即チ、国王(=フランソワ一世)ガ、王国内ニ於イテ、ルッター派ノ人々ニ加ヘタル忌ムベク且ツ無残ナル裁キヲ聞知セルパウルス(三世)教皇ハ、フランス王ニ対シテ、次ノ如ク要請セリ。即チ、コレラノルッター派ノ人々ニ対シテ無残ナル裁キヲ下セルコトハ、シカト聞知シタルガ、王ガ、「コノ上モナクキリストヲ崇ムル王」Le Roy tres chrestien トイフ栄アル称号ヲ常ニ用ヒテ、善キ目的ノ為ニカクノ如クナセルモノトハ十分ニ承知シ居ルト雖モ、サレド、創造主神ハ、コノ世ニヰマセシ時、厳シキ裁キヨリモ、慈悲ヲ用ヒ給ヒタレバ、度々峻厳ナル態度ニ出ヅルコトアルベカラズ。サレバ、一個ノ人間ヲ生キナガラ焼キ殺サシムルハ、残忍ナル殺シ方ニシテ、カカルコトノ結果、当該人物ガ、他ノ場合ヨリモ信仰ト律法トヲ否認スルコトモ起リ得ベシト。カルガ故ニ、教皇ハ、ソノ親書ニヨッテ、国王ニ、ソノ憤怒ヲ鎮メ、罪人タチヲ恩赦赦免シテ、厳シキ裁キヲ和グルヤウニト訴願要請セリ。ソノ為ニ、王ハ、教皇ガソノ勅書ニヨッテ勧進シタル通リニ、ソノ意図ニ従ハント欲シテ、心ヲ和ラゲ、今後ハ、今マデナサレタルガ如キ峻厳サヲ以ッテ追訴スベカラザル旨ヲ、最高法院ニ通達セリ。ソノ意ヲ体シ、法院ハ追訴スルヲ中止シ、コンシエジュリー及ビシャトレノ牢獄ニツナガレタル多クノ囚人ラハ釈放サレ、モハヤ裁キニヨッテ厳シク追訴サレルコトハナカリキ（cf. "Journal", p. 360.）

われわれの『日記』の翻刻者たるV・L・ブゥリーイーによれば、上述の記録はきわめて珍しいものであり、（cf. "Journal", p. 360, n. 1.）学芸の保護者としても有名で、しかも「異端」撲滅のために宗教裁判制度まで復活した教皇パウルス三世の対仏干渉としては、やや異例なものだということです。しかし、見方を変えれば、「檄文事件」（既出）以後、雌伏中のフランソワ一世が教会の権力と和解して、再び「イタリヤ戦争」へ乗り出す準備をする必要上、度の過ぎたはなはだしい「異端」糾問を行い、十六世紀後半の「宗教戦争」の種を蒔いていたことを、教皇のその干渉は物語るとも言えましょう。つまり教皇としては、狂信的な態度に出れば相手も狂信的になるという平凡な人間的事実を知っており、フランソワ一世の行き過ぎに注意を与えただけなのでしょう。王としても、教皇の勧説にしたがうことは、対教会の立場を些かも損ねないわけですし、寧ろ教会から好意ある眼で見られる可能性も考えられましたからこそ、直ちに、緩和的な態度に変えたらしく思われます。これは、全くの推測であり、その間のことを明かにしてくれる材料がないのが残念です。高雅博覧の士の御教示を切に期待しています。因に記しますが、フランソワ一世の宥和政策は、七月十六日に発布されますクゥシー Coucy の勅令に見られることになります。この勅令によって、「異端者」の糾問は一時中止され、逃亡者たちには、旧教へ回宗するという条件で、帰還が許可されました。（cf. "Journal", p. 360, n. 2.）申すまでもなく、こうした宥和策で国内の思想問題が解決する筈はなく、われわれの『日記』においても、ほどなく「異端者」の弾圧は再開され、さらに、それが激化して、遂に十六世紀後半期の醜鼻をきわめる「宗教戦争」が起るのです。一五三五年においては、フランソワ一世が、宿敵神聖ローマ・ドイツ皇帝カルル五世に恨みの一矢を報いようとして、今まで虎視耽々として、軍備を固め国力を充実し、治安を整え、後顧の憂いを断とうとして、前にも記しました通り、大演習をしたり、「異端」糾問を激化したりしていたのだと申してもよいでしょう。

なお、上掲文中の言葉遣いには、今まで、「異端者」やルッター派の人々を、悪魔下道と罵っていたわれわれの『日記』の筆者の面目は見られません。上からの命令や裁決に、唯々諾々したがう「温厚」すぎる人柄が窺われると言ったら過言となるでしょうか？

○

一五三五年の七月九日金曜日に、フランソワ一世の片腕として働き、王権の確立のためにも「異端」弾圧のためにも、輝かしい行跡を残した宰相アントワヌ・デュプラ Autoine Duprat（既出）が、パリから七里ほどのところにあるナントゥイエ Nantouillet の領地で他界しました。七十五歳でした。非常に利発であり、遣手であったため、皆から恐れられていた人物でしたが、われわれの『日記』には、「シカシ、ソノ死ヨリヤヤ以前ニ、男根ヲ切断セリ。ソノ理由ハ神ゾ知ル」と記してあります。（cf. "Journal", p. 392.）どうして老宰相が、このような手術を受けたのか全く不明ですが、上記引用文の直ぐ後には、奥方が Ladresse《ラドレス》 であり、そのために他界しているとも記してありますから、宰相は、奥方から感染していたのかもしれません。もっとも、「ラドレス」といいますのは、普通「癩病み女」ということですが、宰相の奥方の場合、本物の「癩」なのかどうか判りません。体が腐る病気の一種を「癩」と呼んでいたと考えることも可能です。さらにまた、宰相が、男根を切断したのは、奥方の病気とは無関係であり、寡夫として不品行の結果かもしれません。全く、『日記』の筆者の記している通り、「神ノミゾ知ル」であります。

神でなくとも判っていたことは、デュプラが、その権力を利用して、巨万の富をわが物としていたことでした。『日記』によりますと、この汚職のことは、フランソワ一世も既に知っていたらしく、デュプラが危篤に陥ると直ちに、王は、警吏を派遣して、デュプラ邸にある一切の書類、金銀財宝を没収させ、これをわが手に納めたそうです。現金にして、八十万エキュが、ナントゥイエの邸にありましたし、パリの邸には、三十万エキュが発見されたと伝えられております。(cf. "Journal", p. 361, 392—393.)

正に、「聖代」の裏面であり、「泰平」の実相の一つでしょう。無実の罪を財務卿のサンブランセーにかずけて、(第一八七頁以下を参照。)これを葬り去ったデュプラも、生前には、絶大な権力金力のお蔭で「泰平」に生きましたが、一五三四年には、息子が暗殺されそうになりましたし、(既出)「男根を切断され」たり、すっかり息を引き取らぬ前に、財産を没収されたりすることになってしまいました。その上、こうしたことが、『日記』にも記し止められ、二十世紀の東洋のわれわれにも、伝えられることにもなってしまいました。「生きているうちが花で、死んでしまえば、それまでよ!」なのかもしれません。また、生前の恣意のほうが死後受ける評価よりも、人間にとって重大で絶対だとする考え方もあるかもしれません。そして、こういう考え方は、今の世にいたるまで、頑健に残っていることも、ほぼ確実のようです。

デュプラの後を受けて、アントワヌ・デュ・ブゥール Antoine du Bourg が宰相の位に就きました。(cf. "Journal", p. 393.)

○

七月十三日火曜日には、長雨に困却したパリ市民は、雨が止むようにと、祈願行列をいたしました。『日記』によりますと、そのために、天気が恢復したとあります。(cf. "Journal", p. 391—392.)

七月十八日には、トゥール生れで、最近ドイツやフランドル地方からパリへ戻ってきた二人の若いリボン製造人が、ルッターの教えを述べた書籍を所持していたことが発見されまして、一人は、モーベール広場で、もう一人は、聖ジャン墓地で、生きながら焼き殺されてしまいました。(cf. "Journal", p. 385—386.)

既述のパウルス三世教皇の要請も、このようにして、容易に破られてしまうわけですが、いかにクゥシーの勅令が発布されたところで、今までの弾圧は、新教徒たちの報復と逆上とが中絶され得ない状勢を作り出していましたし、教皇や国王の意図にもかかわらず、彼らの黙認の下に、旧教側の狂信的な人々は、苛酷な糾問や断罪をもって、新教徒たちに対していたようです。

われわれの『日記』の一五三五年の項目には、以上の事柄以外に、本書の主題に添うような記録は見当りません。一五三五年には、イギリスで、ジョーン・フィッシャー John Fisher が刑死していますし、(六月二十二日)トマス・モーアも断頭台の露と消えています。(七月六日)いかにも嵐をはらんだ年のような感じがいたします。

○

われわれの『日記』の一五三六年の項は、僅か一頁にすぎず、しかも、それで、『フランソワ一世治下のパリ一市民の日記』は終っています。

この僅か一頁中には、二つのことが記されています。一つは、七月三十一日月曜日に、パリ市当局の命令で、パリ市の周囲に掘割が作られ始め、多数の射手隊士が集結したということです。もう一つは、八月六日日曜日には、大行列がノートル・ダム大聖堂へ向い、国王の健康と国内国外のフランス将兵の武運とを、また「互ヒニ敵味方タル皇帝（＝カルル五世）ト国王（＝フランソワ一世）トノ間ニ平和ヲ来ラシメンコト」を、上天の神に祈ったということです。(cf. "Journal", p. 362.) この折、パリの都督の地位にあったのは、フランソワ・ラブレーの庇護者ジャン・デュ・ベルレー Jean du Bellay 枢機卿でした。

パリ市の周囲に掘割を作る行為は、明らかに防備体制を整えることですし、『日記』には何とも記してありませんが、戦雲が刻々と迫ってきていたらしく思われます。ノートル・ダム大聖堂で、国王軍の武運と平和とが祈願されたのも、同じ空模様を示すものと申せるでしょう。

これも『日記』には記されておりませんが、フランソワ一世の軍勢は、既に、この年の二月には、イタリヤへ出征し、サヴォワ地方ピエモンテ地方で転戦していましたから、武運を祈願されたのも当然でしょうし、七月二十五日から九月十日にかけて、ドイツのカルル五世軍が、フランスのプロヴァンス地方へ再度侵入しておりまして、フランス側は、所謂「焦土戦術」で、これに対抗していたのですから、上掲の引用文は、かなり急迫した「非常時」下のパリの空気を伝えるものと解釈してよいでしょう。

われわれの『日記』は、こうして「イタリヤ戦争」再開の記録で終っています。他の一つの主題たる「宗教思想問題」に関しては、一五三六年の項目中には、何の記述もありません。しかし、フランソワ一世の晩年（一五四七年歿）には、峻しい事件が数々起っていますし、その後のフランスの歴史を辿れば、「イタリヤ戦争」の終結（一五五九年）に続いて、「宗教戦争」が起っていることが判ります。われわれの『日記』には、この「宗教戦争」の種が蒔かれた跡が数々見られたことは既述の通りです。

一五三六年には、ルフェーヴル・デタープル（既出）とデシデリウス・エラスムス（既出）とが他界していますし、フランス新教会の頭目となるジャン・カルヴァン（既出）が、その大著『キリスト教教程』Intitutio religionis christianae を発表し、ジュネーヴへ赴いています。翌一五三七年春には、イグナチウス・デ・ロヨラが、同志の人々と、旧教の親衛隊「新選組」ともなるべき「イエズス会」Compagine du Jésus の会名を正式に決定しています。ロヨラは、一五三四年八月十五日に、パリ・モンマルトルの丘の寺院内で、同志たちと盟約し合ったことは、既に記した通りです。ジュネーヴから新教会に号令するカルヴァンやその一味と、この「イエズス会」士たちとの激突は、いずれ宗教戦争渦中に見られることになるでしょう。

第五章（補遺）

「三人のアンリの戦」

＊　本章は、第四章までの文章とは、全く違った機会に、単独に綴られましたので、記述の調子もやや異っています。しかし、本書の最終章となり得るように、加筆もいたしましたし、あまり煩わしい反復は、削除いたしました。

1610年（アンリ四世の晩年）におけるフランス王国

（L. Mirot による）

•灰色の部分が，アンリ四世時代に王領へ合併された地域．この時期にフランス王国の統一がほぼ完成した．（別掲第228頁の“1559年におけるフランス王国”と比較）

第四章までは、フランソワ一世の治世の後半部までの史実を記録した『フランソワ一世治下のパリ一市民の日記』の解説でした。フランソワ一世の死（一五四七年）後、王太子アンリが、アンリ二世としてフランス王位に就きますが、この王の晩年、カトー・カンブレジス Cateau-Cambrésis 条約が成立して、半世紀に亘る「イタリヤ戦争」は終結しました。しかし、その代りに、宗教戦争という狂乱が、フランスを待っていたのです。アンリ二世が、右条約によって、外患を絶ち、「宗教改革思想」という内憂の処理に専ら当たらねばならなくなったことは、これまでの記述から推察していただけると信じます。

アンリ二世に次いで、在位僅か一年ほどの薄命な王子フランソワ二世が即位し、さらに、フランソワ二世の弟シャルル九世の時代となりますが、この時代に、史上で有名な「聖バルトロメオの大虐殺」が起っています。すなわち、旧教徒による新教徒の大量殺戮事件です。シャルル九世に次いで、その弟アンリ三世が即位いたしますが、この王を最後に、ヴァロワ王朝は断絶し、フランス王としては、今まで新教徒の頭目でありながら、フランス王になるために旧教に回宗したアンリ四世（=アンリ・ド・ナヴァール Henri de Navarre）が登場し、ブゥルボン王朝が始まるのです。したがって、アンリ三世の治世は、正に、「宗教戦争」の大詰の場になるわけです。これらアンリ二世の王子たち（フランソワ二世、シャルル九世、アンリ三世）の治世の間、宗教戦争は荒れ狂ったのでしたが、アンリ二世の妃カトリーヌ・ド・メディチ（既出）は、母太后として、またマキヤヴェリを産んだイタリヤ出の女性として、わが子らの安康のために、旧教徒新教徒の両勢力の間で苦悶し術策を弄したことは、周知のことです。フランソワ一世の晩年から、アンリ三世の治世にまでいたる期間に起ったことを、今ここで詳しく述べることはできませんが、興味のある方は、本書中の「略年表」を見ていただきたいと思います。

○

本第五章では、アンリ三世の治世の末期の姿を取扱いますが、先ずこの時期全体についてのアンドレ・モロワの文章を引用して、私の拙い記述を補いたいと思います。

「一五八四年、王〔＝アンリ三世〕の末弟で、カトリック派の最高の希望を託されていたアンジュー公〔＝フランソワ太子〕が、「肺病」のため数時間のうちに死んだ。アンリ三世には子がなく、子を持てる可能性もなかったので、王位継承者は、相継順位〔＝サリカ法〕によって、今後は、異端の〔＝新教徒の〕アンリ・ド・ナヴァールとなったし、フランス王が不信者だというような奇妙なことになる。正統な権利なるものを強固に支持したアンリ三世は、ナヴァールの従弟〔＝アンリ・ド・ナヴァール〕を推定相続人として受諾した。しかし、カトリック教〔＝旧教〕に回宗するように要求した。ナヴァール〔＝アンリ・ド・ナヴァール〕は、それは良心の問題だと答えた。〔ほどなく、アンリ・ド・ナヴァールは、フランス王となるために、「良心」的に、回宗する。〕既に、ギュイーズ家〔＝旧教派・旧教軍の中核〕は、王の候補者を物色していた。それに、ギュイーズ一家の一員が自ら王となって悪い理由もなかろうというわけだった。アンリ・ド・ナヴァール（聖王ルゥイの王子の一人の子孫）は、アンリ・ド・ヴァロワ〔＝アンリ三世〕の二十二番目の従弟にすぎなかったのだ。想像力豊かな系譜学者は、ロレーヌ公爵家（ギュイーズ家は、その分家であるが）は、その始祖に、シャルルマーニュ大帝の子ロテールを持っていることを証明しようとしていた。他の人々は、アンリ・ド・ナヴァールの伯父のブゥルボン老枢機卿〔＝シャルル・ド・ブゥルボン Charles de Bourbon, 1523—1590—アンリ三世歿後、アンリ・ド・ナヴァールへの対抗馬として、旧教派によって用いられ、一時国王にも祭りあげられる。〕に資格があると支持していた。その間にも、フランスの大部分は、旧教同盟〔＝Sainte Ligueのこと。神聖同盟とも呼ばれ、ギュイーズ公一門を首領とした。〕に参加し、宣伝文書が流布されてきた。諸外国も、利益を覗って、このフランスの内訌に介入していた。ヘリーペ二世〔＝イスパニヤ王〕は、旧教同盟に兵を送ることを約束していた。エリザベス〔＝イギリス女王〕は、カレーとル・アーヴルとを要求していた。宮廷は浮足立っていた。カトリーヌ〔ド・メディチ太后〕は、婿のナヴァール〔＝アンリ・ド・ナヴァール。彼は、シャルル九世の妹マルグリットを妻としていた。〕に、もう一度、カトリック教に改宗するように懇願していた。彼は、賢明にも延引策を取っていた。それは、同志〔＝新教徒〕を失い、敵の思う壺にはまる恐れがあったからである。アンリ三世は軽蔑され嫌悪されながらも、旧教同盟とギュイーズ家との前に、叩頭せねばならなかった。一五八五年に、彼は全面的に譲歩した。十年前には、彼は新教を容認したのに、今は、これを禁止した。彼は、安全保障に同意したのに、それを取り消した。しかも、それは、すべて心ならずもなされたのである。すなわち、彼は、これらの計画が戦争へ導くだろうということを知っていたからである。そして、彼には戦費はなかった。

この戦争は、『三人のアンリの戦』と言われた。(アンリ三世、アンリ・ド・ナヴァール、アンリ・ド・ギュイーズ) しかし、実は、アンリ三世とその母〔＝カトリーヌ・ド・メディチ〕とは、役にも立たぬ仲介者の役を演じ続けていたのである。それは、旧教同盟派の軽蔑を招いた。「誰もいやな顔をしないで、こんなに沢山の人々が、こうした喜劇を演じているとは、訳の判らぬ話です」と、嘗てカトリーヌ〔・ド・メディチ太后〕は、イスパニヤ駐在フランス大使へ書き送ったことがある。今や、彼女は、こう書く。「私たちは、二三十年間も、国内のこの病気の蔓延を治すための毒薬となろうと努めてきました。そして、今は、経験によって、この薬の劇しさが、病気を拡げるのにしか役立たないことが判りました」と。パリの説教僧らは、同盟側の女丈夫、ギュイーズ公の妹モンパンシエ公爵夫人に熱狂して、国王に宣戦布告しようとしていた。一五八八年五月に、アンリ三世は、アンリ・ド・ギュイーズに首都立入りを禁止した。「向う傷」〔＝Le Balafré. アンリ・ド・ギュイーズ公の渾名〕は僅か八・九人の従者を引きつれて入京した。彼は、息がとまるほどの歓呼に迎えられた。群衆は、彼に花を投げた。女たちは跪いて、その外套に接吻した。人々は、「ギュイーズ万歳」と叫んだ。彼は、大きな帽子の庇を下げ、（その下で笑っていたかもしれないのだが、）謙遜な振りをして答えた、「皆さん、あまりのことです。……国王万歳！ と言って下さい」と。アンリ三世は激怒して、軍隊をパリに入れて抵抗しようとした。町には防塁《バリケード》が作られた。学生たちは、ルゥーヴル宮の前を行進した。女どもは、窓から、王の軍兵たちに、爆弾を投げた。ギュイーズ公は、立役者となった。「もはや待つべきでない」と、同盟の首領たちは言った。〔…中略…〕

アンリ三世は、安全にブロワの王城へ遁れた。しかし、パリを失った。そこには、ギュイーズ公が支配している。そして、王が三部会を召集した時、全くフランスが敵〔＝ギュイーズ公〕を支持していることを確認した。彼は、譲歩し屈伏した。しかし、明察の士は、「七首の日《ジヴール・ド・ポワニャール》」〔＝アンリ三世によるギュイーズ公暗殺の日〕が近いと思っていた。「四十五士」という、若くて勇敢で、万事に備えている四十五人の貴族の団体が王を守護して、命令を待っていた。命令がきた。「主君の王位と生命とを脅かす逆臣ギュイーズ公を殺すべし。」ギュイーズ公には、その多くの同志が、危険だと言った。しかし、ギュイーズ公は、国王の弱気を当てにしていた。「まさかやるまい」と、彼は言った。王は、母太后にも相談せずに、やってしまった。アンリ・ド・ギュイーズは、ブロワの城で暗殺された。彼は、そこへ、ある談合のために呼ばれて行ったのである。ギュイーズ枢機卿〔＝アンリの弟。ルゥイ・ド・ギュイーズ〕は逮捕され、翌日、斧の一撃で殺された。カトリーヌ・ド・メディチは驚愕した。「何をしたのです」と、彼女は言った。「これで、私だけが王になりました」と、息子〔＝アンリ三世〕は答えた。……」（平岡・三宅・中村・山上四氏訳、アンドレ・モロワ『フランス史』新潮社刊、上巻、第二〇〇頁―第二〇二頁。右四氏の訳文に主として拠り、字句を多少改め、〔　〕中に、必要だと思われる註を加えました。）

複雑な政局を、モロワは、見事に解説していますが、本第五章の記述は、上掲文中の最後、アンリ・ド・ギュイーズ公の暗殺直後のパリの情勢から始まります。

○

第四章までは、『フランソワ一世治下のパリ一市民の日記』（**B**）の解説でしたが、本章は、新進のルネサンス研究家で、中央大学で教鞭を振るっておられる二宮敬氏から寄贈されました『パリ市民フランソワの日記・一五八八年十二月二十三日―一五八九年四月三十日』Journal de François, bourgeois de Paris, 23 décembre 1588—30 avril 1589, par Eugène Saulnier, Paris, Ernest Leroux, 1913（**C**）と題する、全体で百五頁ほどの記録の解説であります。これは、Journal des choses advenues à Paris depuis le 23 décembre 1588 jusqu'au dernier jour d'avril 1589 とも呼ばれていたらしく、フランソワという名の筆者の綴った『一五八八年十二月二十三日より一五八九年四月末日にいたるパリ一市民の日記』（実際は、四月二十九日までの日記）でした。私にとっては、先に述べました二つの日記（『シャルル六世・シャルル七世治下のパリ一市民の日記』（**A**）『フランソワ一世治下のパリ一市民の日記』（**B**）、に続く貴重な資料となるのです。一五八八年末から八九年春までの僅か数箇月は、ヴァロワ王朝の最後の王アンリ三世（フランソワ一世の孫）の治世の終り頃にも該当します。

　フランソワ一世の子アンリ二世、その子フランソワ二世、シャルル九世、アンリ三世と、四代に亘る治世下に各々綴られた『パリ一市民の日記』が事実残されており、且つこれらを繙くことができましたら、本書第四章までの記述の素材となった『フランソワ一世治下のパリ一市民の日記』（自一五一五年至一五三六年）と、本章の資料となる『一五八八年十二月二十三日より一五八九年四月末日にいたるパリ一市民（フランソワ）の日記』との間に、あんぐり口を開いている約半世紀の空白を、何とか埋められるかもしれませんが、それには障碍物が多すぎます。私としては、この障碍物を乗り越える力量も財力もない以上、二宮氏の御厚志によって与えられた『日記』を読み、残された空白の存在を省ていればよいのでしょう。勿論、無名人の『日記』以外に、有名人の残した『覚書』や『日記』類（cf. Marguerite de Valois, Brantôme, Pierre de l'Estoile etc.）があり、これらは、「空白」に、若干かの幻を宿らせてはくれますが、無名人の『日記』類に見られるような民衆の哀歓や、その愛すべき無知、その驚くべき知慧は、有名人の残した記録には、あまり見当りません。所謂史実（歴史的事件）なるものによって、擾乱され、狂喜せしめられる大衆の姿は、無名人の『日記』によって捕えられるように思いますし、「真実」は、何処にあるのか判らないとしても、平板な「史実」を、やや立体的に眺めるよすがも、そこに見出せるかもしれないと思っております。

　したがって、「真実」を捕えるのは、もっと偉大な人々のすることであるから、ただこれを追い求めることだけにする、というモンテーニュの教訓を守りつつ、私は、二宮氏から贈られた『日記』について、解説することにいたします。

○

この『日記』は、既に記しましたように、一五八八年十二月二十三日から一五八九年四月末日（正確に申せば、二十九日）にいたるまでの間のパリ市内の情勢を記述したものですが、フランソワと名乗る筆者は、氏素性は明らかではありませんが、ギュイーズ（ロレーヌ）公のシンパらしいことだけは文面にも、よく窺われます。

さて、この『日記』は、一五八八年十二月二十三日から始まっておりますが、この二十三日には、（cf. “Journal,” de Pierre de l'Estoile, pour le règne de Henri III, Gallimard, p. 580.）ギュイーズ公アンリが、ブロワの王城で、フランス王アンリ三世のために暗殺されております。そして、この日記の記述の終る一五八九年四月二十九日から約三箇月後の八月一日には、今度はアンリ三世が、パリ近郊（当時）サン・クルゥで、ジャーク・クレマン Jacques Clément の手にかかって刺殺されているのです。したがって、この『日記』は、アンリ・ド・ギュイーズの横死と、アンリ三世の横死との間に挾まれているわけですから、「二つの暗殺に挾まれた日記」と呼んでもよいわけであります。

○

アンリ三世は、ヴァロワ王朝の最後の王であり、聖バルトロメオの大虐殺（カトリック教徒側による新教徒の虐殺。一五七二年）を敢行したシャルル九世王の弟に当りますが、アンリ三世も、王弟としてこの大虐殺に無関係ではなかったのにもかかわらず、シャルル九世歿後王位に即いてからは、絶大な勢力を持つにいたったアンリ・ド・ギュイーズ Henri de Guise (1550—1588) 公に対する警戒心その他（特に母后カトリーヌ・ド・メディチ太后の政策）から、新旧両教の対立による宗教戦争の渦中では、謂わば、どっちつかずの生ぬるい態度を見せておりました。こうした態度は、十六世紀におけるフランス王朝（フランソワ一世以来）にとって、宗教対立上に王権を確保するためには、やむを得ぬものだったようにも思われますけれども、一五七二年に新教徒の大虐殺を敢てした後では、つまり、王家が一時的な方便であろうとも、カトリック教徒の側に立つということを明示してしまった後では、このようなどっちつかずの態度では、全くわが身の破滅を招くだけのことでした。後年、アンリ三世歿後、フランス王位に登るアンリ四世の如く、宗教的対立をほとんど無視し、新教の頭目たる資格と責任とを、「国家」の利益と自らの野望とのために、あっさり棄て去り、カトリック教に改宗するような飛躍を敢てする度胸がなければ、どうにもならなくなっていたように思われます。

したがって、アンリ三世王は、ギュイーズ公一門を中心とするカトリック派の勢力からは、白い眼で眺められ、当時アンリ・ド・ナヴァール（後のアンリ四世）を頭目として戴く新教徒側からは、聖バルトロメオの大虐殺の責任者の一人として、憎しみの眼を向けられていたのです。その間、アグリッパ・ドービニェ Agrippa d'Aubigné (1552—1630) という新教側の大詩人などによって完膚なきまで罵倒されるに値したほど、このアンリ三世の私生活は決して見事なものでなかったことも、この王の非運を助成するのに与って力あったと申せましょう。

○

ギュイーズ家の当主アンリは、その父フランソワと同じく、「向う傷《ル・バラフレ》」Le Balafré と渾名された猛将であり、カトリック軍勢の総司令官として、パリの人々に畏敬されていましたが、自ら、シャルルマーニュ大帝の後裔とも称して、フランス王位をすら窺っていました。そして、アンリ三世のどっちつかずの態度は、正に好餌となっていたのでした。アンリ・ド・ギュイーズ公は、一五七六年頃から、アンリ三世王（一五七四年即位）の不人気をうまく活用し、カトリック教会の信仰と王権とを衛るためと称して、「同盟」Sainte Ligue あるいは「神聖同盟」Sainte Union というカトリック教徒の大同団結を企てて己が地歩を固め、アンリ三世の権勢を徐々に切り崩そうとしました。史上、「三人のアンリの戦」Guerre de trois Henri と呼ばれるものは、アンリ三世とアンリ・ド・ギュイーズ公とアンリ・ド・ナヴァール（ブゥルボン家。後のアンリ四世）との権力（王位）争奪戦を指しますが、右「神聖同盟」結成時代には、既に新教徒勢の首領として、アンリ・ド・ナヴァールの声望は、あなどれないものになっていたことを附記いたします。（別掲「略系譜」を参照。）

アンリ三世に対して首都パリの人々の抱いていた軽蔑憎悪と、当時出征中（対新教軍）のアンリ・ド・ギュイーズ公に対して、同じくパリ市民たちが抱いていた尊敬愛情との総決算が暴動に近い形で現われたのが、有名な「バリケードの日」Journée des Barricades でした。

アンリ三世は、アンリ・ド・ギュイーズ公に対して、当然嫉妬怨恨を持っておりましたが、ギュイーズ公側では、「神聖同盟」の中核団体たる「十六人会」Les Seize（パリ十六地区の奉行よりなる親ギュイーズ派）と呼応して、アンリ三世を窮地へ追いこむ策を講じていたもののようです。一五八七年十一月二十四日に、アンリ・ド・ギュイーズの指揮するフランス軍は、ヴィモリー Vimory とオノー Auneau とでの戦で、ドイツ傭兵によって編成された新教徒軍を撃破しました。そして、ギュイーズ公は凱旋将軍として、パリへ入市することになりました。ところが、アンリ三世は、ギュイーズ公軍の入市を禁じたのです。しかるに、ギュイーズ公は、一五八八年五月九日（月曜）に、王の意志に反して、パリへ到着し、ルゥーヴル宮へ伺候するという挙に出ました。

アンリ三世は、いたくこれを不快に思いました上に、不安をも感じましたので、約六千名の兵士を出動させて、パリ市内の要所要所を固めさせて、ギュイーズ公一行を逮捕しようという挙に出たのです。これは、逆に、ギュイーズ公側の術策中に陥ることでした。ギュイーズ公と牒し合わせていた「十六人会」は、パリ市民を動員して、バリケード（石を入れた大樽《バリーク》を積み重ねたもの）を築かせ、アンリ三世の命で出動した国王軍の兵士たちを釘附けにしてしまいました。パリ市民たちの敵意を如実に知ったアンリ三世は、このままでは自分が逆に逮捕されることになるのを悟り、命からがら、パリを脱出し、シャルトルへと逃れました。（この時、ミシェル・ド・モンテーニュは、国王にしたがって、都落ちをしたと伝えられています。）かくして、アンリ三世の後述の言葉にもある通り、アンリ・ド・ギュイーズは、「パリの王」となってしまいました。

しかし、その後、ブロワの王城に赴いたアンリ三世は復讐策を考えていましたし、その結果は、一五八八年十二月二十三日に、見事現れ出ました。すなわち、王は、この年の十二月に、ブロワで、三部会《エタ・ジェネロー》を開かせたのです。三部会とは、ご存じの通り、フランスの旧制時代に、国家の重大事を決定するために召集される貴族・僧侶・平民の代表者の会議でした。アンリ三世は、この会議で、はっきりと、カトリック教の信奉者であることを宣言して、フランス国王としての権威を保持しようとしましたが、自らの声望が地に堕ちていることも如実に感じました。そこで、同月二十三日に、アンリ・ド・ギュイーズとその弟ルゥイ・ド・ギュイーズ枢機卿とを、ブロワ王城内で暗殺させ、ギュイーズ公側近の人々を逮捕させてしまったのです。これらの史実は、上掲のアンドレ・モロワの文章にも、詳しく記述してありました。私が本章で取りあげている『日記』（C）は、正に、このギュイーズ公の暗殺の報がパリへ到着した一五八八年十二月二十三日から始まっているのです。

○

この日記は、十八世紀の中葉一七四六年に、初めて、不完全な形ながら、ある印行本の附録として陽の目を見たのですが、二宮氏から寄贈された近代翻刻版が成るに際しては、一つの挿話があるように思われます。この近代翻刻版（一九一三年）の校訂者は、前記のように、ユジェーヌ・ソーニエ Eugène Saulnier でありますが、この人は、現在パリ大学文学部の教授として活躍している十六世紀文学の泰斗 V・L・ソーニエ V. L. Saulnier 教授と何かの関係がある人ではあるまいかと思います。このユジェーヌ・ソーニエが、この『日記』(**C**) の存在を知ったのは、十九世紀末の「フランスのオスカー・ワイルド」と呼ばれるピエール・ルゥイス Pierre Louÿs のお蔭だということを、ここに記さねばなりません。(cf. Journal de François, bourgeois de Paris, p. 2, n. 1.) 私も念のため、ピエール・ルゥイスの『ポーゾール王の冒険』Aventures du Roi Pausole (1898) を開いてみましたが、第四巻第五章 (Edition Charpentier, p. 326.) の標題の下に、われわれの日記の一節が、épigraphe として引用してありました。引用そのものは大した意味を持っていないと思いましたけれども、ピエール・ルゥイスという鬼才が、いかに、雑多な古書を広く読んでいたかということを、今さらのように教えられ、改めて彼の『ビリチスの歌』Chansons de Bilitis のからくりのことを思い出してしまいました。余談は別として、われわれの『日記』へ戻ることといたしましょう。

この『日記』についての色々な考証は、E・ソーニエの解説に譲ることにいたしまして、私は、直ちに、その内容について述べることにします。既にたびたび記しましたように、この『日記』は、一五八八年十二月二十三日から始まります。

――一五八八年十二月二十三日金曜日、降誕祭ノ前々日、ギュイーズ公殿ハ、現ニ行ハレキタル三部会々期中ニ、ブロワ王城内ニテ、殺サレ居ラレタルガ、コレハ、国王ノ御部屋内ニ於イテ、王ノ承認及ビ意向ニヨリテ行ハレタルモノナリ。(cf. "Journal", p.11.)

これが、われわれの『日記』(**C**) の冒頭の句です。筆者の憤激の情が若干窺えます。語り伝えるところによりますと、アンリ三世は、ギュイーズ公暗殺後、母后カトリーヌ・ド・メディチに、「パリの王を殺してしまいましたから、私は、再びフランス王になりました」と言ったそうです。これに対して、母后は、「わが子よ、見事な裁《た》ち方でしたが、今度は、縫い合わせなければなりません」と答えたということです。

アンリ・ド・ギュイーズという恐ろしい仇敵を倒した以上は、その後始末を立派にせよということでしょうが、この後始末は、一寸《ちょっと》やそっとのことではできなかったのでした。アンリ・ド・ギュイーズ公に対し、またギュイーズ一門に対して、並々ならぬ敬意を持っていた（あるいは持つように「洗脳」されてしまっていた）パリの人々は、アンリ・ド・ギュイーズ公横死の報に憤激して、公の従弟に当るシャルル・ドーマール Charles d'Aumale 公を、先ずパリ都督に戴き、ブロワにいるアンリ三世王に、公然と敵意を示すことになりました。こうした情勢が、『日記』の前半に細々と記されています。殺されたアンリ・ド・ギュイーズ公の弟のシャルル・ド・ギュイーズ・マイエンヌ（メーヌ）公（duc de Mayenne ou de Maine）が当然都督の位につく筈でしたが、丁度南仏に赴いていましたので、仮に、前記ドーマール公が指揮を取ることになったもののようです。パリの人々は、右マイエンヌ公の帰還を待ちわびていたらしいことが、『日記』によく示されています。（cf. "Journal", p. 27, 42, 51, 54.）『日記』によれば、一五八九年二月十二日（日曜）の午後二、三時頃に、マイエンヌ公は入市し、側近の貴族をしたがえて直ちにノートル・ダム大聖堂へ赴きましたが、パリの市民たちは、「カトリック派の殿様万歳！ ロレーヌ（＝ギュイーズ）家万歳！」と絶叫したとあります。（cf. "Journal", p. 54—55.）マイエンヌ公が改めてパリの都督に就任する前から、ギュイーズ（ロレーヌ）家側は、ブロワのアンリ三世側に談判をして、アンリ・ド・ギュイーズ公暗殺の折に、ブロワの城へ監禁されてしまった数名のギュイーズ家側の貴族の釈放その他の条件を呑ませようとし、さらに、軍隊までも出動させて、王軍との小競合いすらたびたび行われていましたが、マイエンヌ公の帰還以来、こうした動きは、一段と活躍になってゆくことが、『日記』には細々と記されています。

この『日記』の筆者フランソワは、その身分素性は不明だとしても、骨の髄からのギュイーズ公のファンであり、したがって、国王アンリ三世を唾棄嫌悪していることが随所に見られます。筆者フランソワは、アンリ三世のことを、「コノ暴君王」ce tirand (tiran) de roi だとか、「コノ呪ハシキ暴君」ce maudict tirand だとか、「コノ呪ハシキ、破門サレタル暴君王」ce mauldit et excommunié tirand de roi だとかと呼び続け、巻末にいたりますと「王」という字も削って、ただ「ヴァロワ家のアンリ」と、言わば呼び棄てにもしています。

これは、筆者フランソワの個人的感情だけではなく、ギュイーズ家の支配下にあったパリ市民の気持をも現していたかもしれません。ヴァロワ王朝の末期の三代の王の母后として、権勢を振るっていたカトリーヌ・ド・メディチが逝去した時も、(一五八九年一月五日)ブロワのアンリ三世から、パリ市当局に太后の死を知らせる親書が寄せられますが、市当局は、この親書を突返したのみならず、些かの哀悼の意も表そうとしません。(cf. "Journal", p. 23.) これに対し、横死を遂げたアンリ・ド・ギュイーズの冥福を祈るためには、盛大な行事がたびたび行われています。(なお、新教折伏のためもありましょうが、この『日記』には、実にたびたび宗教的な意味を持つ行列が行われていたことが記されています) フランス王アンリ三世は、身から出た錆とは申せ、首都パリでは、もはや国王として認められていなかったとも申せましょう。パリ大学ソルボンヌ神学部は、一五八九年一月七日に、アンリ三世が教会から受けていた庇護の一切を剥奪否定し、王の破門宣告をローマ教皇へ申告しました。この事件は、『日記』中に次のごとく記されています。

――一五八九年、件《クダン》ノ一月四日水曜日、ソルボンヌ神学部ノ人々ハ、サン・マルタン・デ・シャン寺院へ行列参詣シタルガ、コレニ先立チ、マタ、コレニ続ク数日間、ソルボンヌ学寮内ニテ行ハレタル会議ニ於イテ、コノ暴君王、ナラビニ、彼ノ為ニ神ニ祈念セル者ドモヲ破門スル旨ヲ宣言シ、更ニパリ大司教ゴンディ Gondi 枢機卿ニ対シ、コノ暴君王ヲ破門スベク、シカラザル時ニハ、マタコレニ違反スル場合ニハ、枢機卿自身ヲ破門ニ処スルコトアルベシ、トノ通告ヲモ行ヒタリ。(cf. "Journal", p. 22.)

こうした教会側からの強圧は、勿論、マイエンヌ公を中心とするギュイーズ家一門の行動と気脈を通じていたものでしょうが、同じ年の二月十九日（日曜）には、マイエンヌ公の命令で、パリ市警備軍の上級下級の士官たち (colonelz, cappitaines, lieutenans, enseignes, quarteniers, dixeniers et cinquanteniers) は、「神聖同盟」Union への忠誠を誓約させられるにいたったことも (cf. "Journal", p. 60.)、ソルボンヌ神学部の破門宣告申請と相携えて、国王アンリ三世を窮地へ追いこむのに役立ったわけでした。

「神聖同盟」は、カトリック教会護持を旗印にしてはおりますものの、実際にはギュイーズ家の野望達成の道具でもあったわけですから、教会から全面的な敵意を示され仇敵ギュイーズ家の圧力をいよいよ強く感ずるにいたったアンリ三世王は、この時、王位を守るために打つ手は、新教徒勢力の頭領として偉力を示していたブゥルボン家のアンリ・ド・ナヴァール（後のアンリ四世）に接近し、いわば、新教方の力を借りて、打開策を講ずる以外になくなりました。

アンリ三世とアンリ・ド・ナヴァールとが、プレシス・レ・トゥール Plessis-lès-Tours で会見して、和解し、合力することを正式に約束したのは、一五八九年四月三十日と伝えられていますが、(cf. Journal de l'Estoile, pour le règne de Henri III, P. 624, p. 740.)『日記』には、三月頃から、こうした和解の策が講ぜられていたことが示されています。なお、日記には、四月三十日の「和解」事件のことは記してありません。

――翌金曜日、一五八九年三月十日、次ノ如キ数々ノ情報アリタリ。即チ、カノ呪ハレタル暴君（=アンリ三世）ハ、トゥールノ町ヘ赴キ、コノトゥールノ町ノ大司教（=Simon de Maillé de Brésé †1597, ; cf. "Journal", p. 74, n. 3.）ノ館《ヤカタ》ニ宿泊シヰタレルコト。マタ、コノ町ニ到着スルヤ、貨幣ヲ鋳造セシムルガ為ニ、コノトゥールノ町ノ聖マルタン教会ニ納メラレヰタル聖遺物ヲ悉ク没収セシメタルコト。更ニマタ、ナヴァール公（=アンリ・ド・ナヴァール）ガ、ソノ軍勢ヲ率ヰテ、コノトゥールノ町ナル暴君ニ会見シニ来タリタルガ、コノナヴァール公ハ、件《クダン》ノトゥールノ町ヨリ四分ノ一里ホド離レタルプレシス・レ・トゥールニ宿泊シ居リタルコト……（cf. "Journal", p. 74—75.）

「三人のアンリの戦」は、遂にこのような結末になってしまったわけです。アンリ・ド・ギュイーズは、アンリ三世に暗殺されて消え失せ、宗教上、今まで対立してきたアンリ三世とアンリ・ド・ナヴァールとの二人は、ギュイーズ一門および教会側からの敵意に苦しんだアンリ三世の絶体絶命の政策から和解合力することになったわけです。そして、新教徒の頭目たるアンリ・ド・ナヴァールは、今や国王を擁する「官軍」の総指揮官にもなったわけで、非常に分がよくなってきました。結局「三人のアンリの戦」は、アンリ・ド・ナヴァールが、やがて改宗して、アンリ四世となり、最後の勝利を占めるように展開してゆくのでした。

アンリ三世とアンリ・ド・ナヴァールとの和解合力は、ギュイーズ家の人々にも、パリの市民たちにも、脅威となったらしく、『日記』の一五八九年四月の条《くだり》には、国王軍と新教軍とがパリに迫ってくる気配と、それに応ずる対策との叙述が見られます。四月二十一日と二十二日との再度に亘って、「アンリ・ド・ブゥルボン（=ナヴァール）とアンリ・ド・ヴァロワ（=アンリ三世）」とにとって有利なことを言った者には体刑を加えるという布令まで出ていますし、(cf. “Journal”, p. 92.) これに先立つ四月一日と三日との条《くだり》には、恐らく国王側新教側の策動による二回に亘るマイエンヌ公暗殺計画 (Desforges 事件 Jehan de Magnac ou Maignans 事件) が暴露されていますから、(cf. “Journal”, p. 81, 82.) いかにギュイーズ一門の勢力がパリで強大でありましょうとも、情勢は、必らずしも絶対有利とは言えなくなっていることが判りますし、パリは物情騒然としていたことも感じられます。『日記』の叙述は、四月二十九日に、今までアンリ三世の命令で定められた一切の民事刑事裁判の判決決定を無効と宣する旨が決定せられたという記述で終っています。迫ってくる国王軍新教軍に対して、ギュイーズ家の支配する首都パリは、国王否認を明らかに宣言したことになります。

しかし、パリ進撃を企てたアンリ三世は、程なく一五八九年八月一日に、パリ近郊（当時）のサン・クルゥ Saint-Clou で、ジャコバン派の僧ジャーク・クレマンに刺され、翌二日夜落命してしまいます。そして「三人のアンリ」の残りの一人で、様々な曲折を経てフランス王位に登ったアンリ・ド・ナヴァールも、いずれ一六一〇年五月十四日に、フランソワ・ラヴァイヤック François Ravaillac に刺殺されてしまうことになります。結局「三人のアンリ」は、いずれも暗殺に倒れたのでした。フランソワなる人物の残した『日記』は、最初の二つの暗殺に挾まれた僅かの四箇月間における『パリ一市民の日記』となるわけです。

○

こうして、十六世紀後半の「宗教戦争」は、血みどろな結末のうちに終るわけですが、アンリ四世王が、即位してから後、一五九八年に、「ナントの勅令」を発して、信仰の自由を宣言したために、「宗教戦争」に終止符が打たれていたことは、周知の史実でしょう。しかし、この「ナントの勅令」が、アンリ四世より二代後の「太陽王」ルゥイ十四世によって破棄されてしまい、再び新教徒への迫害が行われることになったことが、フランスにいかなる利害得失を齎すにいたったかは、きわめて重大な問題ですが、これには、本書においては、論及できません。

○

本書は、既述の如く二種類の『日記』（**B**・**C**）に素材を求めて綴られましたが、十六世紀のフランスに関して、この種の『日記』類は、外にも沢山あるようです。

最近も、ヨーロッパ各地で、中世史ルネサンス史を研究して帰朝された南山大学助教授沢田昭夫氏のお話によりますと、パリ国立図書館には、夥しい数の様々な「日記」が、全く稿本のままで所蔵されているということでした。私は、前著『乱世の日記』（講談社刊）の素材となりました『シャルル六世・シャルル七世治下のパリ一市民の日記』（**A**）や本書の材料となった『フランソワ一世治下のパリ一市民の日記』（**B**）および『パリ市民フランソワの日記』（**C**）を読む機会を与えられ、文字通り「鬼の首」を取ったように欣んでいましたが、右沢田氏のお話をうかがい、取ったつもりの「鬼の首」は、「小鬼の首」、あるいは「張子の鬼の首」にすぎないことが判りました。例えば、十六世紀だけに関しても、私の披見し得た二種類の『日記』（**B**・**C**）以外に、いくつもの記録があるわけなのですから、全く私は、「九牛の一毛」を捕えただけのことであり、「よしの髄から天井をのぞいて」得意になっているわけです。しかし、パリ国立図書館蔵の各種の「日記」を読む機会は、もはや私にはないようですから、「九牛の一毛」を捕えただけでも、幸福と思わねばなりませんし、例え、「よしの髄から天井をのぞいた」だけでも、のぞけない場合よりも、はるかに恵まれていると考えねばなりますまい。新進後進の俊秀が、必ず、私の捕えられなかった九牛の他の数毛を捕え、さらに、九牛を全部捕えて下さるでしょうし、太い竹の筒か、あるいは、天眼鏡で、天井を仔細に眺めて下さるでしょう。私は、心から、そうなることを希っています。（終）

人名・事項索引

イタリックは事項，“　” 内のものは，著作名．→…… は，…… を参照．

D

E

F

G

H

I

J

K

L

M

N

O

本書の初版は1960年に小社より刊行された

泰平の日記《新装復刊》

二〇〇三年六月一日印刷
二〇〇三年六月一五日発行

著　者　© 渡《わた》辺《なべ》一《かず》夫《お》
発行者　川村雅之
印刷所　株式会社理想社
発行所　株式会社白水社

東京都千代田区神田小川町三の二四
電話　営業部〇三(三二九一)七八一一
　　　編集部〇三(三二九一)七八二一
振替　〇〇一九〇―五―三三二二八
郵便番号一〇一―〇〇五二
http://www.hakusuisha.co.jp
乱丁・落丁本は、送料小社負担にてお取り替えいたします。

松岳社(株)青木製本所

ISBN4-560-02847-8
Printed in Japan

de Mars. 1562.

aux champs.

H. Plusieurs qui se cuydans sauuer sur le toict sont harque-
bousés.

I. Le tronc des poures attaché.

k Les trompettes qui sonnerent par deux diuerses fois.

●1562年3月1日に行われたVassy に於ける新教徒の虐殺.（本書“略年表”を参照）

●中央左下に，長剣を持ち虐殺を指揮するフランソワ・ド・ギュイーズ公(アンリ・ド・ギュイーズの父）B印が見える．左上塀にもたれてギュイーズ枢機卿E印が虐殺の有様を眺めている！（本書“略系譜”.を参照）